江苏高校哲学社会科学研究项目：
立德树人视域下江苏高职学生党支部工作的
创新路径研究（批准号2021SJB1393）

支教志愿者素养概论

苏中洋 著

东南大学出版社
SOUTHEAST UNIVERSITY PRESS
·南京·

图书在版编目(CIP)数据

支教志愿者素养概论 / 苏中洋著. — 南京：东南大学出版社,2021.10
　ISBN 978-7-5641-9740-7

　Ⅰ.①支… Ⅱ.①苏… Ⅲ.①志愿者-社会服务-研究 Ⅳ.①C916

中国版本图书馆 CIP 数据核字(2021)第 213726 号

支教志愿者素养概论　Zhijiao Zhiyuanzhe Suyang Gailun

著　　者	苏中洋
责任编辑	张丽萍
出版发行	东南大学出版社
社　　址	南京市四牌楼 2 号
邮　　编	210096
网　　址	http://www.seupress.com
电子邮箱	press@seupress.com
经　　销	全国各地新华书店
印　　刷	南京京新印刷有限公司
开　　本	700 mm×1000 mm　1/16
印　　张	17
字　　数	322 千字
版　　次	2021 年 10 月第 1 版
印　　次	2021 年 10 月第 1 次印刷
书　　号	ISBN 978-7-5641-9740-7
定　　价	58.00 元

(本社图书若有印装质量问题,请直接与营销部联系。电话:025-83791830)

前言

近年来,志愿服务事业的蓬勃发展成为我国社会进步的显著性标志。在政府和社会各界的共同努力下,支教志愿者队伍不断扩大,支教志愿服务精神越来越深入人心,支教志愿服务事业迅速发展。

从当前现状来看,专业化、规范化和常态化是支教志愿服务事业发展的方向,专业化的志愿者培训是其必由之路。支教志愿者培训既需要广大志愿者的热情参与,也需要越来越多的专家学者、专业人士关注志愿者、参与志愿服务、传播志愿精神,为推动志愿者培训工作的发展提供智力支持。

支教志愿者服务是当前对我国大学生的有效教育形式之一。

支教对学生实践创新素养的提升作用。支教前期,参与支教的学生都会接受授课、课堂管理、学生群体心理认知等内容的培训学习,他们当中有些是来自师范院校的教育专业学生,但在踏上讲台前,这些教育知识对学生来说,都只是理论上的认知。只有学生的身份角色转变为教师,直接体验课堂,与学生进行互动交流、教授知识、处理突发事件,才能理实一体、知行合一,将理论知识转变为实践经验,实实在在提升实践能力。支教过程中,支教学生不但要接触所教学生,还要接触学生家长、地方组织关系及其他支教单位的人事情况,协调日常活动、教学等各方面事物,这为学生以后进入社会累积了丰富的实践经验,提高了实践创新能力。

支教对学生责任担当素养的提升作用。支教是服务社会的活动形式,是志愿行为,它能积极引导学生树立社会责任意识,促使学生承担起社会责任。

  在本书的策划和编写过程中,曾参阅了国内外相关的大量文献和资料,从其中得到启示;同时也得到了有关领导、同事、朋友及学生的大力支持与帮助。在此致以衷心的感谢!本书的选材和编写还有一些不尽如人意的地方,加上编者学识水平和时间所限,书中难免存在缺点和谬误,敬请同行专家及读者指正,以便进一步完善提高。

目 录

第一章 支教志愿服务的基础理论的几个概念界定　　1

第一节　志愿精神、志愿者、志愿服务、志愿者组织　/　3

第二节　志愿服务的基本内涵及类型　/　16

第三节　志愿机制的建立　/　22

第四节　志愿者的素质要求、权利与义务　/　30

第二章 支教志愿者的职业道德　　35

第一节　支教志愿者的爱国精神　/　37

第二节　支教志愿者对学生的关爱　/　43

第三节　支教师生关系中的矛盾分析　/　53

第四节　家校合作的关系　/　56

第三章 支教志愿者的礼仪规范　　63

第一节　教师的基本礼仪　/　65

第二节　志愿者的沟通礼仪　/　76

第三节　支教志愿者教师仪态礼仪　/　93

第四章 支教志愿者的团队与团队工作　　107

第一节　团队与团队角色　/　109

第二节　支教志愿者团队工作　/　116

第三节　完善志愿服务团队参与支教的对策　/　121

第五章　支教志愿者教师的心理健康　131

第一节　支教教师的适应心理　/　133

第二节　支教教师的心理保健　/　150

第六章　支教志愿者的公共事件与应急救助　179

第一节　常见急症处理　/　181

第二节　急救技能　/　189

第三节　突发事件及应急处置　/　195

第七章　支教志愿者的管理　199

第一节　支教志愿者培训管理　/　201

第二节　支教志愿者的支教活动管理　/　207

第八章　在教育见习中感受支教教师的职业道德魅力　213

第一节　支教的教师职业道德　/　215

第二节　教育见习与师德养成教育　/　226

第三节　教育见习中的师德教育主题　/　234

第九章　在教育实习中实践支教志愿者教师职业道德要求　245

第一节　教育实习活动与师德养成教育　/　246

第二节　教育实习中的师德教育主题　/　253

参考文献　263

第一章

支教志愿服务的基础理论的几个概念界定

第一节　志愿精神、志愿者、志愿服务、志愿者组织

顺应改革开放和建设社会主义市场经济的时代呼唤,20世纪80年代后期中国开始涌现出在传统"学雷锋"基础上的新型志愿组织。天津和平区居民自发服务他人的活动得到组织的引导,成立了社区志愿者组织。铁路系统率先打出了青年志愿者的旗号,开展志愿服务。20世纪末,共青团中央印发了《关于"青年志愿者学雷锋奉献日"活动的安排意见》的通知,全国兴起了"青年志愿者学雷锋做奉献"的热潮。

通过中国青年志愿者、社区服务志愿者和其他组织志愿者的积极努力,以及汶川特大地震抗震救灾志愿者、北京奥运会志愿者、上海世博会志愿者、广州亚运会志愿者的非凡工作,加上西部志愿者、海外志愿者等志愿服务品牌项目的十多年连续不间断开展,"志愿者"已经成为一个家喻户晓的概念。这表明志愿服务在中国已产生巨大的社会影响,志愿精神正在中国广泛传播。

一、志愿精神

志愿精神的产生基于个人对人类及社会的积极认识、对社会发展的积极价值取向,而这个取向既来自个人的成长背景、教育和经验,也来自社会环境的作用。志愿精神是指一种自愿的、不为报酬和收入而参与推动人类发展、促进社会进步和完善社区工作的精神,是公众参与社会生活的一种非常重要的方式,是个人对生命价值及社会、人类和人生观的一种积极态度。

各界志愿者经过20多年的实践证明,"奉献、友爱、互助、进步"的志愿精神已成为社会各界普遍接受的主流价值和社会共识。广大志愿者在开展志愿服务的同时,也成为弘扬志愿者精神、倡导良好社会风尚的播种机、宣传队,参与志愿服务已成为一种良好的社会风气。

(一) 志愿精神是一种"看不见"的和谐

在讨论构建社会主义和谐社会时，人们经常提及扩大就业，完善社会保障体系，促进社会福利事业，缩小城乡差别、行业差别和地区差别，并针对它们的现状，提出一系列看得见的政策和措施。

其实，现实生活中存在着一种"看不见"的和谐，这其中就包括志愿精神。费孝通教授在20世纪30年代写过一篇文章，介绍美国社会学家罗伯特·帕克（Robert Park）的观点。帕克说，任何制度形成时没有不带有价值色彩的。这个带有价值色彩的东西在维系着制度的运行，不管人们是否认识到这点，制度都有与之相适应的理念、观念和价值体系。费孝通教授认为，"文化实在是一个活着的有机体"，"中国就是这一种有机体。在它悠久的历史中，逐渐生长，并在地域上逐步扩张"，形成一个团体、一个国家、一个民族的价值积淀。

用这个道理来反思我们正在构建的社会主义和谐社会，毫无疑问，我们必须面对严峻的现实，解决发展中出现的诸如失业、低收入等社会问题，并制定相应的对策。但是，在政策实施过程中，我们也要仔细考虑支持我们政策实施的社会理念，包括政策制定者的价值理念和群众的价值理念。

目前，我国公民和企业的精神世界现状与发达国家的差距主要表现在：公民社会责任感基本属于空白，企业缺乏社会责任感。历史经验证明，如果没有责任感，社会不会长期繁荣和可持续发展。责任感是人类在对自身价值的认识、自身的发展、自身的完善和自身的需要过程中形成的，它规范、指导和约束着人类自身的各种活动。这种"看不见"的和谐，是一个国家内部公众的价值取向和精神世界。

志愿精神恰恰是目前我们的社会需要倡导和发扬的，尤其是志愿服务和学雷锋活动的结合，成为体现民族精神、发扬传统文化的一个主要方面。这种包括志愿精神在内的诚信、责任、勇敢、正义等美德，寓于人们心里，体现在行为之中，是政策得以施行、制度得以建立和完善的基础，是一种"看不见"的和谐，必须正视它，并着力在人民心里铸造这种和谐。

(二) 志愿精神是一种软实力

目前，我国的政府部门、产业界以及学术界都在探讨文化发展问题。文化发展主要包括文化事业发展和文化产业发展。我国的文化发展，一方面要努力满足人民群众日益增长的精神文化需求,使文化产品的数量和质量与人民群众的精神文化需求基本相适应;另一方面要着力实施文化创新、产业拉动和"走出去"的基本战略,使文化成为我国综合国力的重要组成部分。志愿精神在其中扮演着重要的角色。

文化是重要的"软实力"。20世纪90年代初,美国哈佛大学肯尼迪政府学院院长约瑟夫·S.奈教授提出了"软实力"这个概念。他指出:作为世界上强大的国家,美国不仅应当保持强大的经济实力和军事实力,也应当保持强大的"软实力"。这个概念提出的最初几年,并没有得到人们足够的重视。不过,最近几年,这个概念开始出现在美国领导人和其他国家领导人的言论中。

"软实力"是指国家通过自己的吸引力来实现发展目标,而不是靠武力威胁、武力报复以及经济制裁。国家实力有许多表现形式,"软实力"并不表明软弱。"软实力"是国家实力的一种形式,必须把"软实力"纳入国家战略中。约瑟夫·S.奈以美国在伊拉克的战争为例,指出"真正的问题不是我们击毙了多少敌人,而是我们的联盟扩大了多少"。他猛烈抨击美国政府对于伊拉克的战争政策,认为美国对于伊拉克的战争并没有真正消除恐怖主义对美国的威胁,反而使美国的"软实力"蒙受巨大损失,一些国家,甚至包括意大利和西班牙都在疏远美国。

"软实力"产生于一个国家的文化吸引力、政治行为准则和政策。一个国家的政策在别国眼里看起来合法合理,那么该国的"软实力"就会得到提升;一个国家的文化、价值体系有吸引力,那么其他国家就会追随;一个国家能够用自己的文化和价值体系塑造世界秩序,它的行为在其他国家眼里就更具有合法性,它也可以通过自己的价值和制度力量来规范世界秩序,而不需要诉诸武力和经济制裁。发达的非营利组织、志愿者组织也是国家"软实力"的标志。志愿者组织和志愿者的发展状况是一个国家和民族社会责任感的重要体现。

在我国,我们谈的"软实力"是相对于国内生产总值、国防力量等"硬实力"而言的,是指文化、价值观念、社会制度等影响自身发展潜力和国际感召力的因素。当然,"软"与"硬"都是相对的,很难做出绝对的划分。就拿文化来说,虽然一般将一国的文化看成是"软实力"的一部分,但是,文化产业也是国际贸易和国内生产总值的重要组成部分。美国的文化产业是美国经济的一个极为重要的部分,在国际市场具有很强的竞争力。因此可以说,文化里面有经济,经济里面也有文化,很难机械地把它们分割开来。其实,"硬实力"和"软实力"是互补的。每个国家都需要这两种实力,使用得当,二者相得益彰。中国人经常说"以德服人",实际上就是指赢得人家的心,而不是单纯使用蛮力。中国人也说"不战而屈人之兵",这也表明对"软实力"的重视。中国可以通过弘扬志愿精神,开展志愿活动帮助支持贫弱者、站在公平和正义的一方来发展自己的"软实力"。

(三) 志愿精神是一种社会责任

我们应该看到并深刻地认识到,许多问题是由于缺乏责任感产生的。例如由于缺乏责任感,一些煤矿负责人置矿工生命安全于不顾,在重大险情已经显现的情况下,依然强迫矿工继续下矿采煤;由于缺乏责任感,在矿井发生事故前,安全管理人员在玩牌娱乐,致使危机发生时不能立即启动应急管理系统;由于缺乏责任感,一些企业极力压低雇员工资,置员工生活和健康状况于不顾,以致造成劳资关系异常紧张,甚至是敌对,引发一些社会问题。实践证明,解决这种问题,不仅要靠制度建设和法律规范,也要靠培养公民责任、企业的社会责任感,加强志愿精神的弘扬。

社会责任感是指在一定的社会生活中,为了维护正常的社会生活秩序,全体社会成员应当对社会和他人负责的一些基本、起码的公共生活准则。梁启超在《新民说》中指出:"所谓公德者,就其本体言之,谓一团体中人公共之德性也;就其构成此本体之作用言之,谓个人对于本团体公共观念所发之德性也。""公德之大目的,即在利群,而千万条理即由是生焉。本论以后各子目,殆皆可以'利群'二字为纲,以一贯之者也。"每个民族由于受本身的历史、文化传统、民族心理及风俗习惯等因素影响,其社会责任感和精神的体现也具有民族的传统特点,志愿精神在其中也有着差异。人是社会的存在物,人要在社会中生活,就必须遵循社会组织为维持一定的社会秩序而建立的各种社会规范,其中社会责任感是普遍也是广泛且渗透性强的社会规范。作为个体的人之所以去遵守社会规范,进行道德选择,是出于自身和社会生存与发展的需要。一个人能否得到社会和他人的认同和赞许,则在于一个人是否具有美德和社会责任感,品德高尚的人会得到社会和他人的赞誉。社会责任感是培养人的道德品质和美德的一个重要途径,是满足人类生存和发展的客观需要。人类社会要存在和发展,就必须具有共同的价值目标和行为规范,并要求全体社会成员共同维护和遵守之,这就要求人们做出正确的道德选择。志愿服务的推进能够将这种选择变成社会成员共同的行动。社会责任感作为一种自主的选择,旨在维护社会的和谐发展,实现自我肯定、自我完善,对于社会发展和人自身的发展具有十分重要的作用。只有每个社会成员都能承担社会责任,才能保证社会的和谐与健康发展。

(四) 志愿精神是一种生活品质

人们的生活品质既与生活的物质条件有关,也与人们对生活的主观满意程度有关,每一方面都只能构成反映生活品质高低的必要条件,而不是充分条件。只有把二者有机结合起来,才能反映出生活品质的高低。生活品质的高低,也只有从社会生活的供给与人们生活的需求两方面进行评估,才能得出正确的结论。生活品质是关于人们满足生存和发展需要而进行的全部活动的各种特征的概括和总结,是反映人类生活发展的一个综合概念,也是对社会发展包括人类自身发展进程的一种标识。生活品质从根本上取决于物质生产发展的程度,随着物质生产的发展,人们的精神需求也会发生新的变化,从而把生活品质推向更新、更高的层次。个体生活品质是个体对自己身心健康状况的感觉,对自己生活的满意感和对社会的反馈性行为。个人层面的生活品质指标主要有收入、健康、家庭关系、邻居关系、工作、娱乐、休闲等。由于每个个体的生活目标、价值观念、文化背景以及对同一事物的心理感受不同,由此决定了个体对生活品质的追求各不相同。但是,个体生活品质也具有共性的一面,例如,每个人都普遍追求更舒适的生活条件、更高的收入水平和更大的自我发展空间等。个体生活品质的改善其实是个体、政府和社会共同努力的结果,受社会环境的影响。志愿服务能够通过服务活动助人自助,在个人生活品质的提高方面发挥重要的作用。

志愿精神既传承了中华民族助人为乐、扶贫济困的传统美德,又体现了社会主义道德的基本要求,具有鲜明的时代特征。志愿精神在一定的道德文化氛围中形成,又随着道德文化的发展而发展。志愿精神正因为在当代中国体现了其独特的现实意义,才使得它在中国快速发展。我国的传统文化积淀了博大、深厚的慈善思想,为"奉献、友爱、互助、进步"的志愿精神的发扬光大奠定了坚实的基础。

二、志愿者

志愿者一词来源于拉丁文中的"voluntas",意为"意愿"。志愿者(英文名称为 Volunteer),是指那些具有志愿精神、能够主动承担社会责任而不关心报酬的人,或者说是不为报酬而主动承担社会责任的人。按照团中央办公厅修订颁布的《中国注册志愿者管理办法》规定,志愿者是指不以物质报酬为目的,利用自己的时间、技能等资源,自愿为国家、社会和他人提供服务的人。

志愿服务事业是一项高尚的事业,志愿者身上体现了助人为乐、扶贫济困、见义勇为、乐善好施的优良品德,尽管"志愿者"这一名词是舶来品,但在中国有其生长的土壤,中国志愿者也根植于中国的传统文化,中国传统文化中"先公后私""公而忘私",无一例外地成为志愿者行动的文化底蕴。而今天,在继承传统文化的基础上,志愿者的行动又把传统美德推向了一个新的高度,并赋予它以时代内涵。志愿者行动的最高理念在于自觉自愿,志愿者行动重在参与,参加者以自己的兴趣和志向为依托,个人行动完全取决于主体的自我判断。依靠传统文化的再生力,凭借道德教化的感召力,志愿者行动重新解读中华民族的传统美德。

目前,在我国,青年志愿者和社区志愿者人数最多,他们分属于我国最大的两支志愿者队伍,即中国青年志愿者组织和社区志愿者组织,他们各自都有自己挂靠的政府部门,组织机制健全、制度完善、运行有效、社会影响力巨大。近年来,非营利组织发展很快,志愿者在其中发挥了重要的作用。中国青年志愿者行动和社区志愿者服务等活动的开展,使志愿服务在我国的影响迅速扩大,得到了人们的广泛认同和一致好评。在中国青年志愿者行动和社区志愿者服务的推动下,志愿服务理念日益深入人心。做志愿者、参加志愿服务成了人们喜欢的业余生活。除中国青年志愿者、社区志愿者外,其他志愿者也在各自的领域发挥着重要的作用。

人人都可以成为志愿者,每个人都可以参与志愿服务,因为志愿者人力资源来自社会不同阶层,包括青少年、学生、妇女、以家庭为单位参与服务的志愿者,以及来自工商界、得到公司大力支持的雇员志愿者服务队等。此外,不少服务对象也可以跳出受助者的框框,自觉充当志愿者,利用自己的才能和经验服务社会,同时也发挥社会教育的功能,如老人、伤残人士参与志愿工作等。

志愿者代表社会的人力资源,他们不但给服务机构提供人力帮助,而且还贡献各方面的人才,具有专业技能的志愿者不但替机构直接引进专业知识和技术,如美术设计、电脑知识等,而且有助于扩充机构的服务范畴,加强及改善服务的质量。其实,社会上各阶层都有人愿意参与志愿服务,只是有待管理者的发掘和组织。因此,深入探讨志愿人才资源并挖掘这个资源是今后中国志愿者工作中一个非常有意义的研究课题。目前能够提出的是,这个问题可以与扩大就业、实现充分就业、保证社会稳定和社会融合结合起来。

志愿者参与的领域很多,除了鼓励志愿者参与目前政府倡导的活动,诸如扶贫、扶持下岗职工等以外,应当鼓励志愿者跟随非政府组织和公民社会组织参与与政府重大发展有关的环境项目、经济项目和社会发展项目,参与由国际组织资助的重大项目等,以此来增加发展的效果。大力开展预防性的志愿服务,如社会研究、教育等工作,以扩大志愿者服务的范畴;运用志愿者本身不同的才能、经验和专业知识,针对社区需要,拓展更多的创新性服务,突破现有的以补救性为主的志愿者服务范畴。中国的志愿者活动应当密切配合中国社会的发展,参与目前突出社会问题的解决,充当社会矛盾的缓解器。建立信息网络,更加系统地发掘和动用社区的人力和财力资源;成立志愿者资源中心,组织社区志愿者关怀团体,建立地区性志愿者资源网络及有效的服务中介系统,以作为招募和统筹志愿者的途径。

志愿者信息管理系统的建立可以在不同的志愿者组织中进行,在时机成熟的时候可以考虑建立一个全国性的信息系统。专家提供的技术和信息将影响到志愿者工作决策的可行性以及决策的执行、监督和评估。

参与志愿服务,帮助社会上有需要的人,同时也对自身成长有益。志愿者的个人成长不仅仅是能力的提升,而且还包括志愿者心灵成长和人格的完善,即在志愿服务过程中,能够成为一个更加健康、完整、和谐的人,从而更有效能、更有创意、更富合作精神、更能与他人联结、更有人类情怀,活得更加快乐和有意义。

志愿者参与志愿服务的动机是复杂的,大致可以分为三类:一是自我取向,参与者注重个人学习与成长,获取个人内在的满足感,依个人感受来决定参与志愿服务;二是人际取向,参与者注重他人和团体的影响,他们的目的是结识朋友,获得他人的肯定;三是情境取向,他们参与是为了回应社会责任,并获得社会的认可。除了帮助他人、改善社会外,他们也有自身的需要,比如寻求生命的意义、获得团体归属感、提升自我价值,等等,它们构成志愿服务的潜在动机。

志愿者能帮助人们打破生命的孤立与隔绝,通过生命与生命的联结,通过建设性地释放生命的能量,使人们更高层次的一些心理需求得到满足。同时,志愿服务拓展了人们的眼界,不断向人们提出新的挑战,也为自我超越提供了动力,当人们意识到"无穷的远方,无数的人们,都和我有关",并决定为此付出自己的努力时,个体的渺小与脆弱不再是可怕的事情,人生的空白可以被"意义"填充,生命开始有了重量和质量。

志愿服务为志愿者个人成长提供的契机和空间，使年轻人在"上路"之时就能超越"小我"，具有更开阔的视野和胸襟；使中年人得以"蜕变"，开始寻求更有意义的生活；使老年人仍然能够感受到自己的价值，坦然、快乐而有尊严地走向生命的终结。

可以说，志愿服务是生命成长的催化剂，从这个意义上说，志愿者在付出的同时，也得到了最大的回报：内心的充实和愉悦。

三、志愿服务

志愿服务（volunteer service）是指人们自愿贡献个人的时间和技能，在不为物质报酬的前提下，为推动人类发展、社会进步和社会福利事业而提供的服务。志愿服务活动所强调的，一是自愿，二是不为报酬，三是利他，四是服务社会公共事业，五是以贡献时间和技能为主。

当前中国把建设社会主义和谐社会作为奋斗目标。志愿服务及其倡导的"奉献、友爱、互助、进步"的志愿精神，体现了人与人之间相互关爱、人与社会之间相互融合、人与自然之间和谐共处的理念，这是与社会主义和谐社会的本质要求完全一致的。志愿精神是一种以关爱、互助为思想内核的价值取向，体现了和谐社会的核心价值观，是促进社会和谐的精神力量。构建社会主义和谐社会离不开志愿服务，同样，志愿服务也必须积极地融入社会主义和谐社会的建设中去，这是中国志愿服务难得的机遇和兴旺发达的标志。构建社会主义和谐社会，志愿服务大有可为。

事实上，志愿服务的内涵因人、因地、因时而异。研究发现，不同国家的人对于志愿服务的含义存在不同的理解。在一些国家，献血被认为是志愿服务；在另外一些国家，参与政党和工会活动也被算作志愿服务；在一些国家被认为是志愿服务的事情，在另外一些国家则仅仅被视为相互帮助和相互关照，或者是政治活动；在一些国家被视为志愿服务的工作，在另外一些国家则可能被视为低报酬或劳动密集型工作。一些人以不要报酬为特征来界定志愿服务，另外一些人则以自愿提供服务为特征来界定。志愿服务受到历史、政治、宗教和区域文化的深刻影响，是一个非常复杂的概念。

在一个国家内部，志愿服务因为其历史、背景等因素的不同，也存在很大的差异。在以国家为单位的调查中，人们往往假定同一个国家文化背景下，志愿服务的含义是一样的。其实不然,即使在同一种文化中,志愿服务的含义都有很大差别。

韩国经历了漫长的农业社会,留下了许多相互帮助的传统和形式。这类互助在各个社会中都曾存在过,现在也被称为志愿服务,因为它们是无偿的。韩国学者把20世纪韩国人民自发抗击外国入侵的行为也称为志愿服务。在韩国,传统的志愿服务概念局限于利他行为和慈善的人类服务。这类服务的特征是自愿、没有立即的物质和金钱回报、使自己以外的他人受益。"韩国人际关系特别强调'三从四德'。这些传统并没有因为资本主义的发展而消失,而是继续存在,成为现代韩国志愿服务的基础"。"韩国目前所谓的志愿精神,实际上是韩国传统文化的基本实践。体现韩国传统文化的志愿服务方式众多,例如,互助金协会、农民之间的互助协会,以及农村中帮助孤寡老人和穷人。在社区内,重大事件——婚庆、丧葬中朋友之间的相互帮助,以及帮助穷人和孤寡老人,等等。"

"在美国,志愿服务不如慈善事业普遍,但是,它是慈善事业的普遍性形式。"美国有悠久的志愿服务和公民社会组织历史。自从19世纪早期托克维尔观察到公民社会组织的盛行以来,美国人对他们自己的志愿精神深感骄傲,并且将之详细地记录了下来。公民社会组织建立在地方的志愿群体的基础上,志愿群体互相联合起来解决当地的问题和人们关注之事。

在美国联邦政府增加拨款的时期,公民社会组织也经历了快速的发展。在20世纪30年代至60年代,为穷人、医院、孤儿院和其他社会计划提供服务的非营利性组织的发展非常繁荣。私人的基金会也起到了重要的作用。许多这样的组织成立在20世纪早期,当时,巨型的工业企业积累了大量的财富。这些基金会的作用是支持各种各样范围广泛的活动,包括艺术、教育和研究等。

多年来,新加坡由于政府权力的强大,并且事无巨细的管理,形成了一个依赖性的文化传统,这种不发达的授权意识使得公民社会组织相当不成熟。这种思维方式与个人有能力带来变革的意识背道而驰,而后者正是自由志愿服务产生的根本所在。然而,在新加坡,由于政治和商业部门相同的公有模式,公民社会组织和志愿服务仍然有发展的潜力。事实上,政府在提倡志愿服务方面起到了强有力的作用,尽管公民社会组织是政府的附属组织。近年来,在美国模式的基础上,新加坡总理发起并成立了新加坡退休和老年志愿者计划(RSVP),这个计划的目标是,通过为退休的专业人士和计算机从业人员提供诸如找工作之类的服务来改变退休人员无所事事、整天打牌赌博的现象。

以色列的志愿服务可以在圣经中找到根源。在过去的100年间,志愿组织在全世界的犹太社区中提供社会和教育服务。这些组织的基金来自犹太社区的捐助,它们在过去被归于代表并保护各成员团体的伞式组织。20世纪50年代,以色列政府就建立在其中一个这样的组织之上。以色列独立后,志愿者组织的活动依然很活跃,它们与政府合作,帮助政府修订政策,有时候两者之间的界限很模糊。20世纪70年代,这个部门变得更加独立,不再是政治附属物。这个潮流相当明显,因为据统计,之后的以色列每年都成立1 500个新的非营利性组织。在整个发展过程中,这个部门的服务范围一直都非常广泛,包括迁移、健康、教育、福利服务、机构发展、助残、文化、艺术、运动、环境、公民权利、和平、宽容和妇女的进步,等等。在以色列的所有人口中,有20%以上的人参加志愿活动,平均每个月服务16个小时。参加志愿服务的意愿强弱似乎与信仰的程度有关。

在匈牙利,基金会和志愿者组织有很长的历史。基金会和政府机构一直在合作发展国营福利组织。基金会不仅提供福利服务,也支持政府机构工作,如修建医院、学校和孤儿院。多年来,志愿者组织与政府之间的关系却一直不太和谐。政府认为这些公民社会组织不合法、危险,试图取缔或者控制它们,而这些公民社会组织经常提倡政治、经济和文化上的独立。

志愿者组织的历史和它们与政府的关系带来了当前的变化。今天仍然有这样一个传统:政府把服务分包给志愿者组织,志愿者组织的活动弥补了服务中存在的空缺。政府也建立了大型的公民社会组织,以便在非国有化的过程中发挥重要的作用。某些志愿者组织存在的唯一目的就是为了保证这个过程免受政治化的影响。在新的社会和政治条件下,志愿者组织渐渐改变了他们与政府作对的传统,逐步演变成公民和政府之间沟通的媒介。在匈牙利,志愿者组织为匈牙利人提供了一个平台,让匈牙利人民可以表达和评论国家的许多复杂问题,可以让他们通过保护文化、语言和其他身份来倡导多元主义。然而,他们依然通过游说和引进替代性的福利政策来对政府的政策提出挑战。

目前,在国际上,有一些学者主张对志愿服务给予严格界定,这样可以开展国际比较和研究。从国际范围研究志愿服务,这无疑是非常重要的。就国际范围而言,志愿服务的解释各有不同。当然,为了开展国际比较和国际合作,也有必要对这个概念加以限定,找到它们之间的共同点。

但是,从推动志愿服务开展方面来说,特别是在目前,本文不主张把志愿服务界定在一个非常狭窄的范围内,也不主张以某一个国家的志愿者作为标准。因为每个国家的志愿服务都根植于这个国家的历史和传统,不能一概而论。志愿精神有着明显的文化内涵。从鼓励志愿精神这样一个角度来说,保持这个概念的宽泛含义是非常必要的。本文主张尊重历史传统和社会背景,尊重文化多元体系中的不同类型的志愿精神。在这个方面,各国的志愿部门应该尊重不同国家的文化传统,美人之美,美美与共。这也是创造全球化公民社会所必须具有的精神。

在中国,目前人们对于志愿服务的界定,主要是从精神文明建设的角度,把志愿服务作为人们精神活动的内容,以无偿服务、助人为乐为基本特征。以下的"小贴士"是中国目前最大的志愿者组织——中国青年志愿者协会对于自己的组织目标和任务的界定,从中我们可以看到中国对志愿服务的一些看法。

中国青年志愿者事业是党领导共青团在新的历史条件下创新工作领域、服务社会需求的一大创举。各级团组织围绕改革开放和社会主义现代化建设大局,顺应时代发展要求,累计组织动员了4 000多万青年志愿者队伍,开展了青年志愿者助残"阳光行动"、关爱农民工子女、西部计划、研究生支教团、海外服务计划、大型赛会、抢险救灾、社区服务、保护母亲河、三下乡社会实践等一系列丰富多彩的志愿服务活动,在全社会打响了青年志愿者品牌,推进了青年志愿者事业蓬勃发展。如今,"奉献、友爱、互助、进步"的志愿精神已经成为当代青年喜爱和接受的精神时尚,青年志愿者行动已经成为动员青年参与经济社会建设的重要载体,青年志愿者工作已经成为新时期共青团的重要品牌。

四、志愿者组织

志愿者组织是基于共同利益或信仰而自愿结成的组织,是一种非政府的、非营利性的社团组织。这种志愿性社团不是建立在血缘或地缘联系的基础上,成员的加入或退出是自愿的,并且不以盈利为目的。

《广州市志愿服务条例》将志愿服务组织界定为:"依法成立,从事志愿服务活动的非营利性社会组织,包括专门从事志愿服务活动的青年志愿者协会、义务工作联合会等非营利性社会组织和组织志愿服务活动的总工会、妇女联合会、残疾人联合会、红十字会等社会团体。"这一定义实际上按照是否组织了志愿服务这个标准将志愿服务组织分为两类:一是专门从事志愿服务活动的志愿者协会、义工联合会等非营利性社会组织;二是(组织志愿服务活动的)工会、妇联等社会团体。也就是说,凡是开展志愿服务活动的非营利性社会团体都是志愿服务组织。专门从事志愿服务活动的非营利性社会组织(团体)固然是志愿服务组织,但组织志愿服务活动的非营利性社会团体也可以成为志愿服务组织。

《广州市志愿服务组织管理办法》给出了另外的界定:"志愿服务组织,是指按规定登记注册专门从事志愿服务的非营利性社会团体以及组织,开展志愿服务活动的机关、企事业单位和社会团体、机构等的内部组织。"杭州市上城区的《志愿服务组织管理规范》规定专门从事志愿服务的非营利性社会团体的成立依据是《社会团体登记管理条例》,机构、企事业单位、社会团体的内部组织是内部成立的志愿服务队伍。

总的看来,国内所谓的志愿服务组织,实际上指的是志愿者组织(社会团体类),分为依据全国性法规登记注册的具有法人地位的组织(incorporated)和地方相关规定备案的不具有法人地位的组织(unincorporated)两类。《北京市志愿服务促进条例》没有关于志愿服务组织的定义,而仅仅就志愿者组织进行了界定:"市和区、县志愿者协会及各类专业性志愿者协会等依法成立、专门从事志愿服务活动的非营利性社会团体。"事实上,除了志愿者组织外,参与(组织、提供、支持)志愿服务的组织是多种多样的,从志愿服务供给量来说,甚至远远超过了志愿者组织。

我国的志愿者组织众多。中国青年志愿者协会是中国目前最大的志愿者组织,可以运用共青团中央和各级共青团的地方组织开展活动,目前在地方已经产生了各级组织,甚至在县一级的地方也产生了青年志愿者组织,因此,中国青年志愿者具有非常大的组织力量,可以动员全国的青年参加志愿服务。目前中国青年志愿者协会积极开展国际合作,与国际上的非营利部门、基金会等建立广泛的联系与合作,争取他们的支持;与各级民政部门合作,利用各级民政部门在地方建立的社区服务中心开展工作,在地方社区服务中心建立自己的阵地。

中国青年一直以来就有志愿服务的传统,其中规模最大、影响最深、持续时间最长的要数"学雷锋活动"。毛泽东和其他领导人的关于向雷锋同志学习的题词对于推动中国青年开展这一活动起到了不可估量的作用。在雷锋精神的感召下,一代代青年投入了热心助人、服务社会的志愿服务活动。"学雷锋、做好事"成为几代中国青年的行为模式,雷锋精神培养和塑造了几代中国青年。改革开放以后,中国青年面向社会献爱心的活动进一步发展,形成了新的特点。

社区志愿者组织从属于民政部系统,是中国的另一大志愿者组织,它的各级组织都与相应的民政部门联系在一起,在所属社区分别建立了社区服务志愿者活动的组织,形成了有组织、有章程的志愿者队伍。许多城市的区、街道、居委会都成立了"社区志愿服务指导委员会""社区服务志愿者协会""社区服务志愿者分会""志愿服务楼院""志愿服务保护组"等组织。目前开展社区服务志愿者活动的地方,大都制定了有关章程和管理办法,如天津市和平区社区服务志愿者协会制定的管理办法是"会员应履行志愿无偿为社区成员服务,每月至少两次,无特殊情况连续三个月不履行会员志愿的即视为自动退会"。上海市南京东路街道办事处社区服务志愿者队伍及服务项目的管理制度规定是"为社区居民提供生活服务,帮助解决突发性问题,做到一般问题及时解决,疑难问题一般不超过三天答复"。他们吸收广大青年志愿者积极参与社区服务活动,广泛开展了各种形式的社区服务志愿者活动,从服务对象看,面对老年人、残疾人、优抚对象,提供社会福利服务;面对社区居民,提供便民利民服务;面对社区内企业单位和机构团体,提供后勤服务。自共青团中央实施青年志愿者行动以来,这支队伍迅速发展壮大,围绕文明城市创建、推进城市公益服务,开展了扎实有效的工作,取得了服务社会、锻炼青年的可喜进步。由于青年志愿者行动与社区服务志愿者活动宗旨一致,许多地方的青年志愿者积极参加了当地的扶贫济困、帮孤助残、社区服务活动,帮助有困难的群众解决了许多实际问题。

民间志愿者组织近年来也发展起来,例如"自然之友""地球村""绿家园志愿者"等。此外,国际组织和其他国家在中国形成的志愿者组织也在志愿服务领域发挥着作用,如"联合国志愿人员组织""英国海外服务社北京代表处"等。

第二节 志愿服务的基本内涵及类型

一、志愿服务的基本内涵

关于志愿服务的内涵,存在四个方面的歧义。

第一,"义务性"的服务是不是志愿服务?这个有关自由选择程度的问题是以假设非营利机构无法"强制"志愿者提供服务为前提的——当然也可以通过与志愿者签订协议而形成某种契约意义上的"义务",而不是真正要就志愿服务的"自愿性质"提出质疑,因此,换一种方式来问更易于理解:政府机构或营利性企业能否成为志愿服务的提供主体。在德国,法律所定义的青年志愿服务是兵役和社会役之外的一种替代选择,选择志愿服务并不是完全出于自愿,而是带有某种强制的义务。与此不同的是,很多国家明确规定志愿服务的机构性供给主体是非营利组织,如丹麦统计局将志愿工作定义为"无偿地为非营利性机构工作",加拿大统计局也将志愿者定义为"不求报酬履行服务的人,代表着慈善或其他非营利性组织的利益"。

第二,志愿服务是否完全无偿。有些国家,如墨西哥,规定志愿服务"不能获得任何金钱或食物支付",也就是说,与志愿服务相关的个人开支也不能得到补偿;在另一些国家,获得某种形式的补偿则是合法的,如德国《青年志愿服务促进法》除了给青年志愿者提供了一系列的激励措施(特殊休假、就业优先、保险费减免、事故保险、医疗保险、退休保险、护理保险、儿童津贴、乘坐公交工具减免费用等十六项)外,还规定了志愿者可以得到"免费之住宿、膳食、工作服——或在无住宿、膳食与工作服时相应的货币补偿——以及恰当的零花钱,而恰当的零花钱则不能超过(《社会法典(六)》第一百五十九章所规定的)平均退休保险金的百分之六"。

第三,公民之间的自助行为和互助行为是不是志愿服务。也就是说,公民没有通过组织而直接向其他人提供的无偿服务是否属于志愿服务范畴。与上面引用的丹麦统计局的定义相类似,美国劳工统计局将志愿者定义为"从事无偿志愿活动的人……通过或为了一个组织……"也就是说,这些国家官方认可的志愿服务是有组织的志愿服务。另外一些国家的志愿服务定义中则涵盖了个人直接提供的(无组织的)无偿服务,如英国国家统计局将志愿服务界定为:"任何活动,包括花时间,不求报酬地做一些事情,目的是造福除了近亲属以外的他人(个人或团体),或造福于环境。"

第四,虽然对家庭成员提供无偿援助不被看成是志愿服务,但关于"家庭成员"的界定在不同国家是不相同的。英国国家统计局将其界定为"近亲属"(包括家庭成员在内);爱沙尼亚内政部规定"帮助家庭成员不被认为是志愿活动",是否包括近亲属则不可知;加拿大统计局将对"家庭成员和朋友"提供的无偿帮助不认定为广义的志愿服务,但没有对"朋友"作出明确的界定。

目前我国官方的界定分为两种类型。一种以《广州市志愿服务条例》为代表,认为志愿服务活动是指"经志愿服务组织安排,志愿者自愿、无偿帮助他人和服务社会的活动。"所谓的志愿服务组织则是指"依法成立,从事志愿服务活动的非营利性社会组织,包括专门从事志愿服务活动的青年志愿者协会、义务工作联合会等非营利性社会组织和组织志愿服务活动的总工会、妇女联合会、残疾人联合会、红十字会等社会团体"。而"国家机关、人民团体、企业、事业单位、基层群众性自治组织和其他社会组织可以组织本单位、本系统、本社区自愿参加志愿服务的人员集体加入志愿服务组织,参加志愿服务组织开展的志愿服务活动"。所谓的志愿者,则是指"在志愿服务组织登记,不以获得报酬为目的,自愿帮助他人和服务社会的个人"。从这个界定看,志愿服务是有组织的志愿服务,而且是非营利性的志愿者组织(包括总工会、妇女联合会、残疾人联合会、红十字会等团体)的志愿服务活动,因此也是非强制性的。

另一种以《北京市志愿服务促进条例》为代表,在将志愿服务界定为"自愿、无偿地服务他人和社会的公益性活动"之后,又将志愿者组织界定为两类:一类是"市和区、县志愿者协会及各类专业性志愿者协会等依法成立、专门从事志愿服务活动的非营利性社会团体";一类是"可以组织本单位、本系统、本社区的志愿者开展志愿服务活动"的"国家机关、人民团体、企业、事业单位、基层群众性自治组织,和其他社会组织"等非专门从事志愿服务的合法组织,而且,"志愿者组织以外的其他组织在本市行政区域内向社会招募志愿者的,应当委托志愿者组织进行"。此外,该

《条例》还"提倡对志愿服务有需求的组织或者个人通过志愿者组织获得志愿服务"。从以上规定可以看出,志愿服务在北京虽然可以是"强制性的",但也必须是有组织的。

自上而下地推动志愿服务发展是我国志愿服务事业目前的一大特色,这在很大程度上决定着我国志愿服务的未来走向。我国目前的非营利组织中准官方的机构不仅数量多、权限大、经费相对较为充裕,而且起着主导正式志愿服务发展方向的作用,因此完全排除"强制性的"而专注于非营利组织的志愿服务并不符合我国国情,即便是想剔除出去,具体操作上也会很难。同样,在全球推动企业社会责任的浪潮下,很多企业都要求自己的员工利用非工作时间从事带薪志愿服务,有些企业还制订了"员工志愿服务计划",在这种情况下排除企业的"强制性的"志愿服务显然也是不合适的。

目前,社会两极分化、分配不公、机会不平等、公权力救济能力弱化、环境破坏等现象日益加剧,这些因素造成的巨大的救济、关怀和援助需求与现行社会保障体系的容纳能力有限和有组织的民间社会救助能力的局限之间形成了巨大落差,在这样的形势下,我国悠久的义善文化传统(包括守望相助的集体互助、兼济天下的个人善行)和逐渐确立的现代公民意识必将激发大量的个人行动,包括直接向他人和团体提供无偿服务。事实上,无数个体自发的、默默无闻的善行在抚平创伤、慰藉心灵、维护权利、修复社会关系、伸张社会正义、维持社会和平等方面起到的作用是政府和民间组织所不能替代的。

国际比较研究发现,"在许多国家,非正式志愿服务至少是与正式志愿服务一样重要,尤其是在那些非营利性组织还很少的国家"。将无偿服务纳入志愿服务的框架必然会涉及对"家庭成员"的界定。联合国统计司的界定为,"志愿服务的对象不包括志愿者有应尽法律义务的家庭成员及家庭之外的其他人"。这个界定,使个人的无偿服务(非正式志愿服务)与有组织的志愿服务(正式志愿服务)有了同样的界定标准,也为"强制性的志愿服务"指出了上限。

因此,对志愿服务的理解应该宽泛一些,主要指"一些人不求报酬自愿从事的活动或工作,目的是为了推动某种事业或帮助其家庭、直系亲属以外的人"。而直系亲属(immediate family,即近亲属)是志愿者对其负有某种"家庭责任感"的人。

志愿服务有四个方面的特点:志愿服务是工作或服务,但不是就业;金钱报酬并非主要的激励因素,但可以得到一定的经济补偿;志愿服务是非法律义务的或非工作责任的,但可以是有道德义务和社会责任的;志愿服务不包括为家庭成员及直系亲属提供的无偿服务,但包括为朋友、熟人和同事提供的非法律义务的无偿服务。

在志愿服务实践中仍存在一些问题需要进一步思考和认识,如:

一是有关志愿者的报酬问题。有些人认为只有纯粹的利他主义行为才可以称为志愿行为;也有人认为,纯粹的利他主义的志愿服务是不存在的,所有的志愿行为背后都存在一定的交换动机和互惠互利目的。所以有些定义认为应当允许志愿者接受一定的报酬,当然这些报酬不一定是物质性的,比如,可以为他们提供一定的培训、保险或授权,或者为他们报销一定的费用。有关志愿者报酬的问题需要根据具体的情况来界定,但总的来说,志愿服务和有报酬的工作之间的区别在于,志愿活动不以谋取报酬为目的,同时志愿付出远远高于它的物质回报。

二是有关志愿服务的自愿问题。大部分人认为志愿和强制是不能共存的。强制性劳动不能视为志愿活动,但是因为涉及报酬因素,这里还存在一个灰色区域。在现实领域,恐怕我们很难看到没有任何压力的纯粹的志愿服务,人们参与志愿服务总是或多或少掺杂着复杂的原因。

三是有关志愿服务的承诺问题。有些人认为志愿服务必须包含一定程度的承诺,要排除偶然行动。我们主张在这个问题上要采取宽泛的定义,既要包括高度承诺的志愿服务,也要包括偶然的志愿服务。在形式上,承诺可以包含志愿者本人对于志愿者组织和服务部门的承诺,也应当包含志愿者对于自己信念的承诺,等等。

总之,综观国内外志愿服务的发展状况,志愿服务和志愿精神远比我们想象的复杂。它不仅具有多重的含义,也具有多重的形式;不仅与非营利部门有密切的联系,也与公共部门具有密切的联系;不仅非营利部门使用志愿者,公共部门也使用志愿者。所以,志愿服务是一种全社会的活动,志愿精神是一种全社会的精神,即一种积极参与的精神。

二、志愿服务的类型

志愿服务的类型可以有多种划分法,可以按照志愿服务活动的领域、功能、专业、受益对象、项目类型、组织机构、归属管理机构、志愿者特征等来进行分类。

（一）受益对象的不同

根据受益对象的不同，英国志愿者组织（Volunteering England）的现任行政总裁和志愿服务研究所的前所长贾斯汀·戴维斯·史密斯（Justin Davis Smith）将志愿服务按照受益对象的不同划分为四个类型。

1. 互助或自助（mutual aid or self-help）

人们为了共同的利益或共同的生活环境而贡献他们的时间和精力来帮助他人和自己。这种志愿服务形式最早出现在新石器时代。在当今世界的许多地区（包括工业化国家），互助或自助的志愿服务为相当多的人口提供了基本的社会和经济服务及基本的社会福利。

2. 慈善服务或为他人服务（philanthropy or service to others）

人们自愿地付出时间和精力去帮助他人，并不期待他人回馈同样的好处或帮助。与互助及自助式的志愿服务不同，慈善服务或为他人服务的受益对象是第三方。早期的研究者将这种志愿服务理解为一种"赠予式关系"，但近期的研究者将它理解为一种"交换式关系"，因为志愿者在无偿服务的同时也有所收获，如得到自我价值的实现、有机会体验到不同的生活、学到新的技能等。

3. 参与（participation）

又称公民参与或公民行动，是公民参与社会公共事务治理的重要形式，指公民个人或集体为了确认和解决广泛关注的公益问题而自愿付出时间和精力，如担当政府咨询部门的群众代表。但批评家认为，迄今为止参与只不过是外来决策的合法化工具而已。

4. 倡导与运动（advocacy and campaigning）

人们为了自己或他人的利益付出时间和精力，在地区、国家或国际范围内开展游说、宣传和辩论活动，目的是推动政府修改、完善和实现有利于环境保护的立法和政策。

以上四种志愿服务的类型在我国的志愿服务实践中都出现过，但相对来说还是以前两种"服务型"的志愿服务为主，而后两种"参与治理型"的志愿服务则相对较少。这种分类框架的优势在于，它揭示了世界范围内志愿服务的发展方向，因此可用来对处于不同发展阶段的各国（地）志愿服务事业进行比较。但正如史密斯本人所说的那样，这四种类型之间是有交叉的。

(二) 志愿服务组织形式的不同

1. 由公共服务部门组织的正式志愿服务

人们付出时间和精力在一些由政府和其他公共机构(如医院、儿童福利院、养老院、社区服务中心等)组织的公共服务中提供志愿服务。

2. 由非政府机构组织的正式志愿服务

人们付出自己的时间和精力参加非营利性机构和志愿服务机构组织的各种各样的志愿服务活动。与公共部门提供的志愿服务不同,非营利性机构组织的志愿服务是民间力量有组织地参与社会建设和社会问题解决的重要方式。

3. 个人直接的志愿行为(非正式的志愿服务)

人们付出自己的时间和精力直接为邻居、朋友、陌生人提供无偿服务。如果说机构组织的志愿服务代表了现代社会的志愿服务主流的话,个人直接提供志愿服务则更多地代表了传统的互助文化与习俗在现代社会的延伸和继承。

上述三分法实际上是在正式志愿服务与非正式志愿服务二分法的基础上,将正式志愿服务的组织主体分为公共服务部门和非营利性部门。需要考虑的是:第一,公共服务组织与非营利性组织之间有交叉,政府的公共机构也可以说是非营利性的,而非营利性组织也可以通过政府购买服务等形式提供公共服务;第二,公共服务部门和非营利性组织并不能包含所有组织类型,作为营利性组织的企业同样可以提供志愿服务。

有关志愿服务类型的探讨有助于我们在志愿服务的开展中拓展思路,把国外已有的经验和做法进行本土化的思考和创新。在发展公民社会的今天,公民的参与和倡导在未来的社会发展中有待展开,志愿服务确实需要担起这份责任。

第三节 志愿机制的建立

志愿机制实际上包含了两个层面的意义：第一，是什么机制在激励人们不为报酬自愿把自己的时间、精力、知识贡献给他人？第二，社会如何去建立和完善这个机制，以便动员更多的资源来促进社会进步？如果要完善志愿机制，大限度地发挥志愿机制的作用，需要什么样的边界条件？

一、志愿机制是人类的一种行为模式

国际上一般把志愿服务理解为一种改善和促进人类生活品质的利他行为，要把更多的社会资源动员起来推动社会进步，除了发挥市场机制的作用，也还需要发挥志愿机制的作用。"如果没有普通人积极参与社区活动，为社区贡献时间和精力，政府仅凭制定规范和标准难有作为。这种参与不是政府能够要求、强迫甚至劝诱的，而是专家和使用服务者之间的一系列互惠关系的一部分"。志愿机制是一种人类的互惠行为，互惠行为是人类共同体的基本特征之一。现实生活并不排除社会动员的作用，国际上一直有人说中国的志愿服务带有政府动员的色彩，诸如通过共青团、妇联等组织动员各类志愿者参与社会活动，其实，这种情况不仅在中国有，在国际上也有，发达国家不乏个例，例如美国、加拿大的调查发现，30%的志愿服务与社会组织，跟政府动员有关，在志愿服务理论上，人们将其称为志愿服务的"灰色领域"，因为，从一般的定义出发，志愿服务被视为自愿的、不为报酬、为人类进步事业贡献自己的时间、精力和知识的活动。但是，在现实中，"自愿"和"不为报酬"都不是绝对的，都是相对的。尤其要注意的是，由于各国文化、历史、政治制度、经济发展水平不一样，志愿服务行为也大不相同。

志愿服务被视为不被"要求、强迫"的社会参与活动，所以，人们一般将志愿服务定义为一种自愿的、不为报酬的从事推动人类进步事业而贡献自己的时间、精力和知识的利他主义活动,通过志愿活动,志愿者和被服务对象互相受益:自我满足、满足他人(利他主义)、获得新的技能和得到新的知识、放松、被服务对象的不同收益、社会交往、得到认可或奖励、社区改进等。

人类在几千年的历史发展中不断扩大社会福利、慈善事业和志愿服务。从历史上看,美国最初是慈善和志愿服务在社会领域承担着主要的救助责任,后来政府挺身而出,尤其是在20世纪建立起了庞大的福利体系。"威廉·贝弗里奇爵士也强调,在他构想的新福利国家里,志愿活动是不可或缺的组成部分,从而体现出社会资产也是新经济的核心要素",在人类对福利要求越来越高、政府提供的标准不断提升的情形下,若不动员类似志愿服务的非资本化资源,已经持续一个世纪的社会福利体制将面临严峻挑战。

近几十年形成的事实是,尽管世界在经济发展上取得了前所未有的进步,但是全世界仍然有数亿人口每天的生活费不足一美元,越来越多的人奔走呼吁建立一个公平的社会,利他主义也得到快速的发展,慈善事业、志愿服务、公民服务、社会企业家以及社会创新如雨后春笋。在企业界也出现了比尔·盖茨、沃伦·巴菲特等慈善家,他们把私有领域的资金投向了公共领域,并把市场模式和市场手段也引进了公共领域。几十年来,新型的社会组织形式不断出现,传统的公共领域的边界正在变得越来越模糊。

随着人口的增多,老龄化程度的提高,志愿服务作为一种非资本化资源与资本化资源有机结合起来满足人类发展需求已经不可避免地被提上议事议程,否则,人类在有限的资源面前将会束手无策。过去相当长一个时期,曾经发挥重要作用的慈善和志愿服务退居次要的位置,甚至被忽视。后来,政府为了提高服务效率和降低行政成本又不得不把非营利性组织推向前台,这一切几乎都发生在20世纪。以历史的眼光分析这段历史,不管存在多少争议,公共领域的不断扩大是不争的事实,而其背后不乏利他主义的推动。

在公共领域中,典型的是福利领域,它具有社会公益性质,也与志愿机制密不可分。"OECD(经济合作与发展组织)国家把社会性支出界定为:由公共部门或私人部门向家庭或个人提供的福利或财政支持,使他们在自己的福利因环境变化受到影响时得到支持。这些社会福利包括现金福利(例如养老金、生育期间的收入补贴,等等)、社会服务(儿童、老人、残疾人关照)以及拥有社会目的的税收减免(对有孩子家庭的税收支出、私人医疗计划的税收优惠)。确定社会支出有两个标准:或是支出目的的社会性（OECD国家社会支出数据库把社会目的分为老龄、求生者、能力缺乏者、保健、家庭、积极的劳动市场政策、住宅和其他社会领域），或是福利供给必须是个人之间的相互贡献或者是义务参与"。这两个标准也可以用来判断公共领域的边界。换一个角度看，福利不过是纳税人通过政府实现自己慈善目标的一种方式。换句话说，政府福利、慈善和志愿服务及其衍生出来的服务体系及其活动是公共领域的核心。

二、志愿机制的人类本质特征

人们从事志愿服务的动机各异，有的是出于利他主义，有的是出于利己主义，诸如为就业做准备、加强社会联系、建立社会关系、提高技能，等等。不管是利己主义还是利他主义，都是人类的属性，这些本质属性因其外部环境不同而有不同程度的表现。当人们的物质需求更加强烈时，利己主义就表现得特别明显；而当人们的精神需求更加强烈时，利他主义就明显地表现出来。孟加拉学者、著名社会活动家穆罕默德·尤努斯在其《社会经营》中写道："人类的本质，就我的信仰来说基本是好的。这也是为什么即便是在残暴和自私盛行之下，善治、社会价值、艺术、文化和慈善在历史上不断繁荣和发展的原因。正义和仁慈总是在争斗中发展，如果我们精心培育这些正义和仁慈的种子，我们就能够使这个地球上的人类追求美好社会的梦想成真。"人类行为是制度的产物，如何培养人类优秀的行为，取决于人们对自己制度的设计。这里所谓的制度，既包括正式的制度，诸如法律、法规等，也包括非正式的制度，诸如习俗、道德等。

国际金融危机不仅把经济社会发展的制度性问题暴露了出来，也使现有经济社会理论的弱点和缺陷暴露无遗，危机既是危险，也是机遇。当前的全球危机给了人类一次重新审视自己理论和实践的机会，包括重新审视人类的本质。当前的危机波及环境、农业、能源、社会，是一场全面危机，也为进行新的社会实验提供了条件。新的理论和思想不是书斋的产物，尽管宁静可以致远，但思想和理论的产生却需要碰撞。

穆罕默德·尤努斯认为，当代资本主义的很大缺陷是它曲解了人类的本性。人们对当代资本主义的解释是：人类的唯一本性是追逐个人利益。事实上，人类的幸福是多尺度的，他们的幸福来源也是多元的。然而，个别学者杜撰了一个谎言：

人类除了追逐个人利益别无他求,这也就否认了人类生活的其他方面:政治、社会、情感、精神、环境,等等。其实,人类既是自私的,也是无私的,二者集人类于一身。自私和唯利是图可以解释现实生活中的很多行为和现象,但是,如果透过这个镜头去审视人类所有的行为就会产生扭曲的认识,也就难以解释为什么这个世界还会有那么多的教堂、学校、博物馆、公共公园、保健诊所和社区中心,也很难理解为什么这个世界会有那么多的基金会、慈善组织和非营利部门。很明显,人类行为也为一种无私或者叫作利他主义的本性驱动着,人类历史上和当前的慈善事业、非营利组织等的发展已经证明这一点。事实上,"个人利益并非驱动我们行为的唯一因素。还有另外一种隐匿但同样强大的东西。当私欲的'发动机'燃料耗尽,占有更多不再是行为的目的,这种东西就会出现。这就是我们另外的一个'发动机'——为他人服务。与自私自利一样,为他人服务的精神也是人类天性的一部分"。人类不仅追求索取,也追求对他人的付出,利他主义造就了人类的社会生活。利己与利他始终是人类社会发展的内在源泉,只是在不同时期、不同的历史条件下,它们在人类行为中体现的程度是不一样的。过去几百年中,受利己主义驱动,市场经济突飞猛进发展起来,资源在私人领域密集配置,相反,利他主义支持的社会领域资源匮乏,发展缓慢。利己主义加速了财富的分配不均和社会分化,也带来了财富的巨大增长,是一把双刃剑。它导致了资源在市场领域的密集配置,也引发了政府参与资源的再分配。利用市场机制配置资源,使人类免于志愿机制之劳,但是也带来了利益格局的分化、社会关系机制的变化、待人接物的冷漠。

　　面对社会发展过程中的各种挑战,我们需要重新审视资源的动员机制,以决定哪些是由市场机制动员,哪些是由志愿机制动员。否则,人类会把市场变成市场社会,市场经济将不再是增加人类福祉的手段,而成为人类生活的一部分,那将是人类真正的悲哀。利他主义减缓了财富的分配不公和社会分化,扩大了公共领域的范围,改变了资源在公共领域配置方式,还引发了政府对非营利组织的规制。在这个互动的过程中,公共领域不断壮大。我们似乎看到,政府在很大程度上扮演着一个中间角色,一方面,它介入了市场领域;另一方面,它又介入了社会领域。而它介入社会领域主要是通过公共服务的管制和供给来实现的。在这个意义上,政府又是超越公共领域的。利他主义曾是一个被遗弃的阶段性问题,发生在过去几百年间,资本主义被推到登峰造极的地步的时候。"稻盛和夫认为利他主义其实是资本主义发展初期的伦理规范,也正是它促进了资本主义的快速发展。而现在经济领域出现的诸多问题，正与利他主义这种资本传统被人们遗弃有关。"现在人们重拾利他主义，说明了资本主义伦理已经经历了一个否定之否定的过程。目前来看，这个否定之否定的过程还在延伸，一些反思近百年甚至更长历史的思想和观念还在不断涌现。在国际金融危机之后，全世界正在步入一个反思的时代。对于人类的无私和利他主义的本性，一些学者往往熟视无睹，对于人类本性的误解使经济学的思考带有致命的缺陷，这是造成当代经济危机的深层次原因。一旦对这个问题有了清醒的认识，就必须摒弃对人类本质的单一尺度的解释，取而代之的是多尺度的视角，充分发挥人类的利己主义和利他主义的本性，推动社会进步。一旦我们把利己主义和利他主义都视为人类的本质，我们在这个世界做事的方式就会发生根本的变化：一方面，激励人类通过获取自身的利益来创造财富；另一方面，通过利他主义的激励来鼓励人类为他人服务。尤努斯由此引申出了"市场经营"和"社会经营"这两个基本的人类活动。

　　事实上，利他主义还不足以解释志愿机制，志愿机制的形成还依赖于社会共同体。志愿机制的社会基础是社会共同体，诸如家庭。家庭是建立在个人相互亲密熟悉的基础上的，感情、习惯、理解和传统习俗使人们可以成为生活共同体。家族也是如此。家庭是不能完全用市场或者经济理论来解释的，早在20世纪40年代，费孝通就发现社会生活与政治生活的不同，在谈到当时实行的保甲制度时，费孝通写道："生活上相互依赖的单位性质和范围却受着很多自然的、历史的和社会的条件所决定。我们不能硬派一个人进入一个家庭凑足一定的数目。同样的地方团体有它的完整性。保甲都是以人数来规定的，而且力求一律化。""家庭是中国文化中重要的一部分"。反思历史，从历史上的保甲制度，到新中国成立后的人民公社，再到20世纪80年代以来的所谓社区建设，我们不难发现，社会单元相对独立，可以满足人类的基本需求，政府组织社会活动，若是不贴近人民的生活，其效果则会是事倍功半的。

　　志愿精神是人类基本关系的一种表达形式。人类需要参与社会并在与他人的交往中实现相互的需要。志愿服务体现了一种基本的社会关系，它无论对个人还是社会福祉都至关重要。这些结论和判断也值得当前在推进社区建设工作中进行反思。社区建设的真正本意是人类共同体，人类共同体的核心是价值分享体系。人类学家基思·维维安·托马斯和安·钱伯斯认为："在分享体系下，保持合作的社会关系对交换过程至关重要，而短期物质的得失微不足道。于是，通过分享机制,社区能够平等地获得资源,从而维持社会经济的平衡,相比之下,一些援助项目创办的营利性企业在灾难来临时却提倡减少分享,体现了其核心价值——竞争。"分享和竞争都是人类重要的价值要素,它们分别支撑着不同的人类行为,并构成不同社会经济制度的价值基础。麦克米伦发现,"合作不仅有助于提供更好的服务,而且对于患者大有裨益。很多成员都经历了这样的过程:起初饱受病痛折磨,后来加入互助团体,体会到可以进行自我治疗,之后便想要给予回馈,和其他可能受益的人分享经验"。在合作中形成的社会网络和信任关系,聚集了大量的社会资本。一个财富上成功的人,在没有找到回馈社会的方式之前,还算不上是绅士。绅士拥有财富,拥有财富的却未必是绅士。在经历富裕给自己带来最初的喜悦之后,滋生博爱奉献意识,继而去服务公众,这才开始迈向绅士之路,这意味着要建立一种价值体系来赋予物质财富更深层次的内涵,赋予富人更有魅力的行为。在这个意义上,经济资本与社会资本才真正有机结合起来,经济社会才能协调发展,共同体才是健康的。"研究显示,一个社区拥有的社会资本越多,这个社区就越健康,复原能力也越强,其成员参与度也更高,更能联合起来反映问题。这些有助于振兴经济,减少贫困。但有证据显示,沃尔玛这种大型超市似乎与投票的选民减少有关,标志着民众参与度降低。"社会组织或者叫作非营利性组织在20世纪的快速扩张成就了这个世纪的社会创新,它开启了社会组织承担社会事务的新纪元。社会组织是现代社会的基本单元。对弥补政府和市场失灵都具有不可替代作用。之所以如此,是因为它们背后的机制是不一样的,而这些机制背后都有着各自的核心价值。这些核心价值又都是人类的本质属性之体现,只是这些本质属性在不同的制度环境下的表现形式不同而已。正如亚历山大所说的:"市民社会有其自身的机构——议会、法庭、志愿组织,亦即传媒——道德控制经由这些机构来执行。这些机构提供了一个公共论坛,危机在其中被界定,问题在其中被解决。"

三、志愿机制的培育

人类具有志愿行为的本质属性,但是,我们需要依靠适当的制度环境来让这种本质属性展现出来。这些制度环境至少应当包括公平合理的利益格局和社会公正的参与,志愿服务领域宽、渠道广,能够广泛动员社会资源,有效弥补政府服务和市场服务的不足,为政府分忧、为百姓解难,有利于在全社会形成团结互助、平等友爱、共同进步的社会氛围和人际关系,增加和谐因素、促进公平正义、维护社会稳定,志愿机制需要双轮驱动:既要发挥市场机制配置资源的作用,也要发挥志愿机制的作用;既要激发人们创造财富的热情,也要激发人们参与社会生活的热情;既要给利己主义留有空间,也要给利他主义留有余地。市场机制基于个人利益驱动,这是市场行为的动因之一。按照托克维尔的说法,"自私是人的一种古老本能,始终伴随着人类"。我们在人类本性中,都能找到利己主义和利他主义的影子。在托克维尔看来,美国天生就是一个"参与者"的国度,人们通过参与来实现一些共同的目标。80%的美国消防队员来自志愿者。无论是捐赠比重,还是志愿服务时间,美国都居先进地位。所以不能简单地否定利己主义,也不能无限地扩大利他主义,应该把利己主义和利他主义有机结合起来。一方面,政府要通过法律法规明晰产权,建立公平的竞争环境,为价格机制有效配置资源创造宏观环境;另一方面,政府要通过法律法规使在产权明晰和公共竞争中由于历史、个人、家庭、机会等原因造成的不公平利益格局更加合理化,使每个社会成员在设计他们利益攸关的问题上可以表达自己的意愿,激发他们参与社会事务的积极性和创造性,为发挥志愿机制、动员社会资源创造条件。在这样的条件下,利己主义和利他主义,市场机制和志愿机制就会实现有机结合。

把志愿机制作为公众参与的核心问题不仅仅是为了激励更多的社会成员参与社会服务,志愿机制也是善治的基础,试想即便是有了民主参与的环境,没有公民自愿参与社会的积极性,民主从何而来?这不仅是一个理论问题,更是一个非常现实的问题。中国某些地区试点基层社会治理曾经发生过村民因参与议事会议过多而向乡政府索要误工费的事情,这说明民主需要其价值基础,民主的价值基础不仅仅是一个简单的制度设计问题,也不仅仅是中国的问题,它本身就具有世界意义。中国33年的发展是以建立市场经济为目标,把激发人们的经济活力摆在重要位置,充分发挥市场机制在配置资源中的作用。未来的新发展是要在继续发挥市场经济体制作用的同时,发挥与市场经济体制相适应的社会体制的作用,充分调动广大社会成员参与社会生活、解决社会问题、激发社会活力的作用。如何像30多年前通过完善市场体制来激发经济发展的动力,从而激发全体社会成员参与社会决策,参与公共服务的积极性,是新时期的发展必须面对的问题。激发社会活力非常复杂,涉及社会的公平公正机制的建立与完善等问题。

让我们再回到社会进步这个主题上来。人类具有志愿行为的本质或者叫作本质属性,如何让这种本质性的东西展现出来?需要制度。志愿行为的制度环境至少应当包括公平的利益格局和公正的社会参与。合理的利益格局和公正的社会关系将调动大部分社会成员的积极性和创造性。在这个意义上,社会要进步就必须加强顶层设计。就现实意义而言,顶层设计已经不是理论问题,而是操作问题;不是口号问题,而是必须面对现实问题。它需要打破现有的利益分割和权利分割,统一考虑一些全局性、宏观性和战略性问题。

培育志愿机制,需要进一步理顺政府与社会的关系,发挥志愿机制在社会动员中的作用。如果说,改革开放的前30年是通过完善市场经济体制来释放市场主体活力的话,那么,进入21世纪以来,中国需要通过完善以市场为基础的经济所需要的制度来进一步提高生产效率,建立合理的利益格局,充分动员公众参与社会生活。一方面,通过这种参与来实现民主决策和科学决策,使经济社会发展更加贴近人民群众的生活需要;另一方面,通过公众参与使居民承担起更多的社会事务,减少政府在公共领域和社会领域的投入和负担,实现社会发展方式的根本转变。"应当让更多的人参与到这个决定中国未来发展方向的决策中来,如果大部分人认为'我不能影响未来发展,我何必参与'或'官员与商人决定未来,我只管自己的事情',那么中国就很难看到一个有效的发展规划和解决问题的'一揽子'措施,促进更多的人民参与将是我国应对危机的有效的办法。"在中国这样一个世界上人口最多的国家搞现代化,如何使每个人都从改革开放中受益,根本的办法是鼓励支持和创造条件使每个人都参与经济和社会生活,在这个过程中实现发展的可持续性。中国面临的环境资源问题使得中国的仁人志士们在思考和探索环境资源的可持续性,不久人们将感受到社会发展可持续的迫切性,而社会领域发展的可持续性非全体社会成员的广泛参与所能解决。这应当是当代中国社会体制改革和建构的根本目标。

培育志愿机制,还需要提升思想界对这个问题的认识。当学者们把中产阶级仅仅视为具有相当购买力水平的富裕群体,而不是需要承担一定社会责任和具备一定公共意义的社会分子,这至少说明,在学者的潜意识里,公共生活还没有提到议事日程,以利他主义为纽带的公共生活和社会秩序任重道远。在个人主义被无限放大的社会,背后隐藏着恐惧、焦虑、郁闷,自重、自强、感恩、珍惜荡然无存,个体不属于任何地方、任何群体,这是怎样的内心世界和精神家园?所以,人们要改善这样的内心世界,重建以社群意志作为和睦基础的精神家园。在现代社会,社群的意志通过行为准则、民主、公众舆论、法律、法规公正无误地表达出来。在这样的环境中,生机勃勃、真正持久的共同体生活才能建立起来。

第四节 志愿者的素质要求、权利与义务

一、志愿者的素质要求

志愿者的素质根据参与服务的内容不同有着各种具体的要求,但总的来说,要具有爱心、奉献、利他的精神。

(一)志愿者必须有乐观向上的生活态度

一个乐观向上的人才能有正常的心态去帮助别人,才能体会到"送人玫瑰,手留余香"的快乐。

(二)志愿者必须是诚实守信的人

志愿者在志愿服务工作中必须诚实守信。否则无论对服务对象,还是对志愿者组织或同伴都是一种不尊重。

(三)志愿者必须有大局观念和团队精神

团队精神的核心是协同合作,高境界是全体成员的向心力、凝聚力。志愿者一般参加的都是有组织的公益活动,说话处事必须胸中有大局、心中有他人。意气用事、逞一时口舌之快、罔顾团队的人不是一个合格的志愿者。

(四)志愿者必须有包容和团结精神

志愿者应该善于聆听,善于沟通,善于听取不同意见,心胸豁达开阔,有协作意识和团结精神。

(五) 志愿者必须尊重他人

志愿者进入一个志愿者的集体,就像一滴水汇入大海一样,只有这样才不至于干涸,才能永远保持活力。在志愿者的集体中,每个人都需要尊重周围的同伴。像对待自己的兄弟姐妹一样,以亲近平等的态度对待集体中的其他人。志愿者应该尊重组织、尊重同伴、尊重服务对象的人格、尊重服务对象的隐私权。

(六) 志愿者必须守时守纪

志愿者要积极地参加志愿者集体的活动,特别是不要迟到早退,更不应该随意缺席。有事事先请假,让组织者有一个准备。不能因为一个人浪费一个团队的宝贵时间。志愿者要学会善于倾听他人的意见。

对所属志愿者组织来说,包括组织者在内,人人都是志愿者,大家既是参与者又是组织者。因此,志愿者对所属机构应抱建设性的心态,多支持,多理解,积极主动参与管理、策划和组织工作。

对所属服务组及服务小组来说,志愿者需要做到:①服从所属服务组、服务小组的工作安排。②虚心听取服务组、服务小组的意见,在服务过程中要始终与服务组、服务小组保持联系。③对所属服务组、服务小组、服务对象负责,对服务组、服务小组尽可能去维护、了解,有问题有疑虑要当面解释清楚,不宜在背后妄加评论。

对服务工作来说,志愿者需要做到:①在决定参与某项服务前,必须清楚了解服务的内容和要求,与自身的兴趣、爱好、能力等是否相符,对工作应有充分的心理准备和服务技能上的准备。②志愿者不可轻率作出承诺,承诺了的服务必须尽心尽力完成,如因客观原因、确实无法履行承诺的,应做好解释工作。③不允许利用志愿服务之便,开展促销、营销、传播不良言论等有违志愿精神的活动,不允许以志愿服务收取服务费用。

对服务对象来说,志愿者需要做到:①持互相帮助的平等精神,不应有"施予"的心理和"救世主"的态度。②应尽量了解服务对象,明白其真正需要,常设身处地为服务对象着想,在提供服务时,应尊重服务对象的意见,不应将自己的想法强加于别人。③要尊重服务对象的隐私权,不应随意公开服务对象的情况或资料。④要尽量与服务对象保持良好的关系。⑤服务中要尽己所能,力求工作尽善尽美。

二、志愿者的基本权利

人身安全权：志愿者开展志愿服务时的生命安全应该有保障，包括不得强迫志愿者从事有生命危险或有损健康的活动；给志愿者购买与志愿服务风险相应的意外伤害保险；建立专门的志愿者公益基金或救助基金用于应对志愿者因志愿服务带来的意外伤害；保证志愿者有合理的休息时间等。还有志愿者的人格尊严权、个人隐私权（个人信息保密等）应当得到有效的保障。

自愿选择志愿服务的权利：不得强迫志愿者从事其不愿从事的志愿服务活动，更不得强迫其从事盈利活动或非法活动，以防止志愿服务的不当使用。

财产权：在志愿服务中，志愿者的个人及家庭财产不能被侵犯。

能力建设的权利：志愿服务机构和社会应该为志愿者提供与志愿服务相关的培训、学习、交流机会，帮助志愿者提高从事志愿服务的能力和品质。

基本保障权：即获得志愿服务所需物资、场地、资金、精神支持的权利，比如活动设备、器材、场地支持、差旅及误餐补贴等。

知情权、监督权、建议权、申诉权：志愿者有权获知志愿服务及与之相关的志愿服务机构、志愿服务对象的信息，组织志愿服务的机构应该提前向志愿者告知，在活动中及结束后也应及时、充分地介绍相关情况；志愿者有权对志愿服务活动及志愿服务机构进行监督，并提出个人的意见建议；志愿者有权就组织机构有关决定特别是针对志愿者个人作出的决定，发表个人意见，或者向有关方面进行申诉。

得到社会认可、尊重及激励的权利（荣誉权）：社会及志愿者所在的单位应该认可、尊重并鼓励志愿者参与志愿服务，在就业、工资、奖金、职称、评奖等方面不能歧视志愿者，并给予适当的激励；国家应该制定相关的激励政策。

退出的权利：志愿者有权退出志愿服务。

志愿者组织和其他开展志愿服务的组织为志愿者安排志愿服务，应当与志愿者的年龄、身体等条件相适应，与志愿服务项目所要求的知识技能相适应，不得安排志愿者从事超出约定范围的志愿服务。

安排未成年人参加志愿服务，应当与未成年人的身心特点相适应，并征得未成年人的监护人同意。

志愿者组织和其他开展志愿服务的组织应当为志愿者从事志愿服务提供必要

的安全、卫生、医疗等条件和保障,开展相关的知识和技能培训,为志愿者配发志愿者标志,帮助志愿者解决与志愿服务活动相关的实际困难。

志愿者组织和其他开展志愿服务的组织应当为志愿者建立基本状况和服务情况的档案或者记录卡。未经志愿者本人同意,不得公开档案记载的个人信息或者向第三方提供志愿者的个人信息。

三、志愿者的基本义务

遵守法律、法规:志愿者作为国家公民之一,遵守法律、法规是一项基本要求。《宪法》是我国的根本大法,是反映全国各族人民意志和根本利益的国家总章程。依据《宪法》制定的法律和依据法律制定的法规及相应的各部门规章,也是国家意志的体现,符合国家和人民的共同利益,是国家社会组织和公民一切活动的基本行为准则。对于志愿者来说,还要强调另一层意思,就是要遵守有关教育的法律、法规和规章。

志愿服务的承诺:无偿、按时、按质、按量完成所承诺的服务工作。参与机构组织的志愿服务期间,遵守志愿者组织机构的相关规章制度(不得与现行法律相冲突),服从其组织管理和工作安排,及时、充分地向其报告相关信息,接受其监督,听取其批评、建议。

保密:为服务对象、志愿服务机构及相关方保守秘密。

尊重服务对象的合法权利:遵守非歧视原则,不得侵犯他人的人身、财产安全及商业秘密、个人隐私等。

其他义务:有义务参加必要的学习、培训,从知识、技能、道德等方面提高志愿者的能力和水平;合理使用和保管志愿服务过程中的资源、经费、设备、器材等;维护志愿者和相关志愿服务机构的形象,不得做违背志愿精神、损害志愿服务机构利益的事情;退出志愿服务时,应尽提前告知的义务:根据相关规定或约定,提前告知利益相关方(志愿服务机构、服务对象等);有关志愿者权利和义务的话题争议很多,源于没有一个确定的标准,只有在具体服务的机构或领域中根据相应的需要,再予以补充,逐渐丰富和完善。

第二章 支教志愿者的职业道德

第一节　支教志愿者的爱国精神

一、热爱祖国

在教师与国家的关系中我们要求教师忠于祖国，首先表现为热爱祖国。爱国主义是中华民族的优良传统，是我们国家生存和发展的重要精神支柱，是动员和鼓舞人民团结奋斗的一面旗帜，是我国各族人民的道德品质的重要特征。热爱祖国的感情不是一般的感情，是"深厚的感情"，是一种普遍的、崇高的思想感情。那么，作为一名教师我们具体应该热爱祖国的哪些方面呢？

（一）热爱祖国的大好河山

"大兴安岭，雪花还在飞舞。长江两岸，柳枝已经发芽。海南岛上，到处盛开着鲜花。我们的祖国多么广大！"一首儿童诗歌蕴含着对祖国大好河山的深切依恋之情。滔滔江水、滚滚黄河，祖国的山川无比雄奇，祖国的河水无比秀逸，祖国的胸怀无比广阔。祖国的大好河山是生我养我的地方，是我们的"生身父母"，与我们血脉相连。作为教师我们理应热爱祖国的大好河山，身体力行地维护祖国的统一，与分裂祖国的言行作坚决的斗争，对侵略者以坚决的打击。教师要自觉维护祖国的独立、完整、统一和尊严，与一切出卖、背叛祖国的行为作不调和的斗争，在平时的生活和工作中应用真挚的爱国情感去感染、影响学生，让每一位学生都怀有对祖国大好山河深切的热爱，用平凡的工作创造出伟大的事业。

（二）热爱祖国的灿烂文化

文化是一个民族的灵魂和标志，是一个民族的精神家园，是民族认同、国家认同和民族凝聚力、创新力、发展力的基础。《辞海》将文化分为广义和狭义两种。广义的定义认为文化是"人民群众在社会历史实践过程中所创造的物质财富和精神财富的总和"。狭义的文化专指"社会的意识形态,以及与之相适应的制度和组织机构"。我们这里所说的文化专指广义的文化。我国是世界四大文明古国之一,拥有五千年光辉灿烂的文明历史,在漫长的岁月中积淀了深厚的民族文化。中华文化源远流长、博大精深,它在世界文化上独树一帜,具有无穷的魅力,是人类无价的瑰宝,也是我们民族的灵魂。作为教师我们理应热爱祖国的灿烂文化,以正确的态度去对待我国传统文化,坚持取其精华、去其糟粕、批判继承、古为今用的原则,切忌以偏激的态度对待它。一方面,我们应该有强烈的文化自信和文化认同感。对于优秀的具有生命力的传统文化我们不能抛弃,应该以身作则,维护民族文化的尊严,继承并使之不断发展,不故意贬低我国民族文化,搞"历史虚无主义",崇洋媚外。另一方面,对于传统中华文化中的糟粕,不符合时代发展的方面要中肯地进行批判、摒弃。作为教师我们不管在生活还是工作中都要坚持这一原则,用我们的实际行动去感染学生和我们身边的每一个人。

二、为国育才

教师忠于祖国很重要的表现是为国育才。然而,对于为国育才我们应该有清醒的认识,随着社会和经济的发展,为国育才并不是只做一个"教书匠",在应试教育大行其道的氛围当中,很多教师仅仅是为考试而教学,这显然不符合社会和国家对教师的期望,为国育才要求教师不仅为考试教学,更要为国家发展和民族复兴培养人才。

当今是一个互联网的时代,是一个信息大爆炸的时代,我国社会和经济高速发展、日新月异。在走向中华民族伟大复兴的康庄大道上,我们比历史上其他时期都更接近实现中华民族的伟大复兴,党的十八大提出两个"百年奋斗目标":一个是在中国共产党成立一百周年时全面建成小康社会;一个是在新中国成立一百周年时建成富强、民主、文明、和谐的社会主义现代化国家。在国家发展和民族复兴的道路上人才显得尤其重要,并且对人才的要求也更高,这里的"才"必须是符合国家建设要求的高素质人才,这都意味着国家对教师的要求也更高了,为此,教师应该做到以下几点。

首先,教师要有与时俱进的正确的教学理念。与时俱进就是要求教师的教学理念要适应时代进步的要求。在当今"互联网+"的时代,教师应该更新自己的教学理念,应该更加注重启发式教学,培养学生的创新思维,做到从"解惑"到"开惑"的转变,培养学生的问题意识,更加注重学生的全方面发展,而不是只注重考试,变成所谓的"考试机器"。在具体的教学方法上,教师也应该积极地把现代网络技术引入课堂教学,提高教学效率。

其次,要求教师培养自己的责任意识。教师应保持终身学习的状态,不能为了考试而教学,不能仅仅把教师职业当作养家糊口的工作,而应该不断充实自己,为培养出色的人才做好准备、打好基础。

再次,要求教师培养自己良好的心理素质。现代社会高速发展,社会环境更新变化速度很快,教师拥有良好的心理素质显得特别重要,表现为正确地对待自己、愉快地接纳自己;正确地对待别人,真诚地理解别人;正确地对待成绩,积极地投入教育事业;正确地对待挫折,勇敢地接受挑战;正确地对待名利,泰然自处,等等。

最后,要求教师有一个健康的身体。身体是革命的本钱,教师只有拥有健康的体魄才能担当"为国育才"的大任,这就要求教师注意强身健体、修养身心。

三、理性护国

教师忠于祖国还表现在理性护国。没有什么比爱国情感更为珍贵,但是爱国应该表现为理性护国,不能只凭一腔热血,盲目乱干。理性护国是真正对国家对民族负责任的一种态度,它要求在求真求实的基础上,理性地表达自己的观点和看法,不盲从、不跟风,做到有理有据、合理合法的爱国,以维护国家利益为先,不做有损国家利益的事。

教师是知识分子,受过良好的教育,我们理应看到,国家当前所处的国际国内环境相当复杂,在我们前进的道路上依然还会遇到各种各样的矛盾和问题。面对复杂环境和各种矛盾问题,如果不能依法、理性表达爱国热情,就无法维持正常的社会秩序,就不能保证经济社会的平稳快速发展,最终也不利于广大人民群众的生活幸福。坚持依法理性护国应该把我们的爱国热情转化为做好本职工作的积极性,维护好来之不易的和谐稳定的局面,抓住发展的机遇,赢得发展的契机,把祖国建设得更美好,这是真正的护国。具体来说,理性护国要求教师在生活和工作中做到以下几点。

(一) 引导学生树立正确的国家观

我国是由多民族构成的人民民主专政的社会主义国家,人民是国家的主人,国家的一切权力属于人民,这里的"人民"是包括各民族的人民群众,我们国家坚持民族平等、民族团结、民族共同繁荣的原则,反对大民族主义,坚决维护祖国的和平和统一。同时应当谨记,现阶段爱国就是热爱社会主义,热爱中国共产党的领导,爱国主义主要表现为献身于保卫和建设社会主义现代化事业,献身于促进祖国统一的事业。这就要求教师在课堂内外传输给学生这一正确的国家观。

(二) 不抹黑、谩骂祖国

不抹黑、谩骂祖国要求教师实事求是,用辩证的思维看问题,不可歪曲事实、丑化祖国形象、谩骂祖国,自以为是并以此为乐,应该对自身的一言一行负责任。教师群体是受过高等教育的群体,应当有清醒的头脑和正确的眼光,教师的职业和社会角色也使得教师的一言一行都对学生甚至对社会有重大的影响,因此,国家对教师的要求也很高,教师应该为学生树立榜样,用切身行动维护祖国利益。当今是一个互联网时代,信息发达,在网络世界充斥着不同的声音,各种利益诉求泥沙俱下。这里面有弘扬人性的真美,有贬低社会的丑恶,但是还有一群道貌岸然的"谦谦君子",他们常常语不惊人死不休,以一种近乎疯狂恶毒的语言来贬低抹黑我们的社会,甚至是抹黑、谩骂我们的祖国,他们在互联网的世界里充当着毁灭社会道德和打击爱国情操的角色,肆意扭曲社会道德观,肆意评判中国发展过程中遇到的各种问题,这些人多是带着幸灾乐祸、唯恐天下不乱的心态,戴着有色眼镜评判中国发生的一切。其中不乏一些受过高等教育并在社会上获得一定地位的知识分子,他们口无遮拦、信口开河,话语之间毫无责任感,这一切都值得我们警醒,并引以为戒。

(三) 正确看待国家历史

教师还应该正确看待国家历史,要求教师要用客观的态度、全面的发展的眼光去看待国家历史的发展,不歪曲事实、颠倒黑白。新中国成立至今,党带领我们国家走过了辉煌而又曲折的历史进程,国家的建设取得了举世瞩目的成就,如今正踏上全面建成小康社会的康庄大道。与此同时,我们国家在建设过程中也走过很多弯路,但是总体是向前的,取得的成就是主要的方面,作为教师我们应当正确看待国家历史,更应该肯定我们取得的巨大成就。

(四)正确看待国家发展中面临的各种问题

作为教师,我们应当正确看待国家发展中面临的各种问题,要求教师正确分析各种问题出现的原因,实事求是,重在为国家发展出谋划策、贡献力量,而不是吹毛求疵、指手画脚。如今,改革开放进入深水区,国家发展出现了各种阶段性问题。但是,我们应该认清,问题只是阶段性的,是一时的,相信通过全国各族人民团结努力,这些问题都会得到很好的解决。

四、国家优待教师的政策

(一)国家优待教师的原因

《中共中央国务院关于全面深化新时代教师队伍建设改革的意见》通过改革培养体系来提高教师教育教学能力,强调以新时代教师素养要求和国家课程标准为依据,来改革加强师范教育,也就是从源头上提高教师质量,这是非常重要的一个方面。另一方面,对现有的老师要加强新课程、新教材、新方法、新技术的全员培训,增强培训的针对性和实效性,要更多地向乡村倾斜,特别是向艰苦边远地区的教师倾斜,提高教师队伍整体素质。

1. 教师负有为国育才的大任

教师负有国家交给的为国家发展和民族复兴培养人才的责任。教师素有"人类灵魂的工程师"的美誉,他们的工作质量好坏直接影响到国家人才培养的质量,只有优待教师,给教师一个好的工作心情和工作环境,才能使得教师更好地承担起为国育才的大任。

2. 社会对教师的期望很高

社会不仅要求教师要有扎实的教学基本功,有渊博的知识体系,还要求教师有良好的道德品质,为人师表。社会对教师的高要求也意味着国家应该优待教师,激发教师群体的潜力,使他们奋发向上、完善自己。

3. 国家对教师待遇分配的体制和地区差异

比如中西部经济落后地区及农村地区教师的经济待遇普遍不如经济发达的城市,还有相当一部分代课教师的编制问题需要切实得到解决等,这些问题都亟待我们去解决,以做到公平对待,不能打击部分地区教师的积极性。

(二) 国家如何优待教师

以上谈到教师的职业和职责、所处的社会地位和对国家人才培养的影响力等因素都要求国家要优待教师,那么从国家层面来讲,应该如何优待教师呢?

国家应该制定专门的法律法规,并与时俱进地对法律法规进行修订,明确教师的权利和义务,在法律层面上保证教师的合法权益。随着社会的发展,社会上出现有关师生关系紧张的案例,包括教师和家长的一些矛盾冲突,我们在充分保证学生的合法权益的同时,也应该实事求是、分清是非,充分保证教师的合法权益。

国家和政府应当适时提高教师的福利待遇,把各项政策落到实处。比如,依法保障教师平均工资水平不低于或者应该高于国家公务员的平均工资水平,落实教师绩效工资制度,逐步提高教师工资,增强教师职业的待遇优势;完善农村教师工资、职务等倾斜政策和津贴补贴制度,稳定农村教师队伍;研究制定教师住房保障政策,建设专家公寓和青年教师公寓;落实民办学校教师职务(职称)评定制度,保障民办学校教师与公办学校教师同等地位等。国家应该把各项政策落到实处,从不同方面真正地去保障教师的权益。

国家和政府应该尽快完善教师考核评价制度,使之与时俱进,符合教育发展的要求。教师不应该只为考试教学,而应该为国家发展和民族复兴培养人才,那么国家的教师考核制度就不能模糊化,应该具有科学性和可操作性,不能仅仅以学生考试分数、升学率这样一些应试教育的指标去考核教师,而应该用新的教育观念评价教师,建立符合素质教育思想的,有利于发挥教师主动性和创造性、有利于教师发展的评价体系,充分发挥评价的导向、激励作用,帮助全体教师不断提升职业道德水平和专业水平,从而真正提高教师的教学质量。

第二节　支教志愿者对学生的关爱

关爱学生,关心爱护全体学生,尊重学生人格,平等公正对待学生;对学生严慈相济,做学生良师益友;保护学生安全,关心学生健康,维护学生权益;不讽刺、挖苦、歧视学生,不体罚或变相体罚学生。核心内容是尊重学生人格,平等公正对待学生。要解决的核心问题:深刻地认识到关爱学生是教师特有的一种职业情感,是良好的师生关系得以存在和发展的基础,是搞好教育教学工作的重要因素,也是教师应具备的道德行为。

一、关爱学生的含义及要求

苏联教育家赞可夫说过:"当教师必不可少的,甚至几乎是最主要的品质,就是热爱儿童。"一位教师说过:"如果没有爱,教育在开始的时候就已经结束了。"没有爱就没有教育,爱是教育的灵魂,热爱学生是教师所特有的一种职业情感,是良好的师生关系得以存在和发展的基础,是搞好教育教学工作的重要因素,也是教师应具备的道德品质。

(一)关爱学生的含义

关爱学生就是关心爱护学生,即对学生有很深的感情,爱惜、珍惜学生,对学生成长的各方面高度关注,并尽最大能力给予帮助,愿意为了学生付出感情,牺牲自身利益,甚至生命。

(二)关爱学生的具体要求

1. 关心爱护全体学生,尊重学生人格,平等公正对待学生

这是对关爱学生的基本原则的规定。关心爱护全体学生是指教师对全体学生

都负有关心爱护的责任,不能根据个人的喜爱、学生的个性差异、家庭状况、成绩和品德等不同状况决定关爱与否。尊重学生人格是指肯定、敬重学生做人的资格、尊严、价值和品格,不能粗暴批评、压制、体罚、训斥、辱骂、讽刺学生。平等公正对待学生是指教师对待所有的学生要一视同仁,不能有所偏私和亲疏,也不能利用教师身份居高临下,以自己的喜、怒、哀、乐牵制学生,使学生受到歧视和不公正的待遇。

2. 对学生严慈相济,做学生的良师益友

这是对教师关爱学生的方式及教师和学生的角色定位的规定。对学生严慈相济是指对学生既要关爱又要严格,关爱不是溺爱,严格不是严厉,而是要严而有理、严而有度、严而有方、严而有恒。做学生的良师益友是指教师要在学习、生活等方面教育、影响、指导和帮助学生,成为学生健康成长的指导者和引路人。

3. 保护学生安全,关心学生健康,维护学生权益

这是对教师基本责任的规定。保护学生安全是指教师在教育教学过程中突然遇到灾害或者面临突发事件时,要将学生的安危放在首位,尽全力保护学生。关心学生健康是指教师对学生的关爱必须是全方位的,除了关心学生的学习、生活、思想道德素质、科学文化素质的提高外,还要关心学生的身心健康,进行身心健康方面的教育与辅导,组织学生参加体育活动。维护学生权益是指教师自身不能侵犯学生的合法权益,而且对于社会、学校及他人侵犯学生合法权益的行为要敢于制止和抵制。

4. 不讽刺、挖苦、歧视学生,不体罚或变相体罚学生

这是对教师对待学生行为的底线规定。不讽刺、挖苦、歧视学生是指教师对于学生的不当言行不能采取讽刺、挖苦等"语言暴力"或其他"冷暴力"等方式。不体罚或变相体罚学生是指教师不能有意识地造成学生身体的痛苦来制止学生的错误言行。

二、教师关爱学生的重要意义

(一) 师爱是学生成长的力量之源

关爱学生是指教师能从高度的责任心和社会责任感出发,关心爱护学生,严格要求教育学生,为国家、为社会培养德才兼备的社会主义建设人才。

1. 教师对学生的爱,是学生成长的力量之源,是激发学生向上的动力

教师所面对的是渴望认同、呵护与关爱的稚嫩的心灵,教师的一举手、一投足、一种信任的目光、一个爱抚的动作,都会给学生以情感上的滋润、行为上的激励,甚至会影响学生的一生。爱的情感犹如师生之间的一座桥梁,犹如涓涓溪水流入学生的心田,又像一场春雨滋润干枯的荒漠形成一片绿洲。

2. 教师对学生的爱,不仅是对心灵的呵护,更是一种激励、一种引导

教师对学生的爱,能影响学生的身心发展、人格形成,能影响学生的职业选择和人生方向。教师对学生的爱和情,既是教师高尚品德的表现,又是一种教育手段,对塑造学生的灵魂和人格是一种巨大的力量,对学生的影响程度是教师难以预计的。热爱学生,这是教师职业特殊性的要求。

教师对学生的爱是一种什么样的爱呢?教师热爱学生具有职业性、无私性、原则性和全面性等特点。

从职业性看,教师对学生的爱是在从事教育工作的过程中产生的,是一种崇高的爱;从无私性看,教师通过辛勤劳动,把自己的知识、能力奉献给学生,用自己的心血哺育下一代,不图回报,是发自内心的,不掺有杂念,心甘情愿的;从原则性看,教师热爱学生不是溺爱,也不是迁就学生的错误,而是爱中有严、严中有爱、严慈相济;从全面性看,教师不仅要在生活中关心每名学生,还要关心每名学生的全面成长,做到不偏爱,一视同仁,公平公正。总之,教师对学生的爱是世界上一种特殊的情感,是一种不计回报、无私的、神圣的爱。

教师在教育教学活动中怎样才能做到热爱学生呢?苏霍姆林斯基说过:"一个好教师意味着什么?首先意味着他是这样的人,他热爱孩子,感到和孩子交往是一种乐趣,相信每个孩子都能成为一个好人,善于跟他们交朋友,关心孩子的快乐和悲伤,了解孩子的心灵,时刻不忘记自己也曾是个孩子。"教师关心爱护学生,要做到以下几点:

第一,了解和信任学生。学生是有思想、有感情、有个性的活生生的人。从表面上看,学生之间似乎差别不大,但实际上每名学生都有自己与众不同的一面。如果教师不了解和信任学生,就不会有对学生真正的爱,也谈不上对他们进行有针对性的教育。为了教书育人,教师既要了解学生的过去和现在,又要了解学生成长的家庭环境和经常接触的各种人和事;既要了解学生表现在外的优缺点和特长,又要了解学生的内心世界,包括他们的苦恼和忧愁。只有全面了解和信任学生,根据学

生的特点进行教育,才能收到良好的教育效果,使学生的个性得到充分发展。

第二,做学生的良师益友。随着年龄的增长,学生往往会把自己的苦恼、心事和秘密隐藏起来,不愿意对家长或教师说,只有在遇到自己无法解释或解决不了的问题时,才找人诉说、请教和指点。因此,一位好的教师应当主动与学生做知心朋友,倾听他们的心声,帮助他们解决实际问题,包括内心世界的苦恼与忧愁,这样教师才能更全面、更深刻地了解学生。

第三,爱护每一名学生。教师教书育人是为了学生的未来。作为教师,应该关心爱护每一名学生,从心里充满对他们的爱。虽然有的学生有缺点甚至有出格行为,给教师带来很多麻烦,但教师对学生的爱要始终如一。教师关心热爱学生,会由此产生热爱教育事业的崇高道德情感。赞可夫说:"儿童对于教师给他们的好感,反应是很灵敏的,他们是会用爱来报答教师的爱的。"学生得到教师的爱,会将其转化为学习的动力,增强信心,健康成长,从而也会热爱和尊敬教师,使教师的威信大大提高。

第四,对学生严慈相济。教师对学生的爱,要与"严"紧密结合在一起。要严得合理,严得适当,不迁就学生,不放任学生,也不溺爱学生。也就是说,教师对学生提出的要求,要符合党的教育方针政策、学生的实际和21世纪学生的要求;要有利于学生身心健康发展、学习进步和良好行为习惯的养成;是学生经过努力能达到、能接受,并能自觉切实执行的。

要严而有理。所谓严而有理,是指教师对学生提出的要求要符合党的教育方针,都要有利于学生的生理心理健康,有利于学生学业的进步和良好行为习惯的养成。学生是方方面面都正在成长的"未熟人",在校期间难免出现这样那样的缺点和错误。有的学生粗野、无礼,不尊重教师,不听劝告;有的学生在同学中大声吵闹,惹是生非。对这样的学生,教师常常是恨铁不成钢。有的教师能耐住性子,稳住情绪,用智慧和道理说服学生,但是有的教师有时火气一上来就会对学生进行惩罚。这种情况和行为表面上看是为了严格要求学生,实际上是有损于学生的身心健康,教师要坚决杜绝这种做法,这是违背教师道德的。爱因斯坦曾经指出:"如果学校把自己的工作建立在恐吓和人为制造的权威上,那是最糟糕不过的了,这样的反常制度会扼杀学生的健康情感和直率性格,挫伤学生的自信心。"对学生的真爱体现为既对学生有种种严格的要求,又不损害学生的生理心理健康,让学生心服口服、心甘情愿地接受。

要严而有度。这是指教师爱学生,对学生提出的各种要求都符合他们的身份、年龄和特点,如果离实际情况太远,要求过高,学生无法达到,这种严格也就毫无意义。虽然年龄差不多,又在同一间教室,但由多种因素影响,学生的思想水平、认识水平、知识水平以及理解能力都不会完全相同,因此严格要求必须避免"一刀切"。有的要求对于多数学生来说是适合的,但对于"后进生"来说可能是他们努力也难以达到的,而对于好的和优秀的学生来说又显得偏低。所以,针对实际情况,教师要区分对待,适度地要求学生,这样才会收到好的教育效果。

要严而有方。有一则伊索寓言的内容是太阳和风争论谁比谁强壮。风说:"当然是我,你看下面那位穿外套的老人,我可以比你更快地让他把外套脱下来。"说着,风便用力对老人吹,希望把老人的外套吹下来,但是它越吹,老人就把外套裹得越紧。风吹累了,太阳从云后走出来,照在老人身上暖洋洋的。没多久,老人开始出汗,并脱下了外套。于是,太阳对风说:"温和与友善永远强过激烈狂暴。"教师对学生的严格要求能否收到显著成效,关键在于方法。要求学生这样做那样做,却不管学生心理感受如何,"我讲你听,我打你通",居高临下,盛气凌人,即使学生表面上在听、在顺从,内心也不会服气,与教师的心理距离会越来越大,甚至会对教师产生反感。教师对学生严格要求也要采取耐心、疏导的方法,要寓教于教学之中,寓教于各种活动和师生的接触之中。只有方法得当,严格才能在教育中奏效,才能培养和训练出优秀的学生。

要严而有恒。所谓恒,就是要坚持长久。教师对学生的严格要求不能时有时无,要保持一定的稳定性;既然已对学生提出某种较高标准的要求,就要坚持到底不能放松;要常督促、常检查,把要求落到实处,直至学生养成良好的生活习惯和学习作风;忌讳的是对学生一时紧一时松,说了就不再检查,再无动静,以后再怎样要求,学生都不会重视,教师的威望也会因此受损,教育效果也会大打折扣。

要严中求细。瑞士著名教育家斐斯泰洛奇曾说:"每一种好的教育都要求用母亲般的眼睛时时刻刻准确无误地从孩子眼、嘴、额的动作中来了解他们内心情绪的每一种变化。""细"就是不放过所能了解和察觉到的细小问题。在纷繁的工作中,教师要尽力抽出时间多听、多问、多看、多想,从生活、学习、思想、劳动、工作、活动以及家庭等多个方面了解学生、关心学生,善于从细节处发现潜在的问题,及时引导和规范,防患于未然,避免酿成大错。"细"本身就是爱。

一位教师要想把学生培养成社会需要的有用人才,就要对他们倾注无私的爱和真挚的情。这种爱和情就是关心、体贴、帮助加严格要求,这种情和爱既深刻又博大。慈母对孩子之所以无私,是因为有血缘关系。教师给予学生无私的爱和真挚的情,给予慈母般的柔情,那是一种更崇高而伟大的爱,它强烈地感化着青少年,使他们感悟人生、走向进步。

(二) 在尊重中走入学生的心灵

爱默生说过:"教育成功的秘密在于尊重学生。"尊重和理解首先要建立在平等的基础上,没有平等也就没有尊重和理解。相对于教师来说,学生年龄较小,知识水平、生活经历等也不及教师,但作为教师,要懂得学生与自己在人格上是平等的。在现实的学校生活中,许多教师对待学生表现出种种不平等,不论学生感受如何,不论对错,不高兴就劈头盖脸狠狠地训斥学生,讽刺、打击甚至体罚,结果使许多学生畏惧教师,对教师敬而远之,有心事、有苦恼、有秘密都讲给同学和伙伴,而不敢对教师倾诉。这种现象很普遍,它使师生沟通出现障碍,给教育活动增加了难度,削弱了教育的效果和质量。

教师在教育活动中一定要平等地对待学生。一方面,教师要把学生当作一个有思想、有感情、懂得善恶的人,对他们以诚相待、以朋友相知,与他们建立真正的师生感情;另一方面,教师要平等地对待每一名学生,特别是对"先进生"与"后进生"要一视同仁,不能对学习好的就高看一眼,对学习差的就不理不睬、漠不关心,这样会伤害学生的自尊心,影响学生的心理健康和成长,也会对整个教育活动产生不良影响。

苏霍姆林斯基说过:"儿童的尊严是人类最敏感的角落,保护儿童的自尊心,就是保护儿童的潜在力量。"相反,伤害了学生的自尊心,也就从根本上摧毁了学生成长的力量。三毛的数学教师的做法是非常愚蠢的,也是非常可怕的。

尊重学生要以平等为基础,在教育活动中学生难免出现这样那样的毛病,但教师绝不能挖苦、训斥、打骂和体罚,要保护学生的自尊心,给他们以充分的信任,对他们的学习成绩要给予客观公正的评价,要珍惜学生对自己的一片真情和敬爱,充分加以利用,与学生加深感情和沟通。同时,不要忘记去理解学生,每个人都需要别人的理解,学生希望得到教师的理解,理解他们的年纪、幻想以及他们的喜怒哀乐。

哈佛大学的罗森塔尔博士曾在加州一所学校做过一个著名的实验。新学期,校长对两位教师说:"根据过去三四年来的教学表现,你们是本校最好的教师。为了奖励你们,今年学校特别挑选了一些最聪明的学生给你们教。记住,这些学生的智商比同龄的孩子都要高。"校长再三叮咛:"要像平常一样教他们,不要让孩子或家长知道他们是被特意挑选出来的。"两位教师非常高兴,更加努力教学了。

一年之后,这两个班级的学生成绩是全校中最优秀的,甚至比其他班学生的分值高出好几倍。知道结果后,校长告诉两位教师真相:他们所教的这些学生智商并不比其他学生高。两位教师哪里会料到事情是这样的,只得庆幸自己教得好了。校长又告诉他们另一个真相:他们两个也不是本校最好的教师,而是在教师中随机抽出来的。正是学校对教师的期待,教师对学生的期待,才使教师和学生都产生了一种努力改变自我、完善自我的进步动力。

实际上,这是心理学家进行的一次期望心理实验。他们提供的名单纯粹是随机抽取的。他们通过"权威性的谎言"暗示教师,坚定教师对名单上学生的信心。虽然教师始终把这些名单藏在内心深处,但掩饰不住的热情仍然会通过眼神、笑貌、音调滋润着这些学生的心田。积极主动的态度,使学生潜移默化地受到影响,因此变得更加自信,奋发向上的激流在他们的血管中荡漾,于是他们在行动上就不知不觉地更加努力学习,结果就有了飞速的进步。这个令人赞叹不已的实验,后来被称为"皮格马利翁效应"或"罗森塔尔效应"。"罗森塔尔效应"说明:教师对学生的态度是一种巨大的教育力量,能够改变学生的一生。

教师丰富的学识、高超的教艺,会成为吸引学生去攀登科学高峰的"磁石";教师高尚的品德、不倦的教诲,往往能使误入迷途的学生重新走上正路,成为有用之才;教师辛勤的劳动、顽强的意志,会给那些心灵上有伤痕的学生带来信心和毅力。教师对一个人成长发展的作用是确定无疑的。

教师只有对学生报以深深的理解,才能产生真正的爱生之情,才能从心灵走向心灵,成为学生的知心朋友。要做到这一点,教师必须懂得心理学和教育学,按照学生的心理、生理发展规律调整自己的教育方法。

平等地对待和尊重学生,要特别注意以下几点:

第一,尊重学生的人格和自尊心。苏霍姆林斯基说过:"教师只有关心人的尊严感,才能使学生通过学习而受到教育。"教育的核心就其本质来说,在于让儿童始终体验到自己的尊严感。每名学生都有自己的人格和尊严,都渴望得到教师的尊重和信任。教师的尊重和信任,会使学生感到自己的品德、才华、能力得到认可,从而增加前进的信心,获得前进的动力,自觉地向着更高的目标发展。

如果教师不注意尊重学生的人格和自尊心,对学生进行讽刺、挖苦,势必伤害学生的自尊心,使学生产生自我否定的消极情绪和意向,不仅挫伤了学生学习的积极性,而且会影响学生的健康成长。教育界有这样一句名言:"没有尊重就没有教育,没有相互尊重,教育就会变成一场发生在师生之间的严酷的'战争',一场永不休止的'战争',一场疲惫不堪的'战争',一场两败俱伤的'战争'"。

第二,平等、公正地对待每一名学生。马卡连柯说过:"教师的心应该充满着对每一名他要与之打交道的具体的孩子的爱,尽管这个孩子的品质已非常败坏,尽管他可能给教师带来好多不愉快的事情。"学生的地位是平等的,每名学生都希望得到教师平等、公正的对待。无论是好学生,还是差学生、顽皮学生,教师都应一视同仁,用同一个标准对待他们。如果教师将学生分为三六九等,有亲有疏,以自己的喜、怒、哀、乐牵制学生,使学生受到歧视和不公正的待遇,甚至讽刺、挖苦、歧视和体罚学生,这会伤害学生的自尊心,对学生的精神世界造成恒久的伤害。

第三,宽容和信任学生。苏霍姆林斯基说过:"有时宽容引起的道德震动比惩罚更强烈。"宽容和信任是在认识上理解学生,信任学生;在情感上尊重学生,关心学生;在行动上引导学生,激励学生。教师的宽容会使学生感受到关爱与抚慰,产生的效果远远胜于惩罚。宽容和信任是用发展的眼光看待学生,对犯了错误的学生给予宽容和信任,就是给学生以机会,给学生以期待,能有效调动学生的积极性。宽容和信任是一种无私的爱,可以缓解师生之间的对立情绪,转化学生的逆反心理,使教育收到很好的效果。

(三)保护学生安全,关心学生健康,维护学生的合法权益

促进学生全面发展、保护学生的安全,是教师群体所应具有的职业精神,也是检验教师的一个职业道德标准。保护学生安全正是"爱生"的一个重要表现,我们不能把"爱生"当成空洞的口号,新的历史时期要求教师对学生的爱要有合理的依据和形式,要把对学生的爱融入教育教学的一切活动中。

1. 保护学生安全

保护学生安全,无论是从法律角度,还是从道德规范角度,都是教师不应回避的责任。教师职业道德规范的修改,通过规范的形式来激发教师的道德愿望,激发

社会的普遍美德,体现了社会的进步。新时代的教师在规范的引领下,对学生的教育和关爱也将更具人性魅力。

教师负有保护学生安全的责任和义务,是一种适度而理性的职业道德约束,而不是侵犯生命权的道德管制。职业道德是一种与职业责任相关的道德规范,与普遍性的社会道德相比,更加具体和明晰,尤其是一些特殊行业的职业道德,往往明确了从业者要比普通公民承担更大的社会责任,表现出更高的道德素质。例如,军人、教师、警察以及医护人员,特殊的责任需要他们冲在前面,不仅是道德自律、以身作则,而是牺牲"小我"、保护"大我"的公共使命。中小学教师面对的是未成年人,正在成长中的孩子,他们难以拥有成人的判断力与行为能力,教师当然要成为他们在校园甚至社会生活中的引领者、组织者。教育不仅是教授主要科目的知识,而且要有生命安全、生命价值的教育,引导学生认识生命、珍惜生命、尊重生命和热爱生命,促进学生的健康成长,提升学生的生命意义与境界。

我国的《中华人民共和国教师法》明确规定,教师要"关心、爱护全体学生",要"制止有害于学生的行为和其他侵犯学生合法权益的行为"。我国《中华人民共和国未成年人保护法》(以下简称《未成年人保护法》)也规定,保护未成年人是全体成年公民共同的责任。

2. 关心学生健康

关心学生健康,首次被写进教师职业道德规范,学生健康包括身体健康和心理健康两个方面。在身体健康方面,目前我国学生的身体素质严重下滑,近视率持续走高,已经引起了全社会的担忧。教师要负起责任来,引导督促学生加强锻炼,不得随意侵占学生休息、娱乐、体育锻炼的时间。在心理健康方面,有相关报道:中学生处在青春期,容易在家庭教育、生活环境等因素的影响下出现心理障碍和心理缺陷。

3. 维护学生的权益

学生的权益是指学生在教育活动中享有的各种权利。学生的权利是与其身份和法律地位紧密相连的。在教育过程中,学生具有双重身份:其一,他们是国家公民;其二,他们是未成年人,正在接受教育。这决定了他们享有权利的特殊性:作为公民,他们享有宪法所规定的公民应享有的各项权利;作为学生,他们还享有其他公民没有的权利。因为学生,特别是中小学生,他们大多未满18周岁,是无民事行为能力和限制行为能力的人,他们的身心和社会性发展尚不充分,还不能完全准确地辨别是非和保护自己,因此法律对其权利必须给予特别的保护。我国相继颁布了《中华人民共和国义务教育法》《中华人民共和国未成年人保护法》等法规来保护学生的权利,如享有受教育的权利、人身安全不受侵犯的权利、民主平等的权利、发表意见的权利、隐私权等。

《未成年人保护法》第三条规定,未成年人享有生存权、发展权、受保护权、参与权等权利,国家根据未成年人的身心发展特点给予特殊、优先保护,保障未成年人的合法权益不受侵犯。未成年人享有受教育权,国家、社会、学校和家庭尊重和保障未成年人的受教育权。生存权是指未成年人享有其固有的生命权、健康权和获得基本生活保障的权利;发展权是指充分发展其体能和智能的权利;受保护权是指不受歧视、虐待和忽视的权利;参与权是指参与家庭和社会生活,并就影响他们生活的事项发表意见的权利。未成年人不分性别、民族、种族、家庭财产状况等,依法平等地享有权利。这是新增的条款,明确并最大限度地保障未成年人的权利,是《未成年人保护法》修订的一大亮点。

学校既是专门从事教育活动的场所,又是保护学生权利的主要部门,尤其是教师,要以学生的健康成长为出发点,充分尊重和保护学生的各项权利,做学生权利的维护者。另外,要求教师充分尊重学生,约束自己的行为避免伤害学生的心灵。

第三节 支教师生关系中的矛盾分析

一、当前教师在关爱学生方面存在的主要问题

当前教师总体来说是关爱学生的,但是在爱生意识和行为方面还存在问题,主要表现如下。

(一) 爱得不深

关爱学生不深体现为:一是爱生意识淡薄,有的教师对自己从事的工作缺少真正的理解,在他们看来自己的任务只是教学,没有促进学生全面发展的义务,没有帮助学生解决生活、学习、人际交往中实际困难的义务,不太关心学生的思想状况和身心健康,不太关心学生的苦闷,不太关心学生的需要,尤其是非"高考"学科的教师对学生的关爱意识更为淡薄;二是爱的程度不够,真正的爱不仅是主动地爱,更应该为了学生的利益不惜牺牲自己的利益或生命,有的教师在灾难面前,没有成人对未成年人的爱怜之心,没有教师对学生的关爱与保护意识,只求明哲保身或者只顾自身安危,弃本该保护的学生于不顾。

(二) 爱得不当

关爱学生不当体现为:一是重学习轻其他,有的教师担心升学率影响自己的"前途",对学生还是比较关心的,但这种关心往往局限于学习成绩,对于学生的身心健康、思想品德关心较少,甚至挤占学生学习思想品德课程或者参加体育锻炼的时间;二是偏爱,偏爱学习成绩优秀的学生或者家庭条件优越、父母社会地位较高的学生,对"后进生""差生"或家庭贫困的学生歧视、讽刺或挖苦;三是爱法不当,不少教师在心里是爱学生的,但往往因为恨铁不成钢或者因为学生学习不投入等情

况急不择言,或者因为学生课堂上的违纪行为影响了教学秩序或自己的心情,批评学生时往往话带讥讽、嘲笑,甚至体罚或变相体罚学生。

二、当前教师在关爱学生方面存在问题的主要原因

(一)教师对自己从事的职业爱得不够

有的教师仅仅将自己从事的教育教学工作视为谋生手段,没有将其看作为国家培养人才、促进人的全面发展的伟大事业,因而对于教育教学涉及的人和事没有倾注感情,对学生也没有强烈的关爱意识。

(二)教师对爱生的重要性认识不到位

有的教师认为自己的任务就是传授知识,把学生当作吸收知识的无生命的"口袋",认为爱不爱学生都不影响自己任务的完成,没有认识到关爱学生对高效完成教育教学任务的重要性及对学生关爱品质与能力形成的重要性。

(三)教师不懂得爱的真谛与爱的艺术

有的教师不懂得爱的真谛与爱的艺术,认为只要是为了学生好,爱的动机正当,爱的方式不重要,因而讽刺、挖苦、体罚或变相体罚往往成了"爱"的具体体现。

三、教师关爱学生品质的自我提升

(一)充分认识关爱学生的重要性

教育教学是一门离不开关爱与情感的学问,关爱学生无论对教育教学任务的顺利进行,还是培养学生的爱的品质与能力,都具有十分重要的意义。热爱学生是教师所特有的一种职业情感,是良好的师生关系得以存在和发展的基础,是搞好教育教学工作的重要因素,也是教师应具备的道德品质。

(二)掌握关爱学生的方法

建立良好师生关系法。在教育教学中,教师和学生相互作用,若没有教师对学生的爱,就没有良好的师生关系。但教师如何去爱学生,教师对学生所倾注的爱怎样才能符合学生的心理需要,师生双方如何形成积极的心理交流,即教师的思维、感情与学生的思维、感情怎样才能共振,使教师的爱产生正效应呢?这不是一个简单的问题。如果教师对学生的爱有失分寸,要么过严,要么过宽,要么变成了残酷,要么变成了溺爱,该爱的地方教师不去爱,不该爱的地方教师又去爱,这都不切合学生的实际,往往会导致学生持怀疑或否定、反感或厌弃的态度,师生间就会产生感情逆差,甚至产生负效应或离心效应。因此,教师关爱学生,必须加强研究,群策群力,了解学生的心理动向,把握学生的思想脉搏。只有当学生的情感大门向教师敞开时,"师爱"投射到学生的心灵上,才能唤起学生的情感,使学生对教师产生亲近感、信赖感,这样"师爱"和"爱师"才能融合在一起。

有教育专家在中小学生中做过这样的调查:当问及"如果你心里有最开心、最难过、最秘密的事,你最愿意告诉谁"时,有76%的学生选择了同学,有17%的学生选择了父母,只有7%的学生选择教师。由此可见,师生间的沟通还存在诸多问题。

努力提高教师综合素质法。教师要关心学生、了解学生、关爱学生、教育学生,必须具有优良的素质,高质量的教育需要高素质的教师。正如苏联教育学家杜勃罗留波夫所说:"师生间最不幸的关系是学生对教师学问的怀疑。"青少年有求知的欲望,学生希望从教师那里学习更多的知识,如果一个教师在课堂上东扯西拉,不能向学生传授系统的科学文化知识,学生就会看不起教师。特别是在当今科学技术迅猛发展的时代,学生向教师求教时,教师一问三不知,这样的教师就会在学生中失去威信。因此,教师要做到热爱学生,不仅要加强学习,具备扎实的基础知识、精深的专业知识,还要具备厚实的教育科学、心理学、社会学的知识,提高自身的综合素质。

师生互爱、双向流动法。教师对学生的爱是一种纯洁、深厚的爱。教师要努力做到对学生勤招呼、勤观察、勤批语、勤交流、勤家访,要善于用自己的经验为学生排忧解难,对学生的缺点、错误不要轻率下定论,对学生多激励、多期待,把爱洒向学生的心田。只有这样,学生才会喜欢你、亲近你,愿意听你的教导,也愿意向你倾诉自己的思想和感情。师生之间互爱,形成了双向交流,才能提高"教"与"学"的质量和效果。

第四节 家校合作的关系

苏联著名教育家马卡连柯指出:"不可以说家庭可以随意教育儿童,应当组织家庭教育,作为国家代表者——学校,应该是这个组织的基础。"在学校德育工作中,德育主任应指导班主任积极开展家访、办好家校联系册、开好家长会,同时还应该做到以下几点。

一、组建家长委员会

《中学德育大纲》在提及家校合作教育的多种形式时指出,要"组建家长委员会,推进家庭教育"。《国家中长期教育改革和发展规划纲要》进一步明确要"建立中小学家长委员会"。学校要做好家长的工作,就应该积极组建家长委员会。

家长委员会应该有三个层面,即班级、年级和校级。

德育处首先要指导班主任组建班级家长委员会。

班主任应通过家访、班级家庭联系册、家长会,以"自荐""互荐"的方式,征询家长的意见,在这样的基础上,成立班级家长委员会筹备小组。

班级家长委员会的人选应具有广泛的代表性,可从学生类型、居住区、家长职业、性别等不同角度予以考虑。班级家长委员会的人数不宜过少,以家长总人数的三分之一为宜,以便于召开会议、商讨工作。

班级家长委员会的主要人选应具有较强的权威性,应充分考虑到家长的素质、工作积极性等因素。

(一) 适宜人选

适合担任家长委员会主任、副主任的人选有三类:

1. "党代表"

所谓"党代表"是指党的基层单位的负责人。相比于基层单位的行政管理干部,他们工作应酬少些,同时他们也有着比较丰富的管理经验。

2. "全职太太"

在经济发达地区,一种新的家庭角色正在出现,那就是"全职太太"。她们大多具有良好的教育背景,由于家境良好以及对教育重视,她们愿意退居家中,相夫教子。她们有时间、有精力、有能力对教育进行较多的研究。

3. "志愿者"

用"志愿者"一词,是因为这样的提法有较大的包容性,可以吸纳更多的家长参与家长委员会的工作。

班主任与班级家长委员会筹备小组通过一段时间的筹备,提出班级家长委员会的候选名单。由筹备小组组长在家长会上向全体家长介绍筹备的过程以及候选人的情况,候选人(特别是主要候选人)应发表讲话,然后由全体家长投票表决。表决通过后家长委员会的主任、副主任再做即席演讲。

(二) 如何开展工作

要使班级家长委员会正常地开展工作,应做好以下几点:

1. 要制定班级家长委员会的章程

明确班级家长委员会的组织形式、工作准则、主要职能。

2. 建立例会制度

每学期可召开 2~5 次工作会议。2 次,是上半学期、下半学期各 1 次;5 次,是每月 1 次。经常研究情况,商讨问题。

3. 制订切实可行的工作计划

根据班级情况,确定每学期的工作重点。工作计划要注意可行性,可围绕确定的工作重点,开展 4~6 次具体活动。

班主任在班级家长委员会中的身份,以"顾问"为宜。作为"顾问",班主任要"顾"要"问",要切实负起责任。

年级家长委员会由各班家长委员会主任委员组成,由年级组老师负责联系和指导。

建议每学期举行 1~2 次年级家长委员会活动。如果学校规模比较小,建议每班出 2~3 位家长参加年级家长委员会的工作。一般来说,年级家长委员会成员不宜少于10人。

学校家长委员会由年级家长委员会的代表组成。一般来说,一个年级选出的代表不应少于5人。由于学校家长委员会成员来自不同的年级,建议小学学校家长委员会主任由中年级家长委员会主任担任,初中、高中家长委员会主任由初中二年级、高中二年级家长委员会主任担任。德育处负责学校家长委员会的联系和指导。

(三) 工作会议议程

德育处应每学期召开学校家长委员会工作会议。学校家长委员会工作会议的议程为：

(1) 介绍与会的学校领导。(2) 介绍学校家长委员会委员。(3) 学校家长委员会主任讲话。(4) 听取学校领导工作汇报。(5) 研讨学校工作。(6) 讨论本学期工作计划。

要做好家长委员会工作,学校应协助选好家长委员会主任、副主任。应鼓励家长委员会主任、副主任创造性地开展工作,可发放家长委员会委员通信录,建立家长委员会学校视导制,开展多项调查活动,举办专题讲座等。

现在有的学校已为家长委员会提供办公场所,实行驻校工作制。这是值得借鉴的。

二、办好家长学校

怎样提高家长对学生的教育水平,是许多学校提高教育质量的研究课题之一,办好家长学校就是其中一个重要的举措。

(一) 提高对家长学校的认识

要做好工作,必须提高对这项工作重要性的认识。有些学校的校长或德育主任认为开办家长学校难,费力不讨好。其实,家长学校是联系学校教育与家庭教育的桥梁,沟通学校和家长之间的良好平台,是学校管理工作的有机组成部分。不少家长或监护人自身的认识、素质需要提高,要教育好孩子,应先提高家长的素质。而办好家长学校,也是广大家长的需要。因为现在大部分孩子是独生子女,家长缺乏教育子女的经验，所以不少家长也希望得到指导和帮助，以提高其教育水平。

(二) 建立健全机构工作

要办好家长学校，加强领导，建立健全机构工作是前提。家长学校应设校长一人(可由校长担任)、教务主任一人(可由德育主任担任)，学校家长委员会作为家长学校的顾问机构。家长学校的教师分外聘教师和本校教师两部分，学校根据需要聘请专家、学者、教育工作者等作为外聘教师做专题讲座、开展咨询活动；本校各班班主任和任课教师担任家教辅导员，具体负责对家长进行辅导。家长学校教务处应制订好家长学校学期工作计划，排好课表，定期或不定期地举办家教辅导班。要安排专人负责检查，班主任和任课教师具体负责对家长进行考勤、辅导和收集反馈信息。

家长学校的课程设置要结合本校实际，注重针对性和实用性，教学时间的安排要灵活，保证家长参加率高；要提前通知家长并要求做好准备，使家长到家长学校有话可说，有事可做，有备而来，有所收获。一般每月利用双休日举办一次，时间以一个半小时为宜。

(三) 建立健全管理制度

要办好家长学校，必须建立健全管理制度。做到有校牌、办公室、教材、考勤簿、会议记录、辅导教案、活动记录等；有稳定的教师队伍，以本校教师为主，适当聘请校外辅导员；定期或不定期地辅导家长，保证每学期活动4次以上；定期评选"优秀家长学员"。根据以上工作设想，学校应制定《家长学校校长职责》《家长学校教务主任职责》《家长学校辅导员工作职责》《家长学校学员守则》《优秀家长学员表彰方法》等规章制度。

学校应将家长学校管理的成效纳入学校管理的统一考核，加强对学校管理人员和教师的考评，将考核结果与津贴、奖金等直接挂钩，以提高教师工作的积极性。

(四) 开展形式多样的活动

家长学校是业余性学校，这就决定了家长学校必须灵活地开展形式多样的研究活动。课程设置要灵活，在辅导时间、次数上，以不影响家长的工作为前提；在辅导方法上，以讲座、交流、咨询、阅读相结合，集中学习与分散学习交叉进行(可分别以校、年级、班级为单位)。

家长学校的活动涉及方方面面,应该遵循的原则是要有益于学生健康成长。可以组织学习有关法规条例,比如《中华人民共和国教育法》《中华人民共和国未成年人保护法》《中华人民共和国预防青少年犯罪法》等的相关章节;可以邀请教育专家、模范人物做专题报告,学校领导或班级老师做学校管理、教育教学工作汇报;可以组织家长交流教育子女经验,推荐介绍优秀家教读物;可以开展问题研讨会,征求家长对学校教育教学等方面的意见和建议;可以举办学生优秀作业展览,评选表彰家长学校优秀学员,等等。

现在许多学校在家长学校的活动形式方面积极创新,如举办"亲子活动",安排家长与孩子一起参加活动;开设网上"家校联系箱",及时收集家长对学校和教师的意见、建议;开设"家长热线",倾听家长心声,解答家长疑难;举行"家庭才智展示",张贴孩子的优秀作业和家长的字、画、文章等。

(五) 家长学校管理注意事项

家长学校开展的各项工作,应从学校的实际出发,从家长的实际出发,注重指导性,做到有的放矢。家长学校活动可与家长会、家长开放日活动有机结合。

在管理家长学校的过程中,要尊重家长学员,他们既是学员,又是学生的家长。教师应与他们共同学习,多指导他们"应该做什么""如何做",不要训斥他们"不准干什么""不能干什么"。

班主任对家长学员进行辅导时,要做到深入浅出,并及时收集信息,及时调整教学内容和方法。可对家长学员予以表彰和奖励,激发他们继续学习的热情。

三、建设家长资源库

家长资源是学校的一项重要资源。随着时代的发展,家长的素质有了较大的提高,他们有着较好的文化背景,专业特长更加多样。学校应调动家长的积极性,使他们重视、关心和积极配合、参与学校教育活动。学校应重视建设家长资源库,使其在学校工作中发挥积极作用。

(一) 家长资源库的形成

学校家长资源库有一个建设的过程。首先是家长资源库的形成，其主要来源有三种。

1. 班主任家访

班主任家访时既访学生，又访家长。了解家长的学识修养、教育子女的水平等，对学有建树的家长，了解其所长，积极向学校推荐。

2. 家长委员会推荐

班级家长委员会在工作中发现优秀家长，向学校推荐。

3. 学校征集

学校可根据工作需要，在家长会、校园网上发布消息，征求能胜任有关讲题的家长。

通过以上渠道，学校可积极建设"校园百家讲坛"的家长资源库。

(二) 家长资源的类型

"校园百家讲坛"家长资源库可以分为以下类型。

1. 家长讲坛

（1）家庭教育专题讲座

家庭教育需要"传帮带"，教子有方、教女有术的优秀家长的现身说法，很具有实效性。

（2）教师素养专题讲座

教师平时忙于日常教学，又需要经常充电，以保证与时俱进。学有专长、术有专攻的家长可以扬其所长，帮助教师提高素养。这样的资源或许不多，但效果是相当好的。

2. 家长进课堂

家长来自社会的各行各业，相对于教师和学校，家长具有其专业优势。邀请家长进课堂，他们不仅可担任班会课的讲授任务，而且可担任文化课的讲授任务。

家长资源融入学校课程建设，不仅拓展了校本课程资源，也为教师开阔了视野，有利于在对学生的教育教学中深化内涵，提升品质。

3. 家长课程资源的开发与实施

（1）宣传沟通

虽然可以通过班主任家访、班级家长委员会推荐征集家长课程资源,但学校必须加强宣传。学校应通过家长问卷、家长座谈、校园网等多种方式宣传学校在教育教学与学校建设方面的理念与措施,同时征集家长课程开发的"志愿者",根据反馈信息,组建家长课程资源库。

（2）加强课程指导

由于家长的职业背景不同,成为学校家长资源库成员的家长如何给其他家长、学生、学校教师等不同对象上好课,也是需要研究的。德育处应与授课家长加强交流,增强讲授的针对性,提高效果。同时德育主任要认真听课,并在课后与授课家长进行讨论。

（3）及时表扬奖励

许多中小学校创办的"百家讲坛"是一个新生事物。学校应激励家长参与,激发家长的成就感。对在资源库工作中做出突出成绩的家长,学校应及时肯定;对特别热心教育、水平又高的家长,学校可吸纳其到学校的顾问委员会,使他们在学校管理中发挥作用。

（4）建立长期联系

由于家长资源的独特性和宝贵性,建议学校与被纳入教育资源库的家长建立长期联系,在适当的选题上邀请他们担纲。这样经过一段时间的积累,就可以形成稳定而丰富的家长教育资源库。

第三章 支教志愿者的礼仪规范

第一节　教师的基本礼仪

随着我国教育体制改革的不断深入，素质教育发展成为我国教育领域的主流。这种以培养学生自主发展能力为核心的教育形式，使教育在实现理念转变的基础上发生了质的变化，由此也引发了教学主体的自身素质构成发生相应的变化。无论是教师，还是学生，都被赋予了更高、更新的要求。相对于学生而言，不仅要求教师具有坚实的学科理论基础和灵活运用各种有效的教学方法的能力，同时在自身的礼仪修养、文化素养以及与学生进行良性交往与沟通方面，也要具有超高的标准与灵活的技巧。一个人遇到好老师是人生的幸运，一个学校拥有好老师是学校的光荣，一个民族源源不断涌现出一批又一批好老师则是民族的希望。国家繁荣、民族振兴、教育发展，需要我们大力培养造就一支师德高尚、业务精湛、结构合理、充满活力的高素质、专业化教师队伍，需要涌现一大批好老师。

教师是打造中华民族"梦之队"的筑梦人。教师礼仪作为教师内在道德要求和外在表现形式的统一体，是提升教师职业素养、塑造良好师表形象的重要途径，是现代教师必备的基本素质之一。教育家马卡连柯认为，教育者对被教育者的作用，首先是教师品格的熏陶、行为的教育，然后是专门的知识和技能的训练。以为人师表为核心的教师礼仪恰恰是实现这些教育功能的桥梁和纽带。

一、礼仪与教师礼仪

中国自古被称作"礼仪之邦"。孔子在《论语·泰伯》中说："恭而无礼则劳，慎而无礼则葸，勇而无礼则乱，直而无礼则绞。"意思是说：恭敬而不懂礼，就会烦扰不安；谨慎而不懂礼，就会畏缩拘谨；勇猛而不懂礼，就会违法作乱；直率而不懂礼，就会尖刻伤人。可见，懂"礼数"、讲"礼仪"，是我们为人处世、修身养性的立身之本。

礼仪自古与教师有着紧密的联系。《荀子·修身》说："礼者，所以正身也；师者,所以正礼也。无礼何以正身?无师,吾安知礼之为是也?"意思是说:礼,是用来端正身心的;老师,是用来端正礼法的。没有礼,用什么来修正自己的行为?没有老师,我怎么能知道礼是什么样的呢?自古以来,中华民族就有尊师重教、崇智尚学的优良传统,正所谓"国将兴,必贵师而重傅;贵师而重傅,则法度存"。教师之所以历来受人尊敬,是因为他传承知识、培育后人、为人师表。"为人师表"是社会舆论对教师所提出的基本要求。从外延上来说,"师表"是指一名教师在工作和生活中的仪表仪态;就内涵而言,"师表"指在品德或学问上是值得学习的榜样。为人师表就是教师礼仪的核心。

(一)礼仪的含义与特征

西文中,"礼仪"一词源于法语"etiquette",原意是书写着进入法庭所应遵守的规矩、秩序的长方形纸板。该纸板被视为"法庭上的通行证"。"etiquette"在英语的语境中有规矩、礼节、礼仪的含义,其特征表现为"重规矩"。

始于先秦的《诗经·小雅·楚茨》中的"为宾为客,献酬交错,礼仪卒度","礼仪"意即在敬神祭祖时,要怀着虔诚的心理,认真地履行每一道程序并把握好分寸,其特征表现为"重心诚"。

俗话说,礼由心生。"礼"指的就是内心的尊重,本质为"诚",表现为友好、谦恭、关心;"仪"是表现内心这种尊重的外在形式。所谓礼仪,就是人们在社会交往中由于受历史传统、风俗习惯、时代潮流等因素而形成的,既为人们所认同、又为人们所遵守,以建立和谐关系为目的的各种符合交往要求的行为准则和规范的总和。礼仪是实现良性人际交往的良好途径,是人际交往中的一种艺术方式或方法,是一种约定俗成的示人以尊重、友好的习惯做法,其核心的内容是指律己敬人。对于个人而言,礼仪是其思想道德水平、文化修养、交际能力的外在表现;而对于整个社会而言,礼仪是一个国家社会文明程度、道德风尚和生活习惯的集中反映。

(二)教师礼仪的含义与特征

教师礼仪,是指具有"教师"这种身份的职业人员在教育教学过程中、在校园环境里以及在教师角色延伸的社会交往中,出于尊重自己、尊重学生、尊重家长、尊重领导、尊重同事、尊重自己的单位、尊重自己的职业等多重尊重的目的,在仪容、仪态、服饰、言谈、沟通以及校园礼节等方面所必须遵循和讲究的行为规范。

通过以上释义,可以明确教师礼仪具有以下三个特征。

1. 形象性

教师是人类历史上古老的职业之一,也是伟大、神圣的职业之一。中国古代称教书者为"师",并把"师"作为受人尊敬的职业。随着岁月的更迭,"师"的称谓后来演化为"教师""老师"。有人问:"师"前面为什么要加个"老"呢?据说有两种解释:一是说明老师是历史悠久的职业;二是对老师的尊敬和爱戴,因为"老"的词义之一便是"敬辞"。因此"老师"的称谓充分体现了中华民族"尊师重教"的传统美德。此外,对教师的称谓还有先生、人类灵魂的工程师、园丁、慈母、春蚕、蜡烛、孺子牛、春雨、人梯,等等。教师这种身份上的要求使得教师所遵循的礼仪具有鲜明的形象性。

2. 规范性

教师的工作是什么?《师说》当中说:"古之学者必有师。师者,所以传道、受业、解惑也。"一句话将教师的职业价值提升到文化传递的社会高度。教师这份职业之所以重要,就在于教师从事的是塑造灵魂、塑造生命、塑造人的工作。所以,作为教师,必须德高为先、学高为师、仪美为范,要言传身教,要教书育人,这种礼仪规则既是教师的内在道德准则,又是教师的外在行为尺度,对教师的言行举止和社会交往具有普遍的规范、约束作用。遵循礼仪规范,就会得到社会的认可和嘉许;违反礼仪规范,就会招致反感、受到批评。

3. 持续性

在校园里、在课堂上,当教师面对学生的时候,必须为人师表,必须遵守礼仪规则。那么当教师在校外时是不是就不用遵守教师礼仪了呢?答案是否定的。当教师在校外参与社会交往时,应呈现出教师本应具备的职业素养,如形象好、气质佳、举止有礼、言语有度等。只有这样的教师形象,才符合社会大众对教师的要求与期待。相反,如果教师在社会交往中穿戴俗气、举止失矩、言谈粗俗,别人会产生"当老师的怎么还这样""这样的人怎么能当老师呢"等种种负面评价,会严重质疑教师的身份与能力。教师的职业身份已经给教师附上了鲜明的标签:作为一个传授知识、技能与传递思想、意识的人,在社交的环境中,甚至在独处时,都应该坚守高尚的品质与良好的素质,把持得体的言谈与举止。因此,教师礼仪具有稳定的持续性。

二、教师礼仪的原则

(一) 律己原则

律己修身是教师修炼礼仪的第一要义,表现为自我要求、自我约束、自我反省。在生活和工作中,教师时常会遇到这样的情景:有时正当自身忧心忡忡、满心烦闷时,上课的铃声响了,我们该怎么办?是带着情绪走进课堂?还是赶紧调整状态、平复心情?学生往往比我们想象的更会察言观色。有时一件好笑的事,老师带头笑了,学生们就会跟着放声大笑;如果班级比赛输了,老师面露悲伤,所有的学生都会跟着情绪低落;在课堂上,老师不经意间对某个学生流露出一个不屑的眼神、一句挖苦的话,这个学生在课下可能会遭到全班同学的嘲讽。教师的一言一行随时会被学生关注、放大、模仿、传播,因此教师要随时随处查找自身的缺点、弱点,看自己有没有不符合礼仪规范、不尊重对方或不符合教师身份的地方。为人师者,要有这样的思想与意识,也必须具备这样的气度和胸襟。

从律己原则中,我们可以延伸出"慎独"的思想。"慎独"一词最早见于《礼记·中庸》,书中说:"道也者,不可须臾离也;可离,非道也。是故君子戒慎乎其所不睹,恐惧乎其所不闻。莫见乎隐,莫显乎微,故君子慎其独也。"意思是说:道,是不可分离的,能分离开来的东西,就不是道了。因此,君子在别人看不见或听不到的时候,也要谨慎自己的言行。

《大学》中有这样一段文字:"小人闲居为不善,无所不至。见君子而后厌然,掩其不善,而著其善。人之视己,如见其肺肝然,则何益矣。此谓诚于中,形于外。故君子必慎独也。"意思是说:小人平时喜欢做不好的事情,当他见到君子之后,却试图伪装自己。然而人们的内心与外表往往是一致的,平时不好的意念、想法总能在行为中表现出来,勉强在形迹上伪装是伪装不了的,只有像君子一样"诚于中",才能"形于外"。因此,君子在别人看不见或听不到的时候,也会谨慎自己的言行。

教师的言行不仅在学校内部有着调节教育过程和影响学生的功能,而且还通过各种途径和方式影响着社会。教师不仅仅是学生道德的启蒙者和设计者,也是全民道德的促进者。因此,即使在他人不在场的独处时,教师也应一如既往、自觉地注重自己的礼仪修养。

(二) 敬人原则

敬人原则是教师礼仪的核心,要求教师要以平等、诚挚、友善的态度对待他人,尤其要尊重学生,尊重学生的人格,保护学生的自尊心,并虚心接受学生的意见。教师在表现自身权威的同时,要特别注意不能专制,在语言、行为甚至表情上不可失敬于人,不可伤害他人尊严,更不可侮辱对方人格。《礼记》开卷的第一句话就是"毋不敬",《孝经》中也把"礼"定义为"礼者,敬而已矣"。所有的礼,都是试图培养内心的"敬",对家人、朋友、事业,都要心存敬意,并要有敬人之礼。

教师良好的礼仪修养体现为一种敬人的教育艺术,要把对方放在受尊敬的位置。比如教师与家长接触时,不能表现得高高在上,要请家长先行、先坐、先说,要学会倾听家长的诉求,并与家长积极沟通;教师在批评学生的时候,要注意适当的场合,表情应真诚,言谈应入情入理,同时考虑学生的合理愿望,维护他们的自我尊严,可以先从自己的问题讲起,然后迂回地指出学生的错误,或批评前先赞扬、鼓励学生,使学生产生改正自己错误的信心,等等,这样才能赢得学生的尊重和信任,从而使学生接纳教师,建立融洽的师生关系,树立起教师的威信。

(三) 平等原则

每个平淡无奇的生命中都蕴藏着一座丰富的金矿。教师要平等地对待每一个学生,正视他们的客观差异,挖掘他们身上的优点。每个学生的身上都至少有一个第一,对于这名学生来说,这就是他的宝藏。只要教师愿意挖掘,一定可以挖出一个令人惊讶的宝藏。

平等原则的一个层面是说教师要尊重学生,师生之间要平等相待。教师是学生的支持者、合作者和引导者,我们要把自由和独立还给学生,让学生自主选择和自由探索。例如,我们要尊重学生的个性差异。就像世界上没有完全相同的两片树叶一样,世界上也没有完全相同的两个学生,学生在能力、经验、发展水平等方面存在个体差异,有的性格开朗,有的内向文静,有的善于表达,有的沉默寡言,教师要有目的、有计划地认识学生,进行全面、系统地观察,设身处地地为学生着想,帮助每一个学生健康成长。另外,还要尊重学生的选择。有的学生爱动手实践,有的学生爱安静思考。例如张同学好动,一下课就跑出教室蹦蹦跳跳、说说笑笑;李同学好静,一下课就喜欢安静地看看书、发发呆。老师埋怨张同学说:"就知道一下课疯跑疯玩,去,拿本书看看,比你瞎折腾好多了。"结果,张同学把书翻得很响,但是心里不满,根本就没有看进去。因此,对于学生的选择,要多以赞许、探究的目光和热情的话语去鼓励他们,增强学生的自信心和表达的欲望,促进学生在活动中成长、提高。

平等原则的另一个层面是说教师要平等地对待每一个学生,不因年龄、性别、身份、文化、财富以及关系亲疏远近而在礼遇上厚此薄彼。在生活与工作实践中,我们也许遇到过这样的情况:某个学生的爸妈是高官,或是富商,有的教师就多关注、关心他,教室里给他安排靠前的座位,课堂上多提问他,遇见问题多哄着他、照顾他;某个学生的父母是个小商贩,没啥文化,孩子的家教也不大好,有的教师就厌烦他、嫌弃他,孩子反映问题嫌"事儿多",课堂上不专心听讲嫌"不用心",回答不出问题嫌"不动脑子",教师不认真地分析问题背后的原因,也不积极地采取措施去解决问题。说到底,这不能说明教师的能耐大,只能说明教师的素质差。

(四)宽容原则

教师除了在工作中承担教育教学的职责之外,在生活中也扮演着家长的角色。两种社会角色都要实现"育人"的教育功能。在与学生谈心或与家长沟通的时候,身为教师,我们需要多进行换位思考,多些理解体谅,多些谦和宽容,而不是一味地埋怨学生不懂事、家长不配合。苏联教育家马卡连柯说过:"要用放大镜看学生的优点,要用缩小镜看学生的缺点。"宽容本身就是一种伟大的教育力量,能反映出教师的胸襟、人格与情怀。受到尊重、得到理解、得到宽容,是每一个人在人生各阶段都不可缺少的心理需要,儿童和青少年更是如此。一个班级有几十个学生,他们来自几十个不同的家庭,受到不尽相同的学校教育,必然性格迥异。教师面对这些性格爱好、脾气秉性、兴趣特长、家庭情况、学习状况不一的学生,应当在熟悉每个同学个性特点的基础上,注意扬长避短,对每个学生精心加以引导和培育,不能因为有的学生不讨自己喜欢、不对自己胃口,就冷淡、排斥他,更不能把学生分为三六九等。对于所谓的"差生"和问题学生,好老师应该积极调整自己的心态,在沟通中尊重、包容、接纳他们的个性,从而顺应学生的主体意识,理解学生的情感需求,发现学生的长处和闪光点,通过引导学生自我认识、自我调节、自我修正实现自我完善,帮助每个学生都能成长为有用之才。

(五) 真诚原则

真诚原则是教师礼仪的关键。"礼由心生",所有的尊重都出于本心,教师要言行一致、表里如一、朴素坦率。每个人都有感受的能力,每个学生面对老师的时候,都能无比敏锐地感觉到老师对他是真诚相待,还是虚与委蛇。儿童教育家孙敬修说过:"教师要热爱学生,应把学生看成自己的儿女手足,对他们的关心、热爱和责任感还应超过自己的儿女,有了这种感情,才能把每一个学生培育好。"学生需要母爱,需要友爱,同样也需要真诚的师爱。在校园生活中,学生们伴随着师爱成长,在教师的真诚关爱下,他们学会学习、学会生活、学会发展。学生只有在教师充分表达真诚的基础之上,才能感受到自身被关注、被尊重、被鼓励、被期待、被欣赏,教师所倡导的价值观念、道德标准才能被学生开放地接受,从而转化为学生自身成长、发展所需要的内在信念和意志。

有人说,好老师的眼神应该是慈爱、友善、温情的,透着智慧与真情。好老师对学生的教育和引导应该是充满爱心和信任的,在严爱相济的前提下晓之以理、动之以情,让学生"亲其师""信其道"。好老师要用爱培育爱、激发爱、传播爱,通过真情、真心、真诚拉近与学生的距离,滋润学生的心田,使自己成为学生的好朋友和贴心人。好老师应该把自己的温暖和情感倾注到每一个学生身上,用欣赏增强学生的信心,用信任树立学生的自尊,让每一个学生都能健康成长,让每一个学生都能享受成功的喜悦。

(六) 适度原则

礼仪是非常讲究分寸的,因此教师礼仪要遵循适度原则。适度主要是指在与人交往时,必须要分清对象、场合、时间,礼仪合乎规范,特别是要注意做到把握分寸、认真得体,根据具体情况、具体情境而行使相应的礼仪。俗话说:"礼多人不怪"。人们讲究礼仪是基于对对方的尊重,这是无可厚非的,但是,凡事过犹不及,人际交往要因人而异,要考虑时间、地点、环境等条件。教师的工作环境主要是在校园里、课堂上,教学对象是儿童或青少年,适用的礼仪规则也要符合教师"传道受业"的职业身份和"知性高雅"的形象要求。比如,女教师化妆要把握简洁、淡雅、庄重的原则,可以略施粉黛、轻扫娥眉、轻点红唇,不要刻意讲究化妆技巧,不要刻意追求时尚,不赶时髦,妆容色彩和服饰搭配都要讲求稳重大方。再比如,教师在与人交往时,既要彬彬有礼,又不能低三下四;既要热情大方,又不能轻浮谄谀;要自尊却不能自负;要坦诚但不能粗鲁;要信人但不能轻信;要活泼但不能轻浮;要谦虚但不能拘谨。

总之,教师要根据不同的场合选择适合的妆容服饰,既不过于黯淡无光,也不过于艳光四射;根据不同的对象采取得体的言谈,既不过于拘谨持重,也不过于圆滑世故。礼仪的施行只是内心情感的表露,只要内心情感表达出来,就完成了礼仪的使命。如果施礼过度或不足,都是失礼的表现。

(七) 从俗原则

"从俗"原则说的是遵守礼仪规则要区分国情、调适背景、入乡随俗。礼仪是一门全球性的语言,走到哪里都要遵守,但是遵守的标准不一样。各国的文化背景不同,礼仪的表现形式也会有所区别。在西方国家,化妆是女性从事社交活动时必须遵守的礼仪规则,如果你素面朝天,就会被人认为你不尊重交往对象。所以,有很多特别讲究的女士,甚至是专业的礼仪指导师,都要求女性要随身携带一支口红,要喷洒香水。现在很多有关礼仪的培训,都把重点放在服饰搭配、化妆美容上,其实这是非常片面的。

西方人遵循的是一种本位化的理念,崇尚自我,张扬个性,在突出自我的过程中能够愉悦双方,化妆是为了突出自己的优点;东方人自古传承的是谦和、谦逊之美,我们认为的尊重是在不贬低自身的基础上,抬高对方、愉悦对方,我们化妆主要是为了遮盖自身的缺点。所以,女教师学习礼仪,与其盲目地学习如何涂口红、喷香水,还不如养成经常使用润唇膏的习惯,使自己的嘴唇不爆皮、滋润一些;使用同香型的沐浴露、身体乳使得身上的香味协调一些;每天保持好心情,常对学生微笑等。这些礼仪的细节会比单纯的化妆技巧更能突出东方人的含蓄之美。男教师坚持在校园等公众场合不吸烟、坚持每个清晨把胡须剃干净、坚持保持衬衣领的洁净、坚持对学生使用文明语言等,这些礼仪的细节也比穿西装、打领带、品红酒等更能体现教师的知性与大气。

三、教师礼仪的功能

（一）良好的礼仪素养有助于建立德才兼备的职业形象

礼仪是自尊、尊人、为人处世的细则要求，也是个人德性品质、文明教养的具体体现。礼仪素养是个人呈给社会的一张名片，它可以增强一个人的魅力指数。魅力分外在魅力要素和内在魅力要素，面容、身材体形、皮肤、化妆、服装等都属外在魅力要素，音容笑貌、言行举止、风度气质、待人接物的行为态度和方式等都属内在魅力要素。教师应当通过不断修炼自身的礼仪素养、德性涵养，塑造有品位、有魅力、有才华、有教养的职业形象。礼仪素养可不仅仅是穿衣打扮的问题，它能够反映出教师个人的师德修养和文化素质，折射出他的工作态度和精神状态，体现出他的风度气质和生活品位，甚至代表他所在单位的形象。

（二）良好的礼仪素养有助于增进互信互爱的师生交往

交往是指人在社会生活中交流信息、沟通情感、相互知觉和相互作用的过程。师生交往是教师与学生之间进行信息交流、情感交流的交往过程。学校一切教育教学活动都是通过师生之间的相互交流、相互作用来实现的。所以，师生交往在学校内部的人际交往中居核心地位，起主导作用。社会上存在不良师生交往方式的主要原因是教育观念不正确，在个别教师心中没有真正树立起正确的教育观、学生观、质量观。教师在与学生交往时所采取的态度是决定师生关系发展的关键。教师对学生进行作业上的指导、生活上的帮助、情感上的尊重会引发学生的尊敬、服从和信任；教师对学生的攻击、拒绝、惩罚会引起学生的拒绝、反抗和仇恨；教师的迎合、讨好和无原则退让行为会导致学生的轻蔑、放任和不服从。

因此，教师在与学生交往时必须秉承"一切为了学生，为了一切学生，为了学生的一切"的教育原则，用健康的心理去影响学生，用良好的师德去塑造心灵。学生在教师积极的礼仪规范的引导下，学会尊重、学会理解、学会宽容，产生积极的道德认识，养成良好的行为习惯，在师生交往中健康成长。良好的师生交往可以促进师生心理的健康发展，有利于建立平等、和谐的师生关系。反之，会给教育教学活动和师生情感交流带来不利的影响。教师礼仪规范下的现代师生关系是一种平等、民主、充满人性的双主体关系。《礼记·学记》说:"亲其师,则信其道。"如果学生喜欢某位老师,就会在教学过程中积极配合老师,对老师讲的课产生好感,增加学习的兴趣和主动性,从而能取得较好的学习效果。学生期待的不是灌输式的教育方式,而是师生之间的平等交流。教师如果能用微笑表达自身高尚的思想、性格、情操,用平等的眼光看待学生,学生对老师的敬畏之情就会被信赖感和亲切感所替代,师生之间的情感也会更加深厚和融洽。

(三) 良好的礼仪素养有助于建立平等融洽的人际沟通

"沟通"一词后来的意思是指疏通两条河流,使其相通。现在沟通的含义是指人与人之间、人与群体之间思想与感情的传递和反馈的过程,以求思想达成一致和感情的通畅。教师在社会交往中,要把握教师与学生的沟通,教师与家长的沟通,教师与同事、领导的沟通以及教师与单位的沟通等多种人际沟通关系。在不同的人际关系中,要疏通教师与他人之间的交流渠道,传达教师与他人之间的情感以及信息,使双方了解彼此所要传达的内容。

人际沟通值得关注的问题是沟通的有效性和完整性。教师礼仪规范中要求教师应该尽量做到将信息准确而完整地传达给学生、家长及他人。教师只有在教育教学中做到与学生、与家长有效的沟通,才能取得良好的教学效果。比如师生沟通达到的目的是教师在沟通中传递爱、学生在沟通中理解爱。教育活动的实质是师生之间相互交流的过程,交流的信息包括观念、思想、知识、情感等多方面,在这个过程中教师和学生是相互影响的。如果教师在教学过程中能够做到和每一位学生进行有效沟通,那么这样的教学必然会取得良好的效果。良好的沟通是构建和谐师生关系、家校关系的前提,也是促进师生共同成长和发展的必要条件。

(四) 良好的礼仪素养有利于增强为人师表的道德示范

教师是学校教育教学的主要执行者,教师的礼仪行为不仅具有自身的表现力,更是一种重要的教育手段。在学校里,学生亲近、内心尊敬、行为上容易效仿的人,就是教师。教师在学生心中占有很重要的位置,学生往往把教师的道德、品德、情感、意志、气质、性格等当作自己学习的榜样。正如俄国教育家乌申斯基所说:"任何章程,任何纲领,任何人为的机构,不论设计得如何巧妙,都不能在教育工作中代替人格的作用……只有人格能够影响人格,只有性格能够形成性格"。

学生具有天然的"向师性"。学生在观察教师时常常会产生一种"放大效应",即教师的一点善举,会使学生感到无比的崇敬;教师的一点瑕疵,会使学生感到莫大的失望。一位教师的音容笑貌、谈吐举止,甚至服饰风格都会潜移默化地影响学生,直接影响着学校培养出来的学生的形象。因此,教师在与学生交往时要时刻把握良好的礼仪规范,从学生的角度出发,体察学生的情绪感受,尊重学生,在人格上把自己放在与学生平等的位置上,以自身良好的道德情操、健康的情绪情感、文雅的言行举止、丰富的兴趣爱好去感染学生,使学生能从教师身上汲取营养、健康成长。这样,才能真正密切师生关系,提高教育教学效果。教师如果能够充分意识到自己的这种道德示范力,处处履行教师的职责,为人师表,就能在一言一行中为学生树立良好的榜样。

第二节　志愿者的沟通礼仪

一、与学生有效沟通

建立平等、民主、和谐、朋友式的师生关系,是教育成功的关键。在教育活动中,老师只有用爱心唤起学生的信任感,与学生进行有效的交流沟通,使学生喜欢老师,再喜欢他所提供的教育,这样才能达到教育的良好效果。一双眼睛看不住几十个学生,一颗爱心却可以拴住几十颗心。教师可以凭着高尚的人格魅力和精到的育人艺术,打开学生的心理壁垒,走进学生的心灵,透视学生的内心世界,与学生有效沟通,为他们分忧,为他们清除"病灶",把学生心灵世界的沃土垦植成真、善、美的"苗圃",真正建立起新的师生关系。

(一) 做会说话的教师

口才是浪花,内涵是海水。教师与学生沟通的魅力在于语言的修养和技巧。教育教学的语言修养有素,能起到以声传情、以音动心的效果。形象的语言能将死板的理念和知识生动地贯彻到学生的思维中,便于深刻理解和记忆;生动的语言既是一门艺术,也是一种礼仪,它能够吸引学生并振奋学生的精神,达到如临其境、如见其人、如闻其声的教学效果,使教材化难为易,使学生得到美的享受,从而提高教育教学质量。

1. 运用有效的语言沟通技巧

(1) 言之有理

教师在与学生进行交流沟通时,首先要讲究以理服人、礼貌待人。作为一名教师,无论在何时何地,都应当使用礼貌用语,将普通的话语通过感情和情理的加工变成一种魔力语言,达到有效的沟通效果。另外,在交流时应当尽量使用温和的语言,无论面对的是棘手的还是生气的事情,都应当以注重对方的感受为先,尽量使用中性字眼,避免走极端。

(2) 言之有情

作为一名教师,我们的任务是言传身教,要时刻做到心中有情,即有感情地面对学生或他人,通过情感的交流使谈话内容更加真实、生动。此外还要做到说话动情,即用和善的语言与对方进行交流,语言不生硬,保持谈话气氛柔和不紧张,处处打动对方,深入对方的思想和内心。另外还要做到与人共情,即交谈时要体恤对方的感受,顾及对方的心情,并发自内心地抒发自己的言论。

(3) 言之有物

教师在与学生进行交流沟通时,要做到有所为、有所不为,语言要精辟,且要贴近生活、贴近时事,切勿东拉西扯、假意吹捧或过度讽刺。要做到有倾向性错误的话不说、低级趣味的话不说、伤人伤众的话不说、使人陷于尴尬场面的话不说。说话要讲究诚信和凭证,要使人甘愿信服、愿意倾听,尽量摆脱空洞、虚伪的辞藻,尽量选择简练、精准的语言。

(4) 言之有效

教师在与学生进行交流沟通时,说什么固然很重要,但是更重要的是该怎么说。与学生沟通,不只是告知、传达,更是授予、传递。我们应当以负责任的态度对待每一个言词,做好每一个角色,如发送者、传递者、倾听者或接受者。每一个环节的角色都需要我们将准确有效的信息精准地传达或接收。

2. 采用亲切的称呼方式

(1) 称呼学生整体要和蔼

许多老师除了上课时喊一声"同学们好"之外,课堂中间就再也听不到对学生整体的称呼了。不少老师也是顺口称呼"大家""你们"之类,而这些称呼明显不如"同学们""孩子们"这些字眼所折射出的尊重、支持与关爱多。当老师把自己的学生当作自己的孩子一样去"哺乳",发自内心的希望他们以好的状态吸收和接纳自己的时候,不妨给大家一个"孩子们""宝贝儿"的称呼。学生就是孩子,是需要安慰和爱抚的,亲切的称呼就像一种语言的爱抚,无形中会凝聚大家的精神,增进师生情感。

(2) 称呼学生个体要亲切

怎样称呼学生,看似是个简单的问题,其实是个有趣、生动的课题。老师对学生的称呼大体可分为以下几种情况：第一，连名带姓称呼。这种称呼主要用在一些正式场合，可以使学生产生严肃、郑重的感觉。第二，只称呼名字。这种方式多用于上课提问、个别谈心、平时交往等场合，可使学生产生亲切感，缩短师生之间的距离，增强教育教学效果。第三，趣称。有些同学有好听文雅的绰号，若在一些娱乐、游戏、交友等场合以绰号相称，会使学生感到平等、亲切。第四，特称。针对学生的专长进行称呼，如"我们班的歌唱家""我们班的数学家"等，这些称呼既能活跃气氛，又能起到激励学生的作用。

（二）做有人格魅力的教师

教师们或许都有这样的感觉：每当学校调查学生对教师的满意度的时候，学生未必按照学校的要求对任课教师作出评价，他们基本不会单纯去评价教师的教学水平，而是更注重评价教师在教学方法、教学态度、教学管理、道德品质、为人师表、师生关系、衣着仪表等其他方面的东西。为什么学生会这样评价教师呢？因为这些东西在日复一日地影响着他们的成长，这些就是教师的人格魅力。面对古灵精怪、有着各种奇思妙想的00后，哪些新的特点正在成为受学生欢迎的条件？什么是当下学生眼中教师的人格魅力呢？

1. 教师要有高尚的品质

俄国著名教育家乌申斯基说："在教学工作中，一切都应以教育者的人格为依据，任何章程和纲领，任何人为的管理机构，无论他们被设想得多么精巧，都不能代替人格在教育中的作用。没有教师给学生以个人的直接影响，深入到学生品格中，真正教育是不可能的。"由此可见，教师的人格对学生的影响是多么重要。教师的政治理想、人生态度、行为作风对学生有着很大的影响，对学生有着极大的示范作用。教师的大公无私、诚实守信、和蔼谦逊、勤奋敬业、团结协作等品质，会使学生在与教师的交往接触中受到感染和启示。

2. 教师要有敬业精神

作为一名教师，如果没有崇高的理想和为祖国教育事业无私奉献的敬业精神，是不能担当培养人才、造就人才重任的。要想为人师表，就要不断进取。在学生眼里，教师是一切美好形象的化身和仿效的榜样，教师的一言一行，都会通过这样或那样的方式，对学生产生深远的影响。学生固有的依附性和向师性，决定了教师首先要在仪表、生活作风及行为习惯等方面严格要求自己，做学生的表率，让学生在

"亲其师,信其道"的心理氛围中受到潜移默化的教育。其次,教师应不断提高自己、完善自己。当今世界,知识日新月异,教师应紧跟时代步伐,进一步开阔视野,拓宽学习领域,不仅自己所学专业要"精深",相邻学科也要"广博",要努力成为"终身学习"的楷模。而教师对知识的不断追求,其本身对学生就有着强大的推动作用。它好像是一种"催化剂",不断激发学生刻苦学习科学知识、争做社会有用之才。

3. 教师要提高自身形象魅力

在教育教学活动中,教师优雅的风度、脱俗的气质、端庄的外表、优美的语言、和谐的动作、活泼开朗的性格以及谦逊宽容的态度,会对学生的心灵产生"润物细无声"的影响,使学生的思想情操受到陶冶,学生会变得乐于学习,不再觉得学习枯燥。反之,一个邋遢、粗心大意的教师能给学生带来怎样的影响,我们可想而知。因此,教师在日常生活中要注意修饰自己的外部形象、培养自己的内在修养,要不时给学生新鲜感,而不要总是一成不变,否则时间长了学生会产生视觉疲劳。

4. 教师要有良好的性格特征

性格是人格中的核心因素,能折射出教师的人格是否完美。教师的性格在认识、情感和态度三个方面直接影响着学生,其主要表现是:教师理想的性格有利于创造和维持一种舒适而有活力的学习气氛,影响学生对教师及其所授课的态度和对学校的态度。在情感方面,教师性格好,学生就喜欢教师,学习积极性就高。因此,教师较强的教学组织能力只有与良好的性格特征相结合,才能密切师生关系,与学生达到情感共鸣,从而产生良好的教学效果。

5. 教师应当富有幽默感

一名优秀的教师,不应该只把课堂当作传承知识的场所,更应把课堂当作师生交流思想感情、碰撞智慧火花、启迪智慧灵感的其乐融融的"磁场",而风趣幽默正是这个"磁场"的"磁心",它是教师人格魅力的展示。一个妙语连珠、别具情趣、具有独特的个性魅力的教师,在丰富的知识教学中,不失时机地"幽"他一"默",既使学生紧绷的神经得到放松,又使学生在开怀大笑中接受知识,这样的教师往往让学生铭记终生。俗话说:百年树人。教育,并非只是简单的知识传递,而是教师人格魅力的延续。因此,我们要在每个学生心中撒下爱并播下诚实、正直、善良的种子,用自身良好的品格、睿智去点亮学生智慧的火花,使每一个学生都能用灿烂的微笑迎接每一天太阳的升起,并最终成为一颗颗耀眼的星星。

（三）做会微笑的教师

　　微笑，一个多么美好的字眼，它体现着人们的友善和真诚，沟通着人与人之间的关系。对于每一个人来说，微笑实在是再平常不过的了，然而正是这样平常得让自我近乎感觉不到的表情，在一些特定的场合却发挥出"化干戈为玉帛"的功效。特别是在教学过程中，微笑发挥着重要的作用。一位教育学家曾说过："用爱的微笑去征服学生的心灵"。微笑是一种胸怀，更是一种艺术。一个鼓励的眼神、一个会意的微笑，都会使学生自然地对教师产生亲近感，这就是教师微笑的魅力。

　　1. 微笑是师生之间交流的桥梁

　　微笑是师生之间沟通彼此的桥梁。每一位教师都会在生活上遇到不如意的事，但只要一走进教室，挂在脸上的应该是亲切的微笑和鼓励的目光。上课铃声响起，教师要面带笑容地站在教室门口，等待学生快速安静下来；站在讲台上，教师要用微笑的目光注视着学生，使他们紧张的心情松弛下来，然后微笑着向学生问好。那微笑仿佛在告诉学生："我喜欢你们，你们使我觉得很快乐，我很高兴看到你们。"

　　2. 微笑是提升学生学习效率的方法

　　教师的"微笑效应"是"愉快教育"的基础。微笑体现着教师对学生的尊重与宽容。教师不仅要关注学生的知识和能力，更要关注学生的情感态度和价值观。我们在课堂教学中应注意运用微笑来对学生进行教育，启迪学生的智慧。在课堂上，教师给予学生真诚的微笑，能带给学生良好的学习心境和积极的学习情绪，进而产生奇妙的效应，提高学习兴趣和效率。当学生取得成功时，教师要用微笑鼓励他再接再厉、勇往直前；当学生失败时，教师更要用微笑鼓励他不怕失败、从头再来；当学生在课堂上违反纪律时，教师也可以试着先给他一个严厉的批评，然后再对他宽容一笑，便可以在不惊动他人的情况下督促学生遵守纪律，让学生带着教师的鼓励重新投入到学习中去。

　　3. 微笑是教师发挥高教学水平的秘诀

　　微笑可以为教师创造出良好的授课心境，使教师发挥出高教学水平。雨果说："脸上的神气总是心灵的反应。"从心理学角度看，人类的各种表情都是不同心态的表现，不同的精神状态就会导致不同的面部表情。如果我们在讲课时始终保持真诚的微笑，那么，学生的心境就会一直处于轻松愉悦的状态，从而使人脑皮层细胞兴奋活跃。这样，不仅能够使教师将储备的知识和准备好的内容出色地讲授出来，而且还有可能"诱发"出许多在备课时从未想到的新奇的灵感和思路,这就是人们常说的"临场发挥得好"。由此可见,轻松愉快的心境是讲好课的重要条件之一,而"微笑机制"可以帮助教师激发愉悦的授课心情和兴奋的授课状态。

(四) 做呵护学生心灵的教师

著名教育家苏霍姆林斯基说过:"要像对待荷叶上的露珠一样,小心翼翼地保护学生的心灵。"学生的心灵是美丽、纯洁的,却也是脆弱的。只有尊重与呵护学生的心灵,平等、真诚地倾听学生的心声,真正走进学生的内心世界,我们的教育才可能深入人心。教师在与学生的沟通中,要学会使用正确的沟通方式,要学会灵活运用表扬与批评的艺术,这种艺术更多体现在对心理效应的把握与应用上。

1. 学会赞扬

适当时机的赞许可以成就一个学生的梦想,赞许的同时提出更高的要求也是一种技巧。学生在其内心都有一种向上的要求,都有一种得到别人赞同的愿望。教师在给学生肯定和表扬时,还可以不失时机地提出新的、更高的要求,这样往往会有很好的效果。对于基础好的学生来说,教师应在他们解决某些难题之后才给予表扬和赞许。如果只是解决了一些较容易的问题,而教师对他们大加赞赏,这样不但不会激发学生探索的积极性,反而会使其满足现状、不求进取。对于暂时落后的学生来说,教师要帮助他们在某一方面获得成功,为表扬创造条件,用表扬去激励学生的上进心、增强学生的自信心。

每个学生都有自己的长处,教师要善于发现学生的闪光点,抓住机会进行鼓励。例如有的学生学习成绩不突出,但在艺术体育方面有优势,教师要尽量让他们参与这些活动,让他们充分展现自己,找到自信。在平时的教育教学中,教师可以经常竖起大拇指对学生说"你真棒""很好""你进步了"等一些赞许的话语,在赞许的同时应当既肯定优点,又指明努力的方向,这种赞许既让学生不会因为某种错误而羞愧,也不会由于过分指责而退却。

2. 学会批评

在我们的学校教育中,学生是成长的主体,不可避免地会犯这样或那样的错误,这时,一味迁就和容忍是不可取的,会让孩子丧失正确的是非观,适当的批评是思想教育的一种重要手段,正确运用这一手段可以帮助学生认识并改正错误。但在实际的教育活动中,有时我们的批评可能没有达到该达到的目的,相反却严重损害了师生关系,造成教育的失败。因此,批评要准确,要避免信息单向、沟通不畅。教师对学生的批评教育必须做到实事求是。在批评之前,要对问题或错误的责任人掌握准确,对错误的性质和影响掌握准确,对发生错误的细枝末节掌握准确,以及对学生的一贯表现掌握准确,只有这样,批评才能有的放矢,学生才能心悦诚服。

此外,由于每个学生都有自尊心,教师应该讲究表扬和批评的时机与方法。如果说,表扬时用"扩音器",那么批评时就用"悄悄话"。对于性格内向的学生可适当多加表扬,甚至是大张旗鼓地当众表扬。面对他们的过错,教师应该仔细倾听、耐心劝导,给学生一个安静、隐蔽的环境,保护他们的自尊心,建立彼此间的相互信任,用深表理解和具体指导的语言帮助他们正确认识自己身上的问题,并引导他们积极改正错误。

(五) 做态度亲切和善的教师

有句话说得好:态度决定一切。教师以什么样的态度面对学生,决定着学生的成长。教师的态度是提高学生学习能力、增强自尊心与自信心、缓和焦虑感、提高果断性,以及形成并巩固学生待人处事的积极态度的重要因素。

教师在与学生的沟通中采用什么样的态度,很大程度上决定其能否与学生建立良好的师生关系,能否促进学生的个性健康发展,从而提高学生学习的自觉性和良好的思想品德。

在一次调查中,学生对不喜欢的教师进行了一番描述,其中有"不耐心、情绪不稳定、过于严厉""粗暴不讲理、讲话刻薄、讥讽挖苦人""表情严肃、不和蔼,整天面无笑容"等内容。显然,学生对好老师与坏老师的评价主要是以教师的态度为参照标准的。教师对学生的不良态度被认为是对学生的"心灵施暴"或"心理虐待"。

施暴和虐待有的是有形的,有的则是无形的。所谓有形的,是指教师直接用语言、手势、强烈的脸部表情等,来嘲笑、侮辱学生,使之受到伤害,既然是有形的,自然也就可"捕捉"。而无形的则更可怕、更隐蔽。国外有的心理学家称之为"看不见的灾难",其主要形式有:①支配。教师在教学中不尊重学生的独立人格,随意支配、呵喝学生,从而使学生的自尊心、自信心受到伤害,使其心理得不到健康的发展,甚至生理发育也受到阻碍。②冷漠。教师对学生缺乏热情,不为学生的成绩和进步而高兴,也不为学生的失败而难过。学生感到与教师形同路人,这种陌生感大大降低了学生的学习热情和乐趣。③贬低。这是一种糟糕透顶的心灵施暴,它大大地抹煞了学生的存在价值。对于性格外向的学生来说,这是尤其残酷的打击。

那么,什么是教师良好的态度呢?教育家经过对几万名学生进行调研,总结出如下 10 种教师素质,其中多种与教师的态度有关,这是教师进行反省、改进、修炼、提升的关键。

1. 友善的态度

"和她在一起时犹如在一个大家庭中,我再也不怕上学了。"

2. 尊重课堂上的每一个人

"她不会把你在他人面前像猴子般戏弄。"

3. 耐性

"她绝对不会放弃要求,直至你能做到为止。"

4. 兴趣广泛

"她带我们到课堂外去,并帮助我们把学到的知识用于生活。"

5. 良好的仪表

"她的语调和笑容使我很舒畅。"

6. 幽默感

"她每天会带来欢乐,使课堂不单调。"

7. 公正

"她会给予你应得的,没有丝毫偏差。"

8. 良好的品行

"我相信她与其他人一样会发脾气,不过我从未见过。"

9. 对人的关注

"她会帮助我去认识自己,我的进步得益于她使我得到松弛。"

10. 颇有方法

"忽然,我能顺利念完课本,竟然没有察觉到这是因为他的指导。"

二、与家长亲密合作

在我国家庭特点不断变化的今天,家长能否积极参与学校教育,在很大程度上取决于教师的态度及其与家长交往的能力和技巧。教师要做到两点:一是以关心孩子的态度同家长保持经常性接触;二是要表现出一种与家长合作的真诚愿望。

教师与家长的有效沟通,是一门艺术,也是一种智慧。教师应该掌握与家长沟通的礼仪和技巧,并主动与家长保持联系。

(一) 教师与家长亲密合作的四个原则

1. 真诚——"认识你们,是深厚的缘分"

真诚即真实诚恳。真心实意、坦诚相待会从心底感动他人而最终获得信任。真诚是一把善于开锁的钥匙,能缩短人与人之间的距离。有的教师在与家长沟通时,经常会表达自己真诚的心愿:"因为孩子,我们今天才能够倾心面谈,我们以后将为了同一个目的,携手走过很多岁月,陪伴孩子一同成长。因此,我们之间有着多么深厚的缘分。我愿意珍惜我们之间的缘分,和大家成为真诚的朋友。"这样的沟通,平等之中见真诚,听者会情不自禁地为之动容,从而在不知不觉中拉近了与教师的心灵距离。

2. 理解——"将心比心,我懂得你的难"

理解别人,要做到换位思考,它客观上要求我们将自己的内心世界与对方联系起来,站在对方的立场上体验和思考问题,从而与对方在情感上进行沟通。每个班级里都会有问题孩子,教师面对这些孩子惹的麻烦和产生的问题时,与其一味向家长抱怨孩子不听话,不如换一种方式与口吻与家长沟通,会换来更好的沟通效果。聪明的教师会真挚地表达她对家长的理解:"我理解你的不易,我才教了他几天,就看见他惹了这么多的麻烦。你平时教育他,肯定更辛苦吧!让我们一起努力吧!"孩子的家长听了,一定会在心里为教师的这份理解和鼓励感到欣慰,从而密切配合教师的工作,使学校和家庭形成强大的教育合力。

3. 鼓励——"只要努力,明天总比今天好"

教育孩子,是一项长期而艰巨的工程。特别是一些问题孩子,他们的家长往往付出了巨大的努力和心智,却收效甚微。这时,家长难免会产生消极、失望的心理,就有了"随他去吧"的想法。这时候,教师就应该做一个疏导者和抚慰者,鼓励家长坚持下去。有的家长面对问题孩子,曾经无比苦恼地打电话给老师,哭诉她的委屈和对孩子的失望。聪明的老师多会采用鼓励的方式宽慰这位家长:"孩子成长的道路是曲折的。世界上有许多大器晚成的孩子。你只要不放弃,总有一天他会开窍;但倘若你放弃了,孩子可就真的被甩在后面了。我们要多给孩子鼓励,也要给自己加油!"家长听了,一定会从内心感谢老师的帮助与鼓励。

4. 尊重——"没有坏小孩,只有坏习惯"

在与家长的交谈中,有两条底线是不能逾越的:一是绝对不能说某个孩子笨;二是绝对不能说某个孩子道德品质有问题。否则,就会使家长感到羞辱,从而与老师交恶。即使某个孩子的接受能力有点差,教师也要鼓励家长用发展的眼光来看待孩子,鼓励家长和教师一起寻找更适合这个孩子的教育方法。即使孩子做了令人厌恶的事,教师也不要从本质上否定他。教师应本着对事不对人的原则,请家长和教师一起严格要求学生。这样家长一定愿意和教师一起教育孩子,从而达到教师期望的效果。

(二) 召开家长会的礼仪

家长会是家校沟通联系的重要形式。家长会组织得好不好,能不能达到目的,这不仅直接影响学生的教育效果,也反映了一个班主任老师的组织能力和工作能力。一次好的、成功的家长会,既要使家长对班级整体状况和学生个体在学校的成长过程有一个全面的了解,同时也要充分利用家长会的时机,调动家长参与班级管理的积极性,以达到家校密切配合,共同管理好、教育好学生的目的。

1. 会议准备要充分

召开家长会之前必须做好相应的准备工作。这种准备工作,既包括个人仪表仪容的适当修饰、教室的清洁整理,也包括会议前期的资料准备。只有准备工作做得充分,会议才能开得生动、活泼、富有实效。

第一,教师可以提前设计一下自己开家长会时的仪表,服装要突出大方、得体、亲切、知性和优雅的特点,切忌浓妆艳抹、不修边幅、衣着过于时髦或暴露。第二,要提前布置一个好的环境。教室要清洁,窗户要明亮,桌面要整洁,还可在桌上摆一束鲜花,在黑板上书写"欢迎……"等字样。这样的环境布置,会给家长以清爽、亲切之感。第三,可以准备学生各科作业本放在桌面上供家长翻阅。这样,家长就能深层次了解自己孩子的学习情况,也会在家庭教育时促使学生认真做作业。第四,可以提前安排每位学生给自己家长写封信,感谢父母对自己的关爱,也可以是自己当着父母面不好意思开口说而只适宜于笔头交流的问题,等等,增进家长与子女间的沟通。第五,可以准备一个多媒体的展示,把学生平时的学习和生活情况用图像生动地展现出来,使家长直观地了解学生的校园生活。

2. 招待家长要热情

每个家长的文化程度、工作性质、职位职务不同,教师在接待家长时要把握好以下原则:客无分贵贱,一律热情接待。这里说的热情主要指的是一种态度,是对客人来临的欢迎和尊重,切不可厚此薄彼,切不可只顾和其中某一位或某些家长交谈,而将其他家长晾在一边;或因为某一位家长是领导,是名人,就热情待之,而对别的家长态度冷淡。被教师请进家长会的每一位同志,彼时只有一个"家长"身份。忘记了这一条,就是对家长的失礼。

3. 交流互动要频繁

开家长会时,教师要向家长汇报学生的在校表现和努力改进的方向,但切不可把家长会开成一讲到底的"一言堂"。家长会可以确定某一主题,在教师表达完自己的观点、做法之后,也尽量留出时间让有关的家长、学生发发言,表达一下自己的看法,或征求一下大家的意见。第一,可以请家庭教育有成效的家长谈谈他们的一些经验和做法。第二,可以就目前学生中普遍存在的问题进行探讨。第三,可以就学生的潜质和特长,以及学生长大后愿意和适合做什么样的工作进行探讨。第四,可以请家长谈谈对学校、班主任、辅导员工作的建议或意见,教师可以从中汲取营养,也有利于学校教育工作的改进。第五,还可以安排学生和家长对话,说说他们各自的困惑和心里话。这会给家长和学生的心灵以极大的触动,有利于增进双方的理解。

4. 沟通交流要讲究技巧

有些教师在开家长会时,喜欢在教室里张贴排名榜,有的还会在会议中间大声宣读,有少数教师还会点名批评一些品学相对落后的学生。这样的做法既伤害有关学生的自尊心,同时也会让有些家长感觉丢了面子,降低他们参加家长会的积极性。家长会不是"告状会",而是"分享会"。在开家长会的过程中,教师应把握以下沟通技巧:一是凡是涉及少数同学,对大多数家长来说不是热点,不能引发多数与会者的共鸣的问题尽量不讲。二是对学生的优点要"放大",对学生的缺点要"缩小",多赞扬、少批评,更不要随意向家长"告状","告状"的班主任会失去学生的信任,次数多了,家长也会认为你无能。三是要遵守教师和学生之间的小承诺,不要随便把学生的"隐私"告诉家长。

(三) 接待家长的礼仪

在学校工作中，教师接待个别家长是常有的事。教师对家长是否做到以礼相待，直接关系到沟通的效果，也关系到对学生的教育，因此不可忽视。

1. 注意形象，礼貌接待

"教师是人类灵魂的工程师"，这是社会对教师的崇高赞誉。在家长心目中，教师更是至尊至敬的。因此，教师在接待家长时，切不可自负，更不能摆出一副"至尊气派"来。要注意自身形象，平等、友好且礼貌地接待每一位学生家长。只有这样，才能赢得学生家长对教师发自内心的尊重、敬佩和信任，为交流学生有关情况营造一个和谐、融洽的氛围。

2. 实事求是，评价客观

家长来到学校，总想与教师交流一下学生在校的有关情况，以便使家庭教育和学校教育相配合，共同教育好学生。因此，教师实事求是地反映学生的情况、客观公正地评价学生至关重要。如果教师反映的学生情况与实际不符或对学生的评价不公正，会使家长了解不到学生的真实情况或对教师的话产生怀疑，结果可能导致学校教育与家庭教育不一致或相违背，达不到共同教育好学生的目的。

3. 善解来意，明确目的

有些家长特别关心孩子在校表现、考试成绩等情况，教师要善解人意，积极主动向家长提供明确、有效的信息。有时候，个别学生在校严重违反校规校纪或突遇偶发事情，教师要尽量先将情况调查、核实清楚，明确通知家长来校，使家长做到心中有数，才会达到有效的教育效果。

4. 尊重家长，个体指导

教师要充分利用与家长接触的机会，认真倾听家长谈话，虚心听取家长的意见和建议，切不可因为学生存在问题就迁怒于家长，更不可冷落、奚落、嘲讽、斥责家长。要帮助家长分析学生存在的问题及其根源，探讨科学有效的指导方法，指导家长配合学校开展家庭教育，合力做好教育工作。

在接待家长的过程中，教师要特别注意以下几点：

第一，针对家长个性，采取不同措施。每一个家长都有自己独特的个性，有的家长开朗善谈，有的家长沉默寡言；有的家长比较爱面子，有的家长则无所谓；有的家长比较细心，有的家长则比较粗放。我们在接待家长的过程中，要根据不同家长的不同个性特征,采取不同的交流沟通措施,使接待具有个性化,从而达到良好的沟通效果。另外,即使不同个性的家长也会对教师充满相同的期待:教师能够上课严肃认真,下课幽默亲和,在校多指导孩子掌握正确的学习方法,培养良好的卫生习惯和行为礼仪,并为家长提供具体的帮助。教师要学会从家长的期待出发,即使面对不同个性的家长,也会达到良好的沟通效果。

第二,要选择合适的交谈场合。教师最好不要在办公室中接待个别问题学生的家长,一是因为这样做容易打扰同在一个办公室的其他教师的工作,二是交谈涉及孩子的隐私时,家长可能因为有别的教师在场而感到尴尬。如果需要在办公室内接待,教师要尽量采用轻松的方式与家长交流问题和看法,也要格外注意保护孩子的隐私。另外,教师也最好不要在吵闹的校门口、拥挤的甬道里接待家长,否则会因为环境嘈杂而影响沟通质量。如果条件允许,可以在专门的接待室或较为安静的校园环境中进行接待。

第三,注意与家长进行思想交流。有些教师与家长个别交流时,常常会把注意力全放在学生的问题上,向家长陈述学生的在校表现(特别是不良表现),对学生进行批评教育。除了沟通学生的情况外,其实教师与家长之间还可以聊聊家常、谈谈思想,了解一下家长的工作情况、生活习惯、兴趣爱好等,这样有利于教师与家长增进了解、确立信任,从而促进家校之间的配合与协作。

第四,尊重家长的看法,平等商量问题。教师与家长之间是完全平等的。在接待家长时,教师首先要对家长的到来表示欢迎或感谢,最好选择桌角式或平行式座位进行谈话。教师要学会平等协商,切不可武断,也切不可自己说了算,更不要责备或训斥家长。说话要留有余地,要充分征求家长的意见。在具体问题上与家长有不同看法时,教师要尊重家长的看法。即使家长的看法有不对的地方,也要有耐心,可以采用引导、疏导的方式,使教师与家长之间逐步实现教育理念、教育方式的协调一致。

三、与同事和谐相处

与同事和谐相处不仅和个人职业发展息息相关,而且是营造良好工作氛围的关键。拥有好的工作环境,能够直接推动工作的顺利开展;反之,与同事关系紧张,则会阻碍自己的事业发展。因此,与同事和谐相处是每个教师的必修课题。同事之间的有效沟通、和谐相处是一种自然情感的流露,更是一种处世的艺术。教师在与同事相处时,要把握"降肝火、不置气、多学习、同努力"的相处原则。

(一) 积极配合同事

"一只蚂蚁来搬米,搬来搬去搬不起,两只蚂蚁来搬米,身体晃来又晃去,三只蚂蚁来搬米,轻轻抬着进洞里。"这首童谣说的就是相互配合的合作意识。同事是帮手而不是对手,是伙伴而不是冤家。每个人只有各司其职、各尽所长、精诚合作,才能携手共进,为此教师应做到以下几点。

第一,增强团结合作意识。同一个单位,每个人的工作都有相对的独立性,但又都和全局相关联。如果只顾自己,不肯与他人协作,势必会影响团队整体的战斗力和形象。一个单位的工作就像下棋,输赢关系到每个棋子。只有时刻将团体荣辱放在第一位,成员才会有一种积极向上的心态。

第二,学会求同存异。学校里的每一个教职员工性格、分工不同,看待问题的角度不同,处理问题的方式也不同。这就需要大家相互理解、相互沟通,学会求同存异,通过交流产生共鸣,通过协调形成共识。如果总是强调差异,只会使彼此之间的距离越来越远,矛盾越来越深,最终使合作破裂,也会影响到整体的工作进展。

第三,学会有效沟通。同事之间的良好沟通,可以提高工作效率、提升工作质量。工作中遇事先打招呼,有疑问先了解,以减少误会、杜绝猜疑、加深理解、增强信任。有了事先的充分沟通,执行起来更能够吸引对方的参与。沟通时要养成一些好习惯,比如保护他人隐私、不议论他人短处、不炫耀自己能力、多提建议少说主张、尊重差异、避免主观判断等。

(二) 充分信任同事

人与人之间需要诚实与信任。同事之间只有真诚坦率、相互信任、相互帮助,才能换得友谊,才能关系亲密。反之,相互猜疑、弄虚作假、尔虞我诈,必然会损害同事之间的关系,影响和谐与合作。

首先,教师要为人正直、光明正大。正直正派是做人的基本道德。教师为人处世要言行一致、表里如一,不寻找靠山、阿谀献媚,不拉帮结伙、恃强凌弱,不以权谋私、同流合污,不贪赃枉法、委曲求全。正直正派的人,才能表现得有道德、有素质,才能赢得人们的赞赏和信赖,才会有深厚的群众基础。而那些搞阴谋诡计的人,终究会被人抛弃。

其次，同事之间要相互信任、不乱猜疑。经过一段时间的交往了解，对值得信赖的人可增强信任，对品德不好的人则必须加以提防。孔子说："人而无信，不知其可也。"与人交往，守信用才能取得别人的信任；说话算数，言而有信，才能获得信誉。同事相交，失去了信任，就失去了一切。守信，是立身处世之本。

(三) 学会赞赏同事

同事之间相处久了，就会忽略对方的优点，反倒对彼此间的缺点很敏感，这是使工作陷入困境的征兆。其实，一句由衷的赞美或一句得体的建议，都会让同事感觉到你对他的重视，无形中增加对你的好感。很多时候，在我们付出了辛勤的劳动之后完成的工作，更期待别人的注意和赞赏。如果每天上班时，你的同事这样对你说："你学过服装设计吧？怎么把衣服搭配得这么好呢！""我觉得你真适合这种风格的衣服！""你新剪的头发真不错，看上去真精神！""你工作真有思路，这点子真好！看，学生们反应多热烈呀！""你考虑的真细致，这一点我都没想到，谢谢你的提醒！"……听了这些话，不仅心情会变得特别好，而且还会更加细致地发现同事闪光的地方，并给予赞美的回馈。

从社会心理学角度来说，赞美也是一种有效的交往技巧，能有效地缩短人与人之间的心理距离。美国心理学家威廉·詹姆士指出："渴望被人赏识是人最基本的天性。"马斯洛的需求层次理论也指出，人在温饱之后，希望得到的就是"自我实现"。可见，喜欢被赞美是人的天性。听到别人赞扬自己的优点，人们就会觉得自身价值得到了肯定。

另外，人在被赞美时心理上会产生一种"行为塑造"，我们会试图把自己塑造成具有某种优点的人，并且这种塑造有心理强化作用，会不断鼓励自己向着某个好的方向发展，真正具备人们口中的某些优点。正是在这种自我塑造的过程中，人们产生了一种不断前行的力量。要建立良好的人际关系，恰当地赞美别人是必不可少的。事实上，我们每个人都希望自己的工作或所取得的成果受到别人的赞美。

曾经有位企业家这样说过："促使人们自身能力发展到极限的最好办法，就是赞赏和鼓励。"如果我们想搞好与同事之间的关系，就需要多去发现别人的优点、成绩，而不能只顾自己的功劳。

当然，我们对同事的赞美是有原则的，是发自内心的真诚的表现，而不是曲意逢迎。首先，赞美时要有真实的情感体验。这种情感体验包括对对方的情感感受和自己的真实情感体验，要有发自内心的真情实感，这样的赞美才不会给人虚假和牵强的感觉。带有情感体验的赞美既能体现人际交往中的互动关系，又能表达出自己内心的美好感受，对方也能够感受到你对他真诚的关怀。其次，赞美时用词要得当。注意观察对方的状态是很重要的一个过程，如果恰逢对方情绪特别低落，或者有其他不顺心的事情，过分地赞美往往让对方觉得不真实，因此赞美时一定要注重对方的感受。

与同事相处时，应细心观察对方得意的方面，如穿衣品位、爱好兴趣、工作态度、办事效率，或是让人羡慕的健康身体，等等，哪怕是不经意的一句话，都能表明你对他的关心。赞美周围的人会使别人愉快，也会使自己感到愉快，这样就能和周围的人形成良好的人际关系。

（四）懂得包容同事

莎士比亚曾经说过："宽容就像天上的细雨滋润着大地。它赐福于宽容的人，也赐福于被宽容的人。"与同事相处时，要常常怀有一颗宽容之心，不能斤斤计较。"百年修得同船渡"，能够成为同事，是一种难得的缘分。试想一下，每天工作的8个小时，我们都是与同事在一起，这甚至要超过与家人在一起的时间。如果我们不能与同事和谐相处，不仅不能做好工作，而且会让自己的心情跌入低谷。当然，每个人都有各自的短处，这是正常现象。同事之间要相互理解、彼此宽容，做到"大事清楚，小事糊涂"。宽容、谅解、和谐、团结，是搞好一切工作的前提。为人要诚恳，与人要为善。遇到问题与矛盾要设身处地为别人着想，实事求是地进行客观分析，不能得理不让人，更不能无理取闹、自以为是、自作聪明。学会不在心中谴责别人，不要因为他们的错误而责怪和憎恨他们。

哲人安·兰德斯曾经向学生传授如何使生命延长并且保证不失去存在意义的方法："唯有懂得宽容才能获得快乐，并且不致被忧愁和苦恼所困扰。如若在他人犯错时不懂得宽容，那实际上是拿别人的错误去惩罚我们自己，最终只能永远地被忧愁和苦恼所困扰，这就是所谓的'庸人自扰'。面对别人的误会和不解，聪明的做法就是予以宽容和谅解，因为再聪明的人也难免误解他人。对别人的误会和不解耿耿于怀，只会在我们与他人之间形成更大的隔阂。要想活得长寿而且使生命更有意义，就要在每晚睡觉之前宽恕其他的人和事。"对于朝夕相处的同事要时刻保持宽容、友善的态度。用宽容和谅解的心态去看待身边的同事,与之保持和谐的关系,这是我们走向成功的捷径。

(五)尊重同事隐私

在一个文明的环境里,每个人都应该尊重别人的隐私。窥探别人的隐私向来被人视为个人素质低下、没有修养的行为。尊重对方隐私是交往的重要原则。在与同事的交往中要保持恰当的距离,不要对别人的私事太好奇,远离别人的隐私禁区。

俗话说家丑不可外扬。这里的"家丑"不仅是指自己家的丑事,还包括不方便告诉他人的事。也许你在无意间发现了别人的秘密,或者对方把你当成知己只告诉了你,你却在无意间将秘密透露给了别人,这样的后果是不仅会伤害那个人,而且会引起大家对你的鄙视。因为谁都有隐私,谁都会把一些难以启齿或者一些并不光彩的错误隐藏起来,不想让别人知道。对于不懂尊重他人隐私的人,大家都会产生反感。

教师应从以下几方面注意尊重同事的隐私。

第一,要尊重别人的"个人空间"。在与同事的交往中,要保持适当距离,分清哪里是公共的区域,哪里是个人的空间,注意不要随便侵入他人"领地",以免被同事讨厌而不愿与你交往。例如,在办公室中要保持工位整洁、美观大方,避免陈列过多的私人物品;在与他人进行电话或者面对面沟通时,说话的音量控制在彼此都能听到为好,避免打扰他人的工作;尽量避免在自己的工位上进餐,实在不可避免时,要抓紧时间,就餐完毕之后应迅速通风,保持工作区域的空气新鲜,等等。这些工作与生活中的礼仪细节,可以充分体现出一个人的教养。

第二,要尊重对方的自主权利。即使当你强烈地感觉到对方有困扰,也不要因为好奇和担心,而越界去打听对方的心事。在适当的时候保持沉默,也是对别人的尊重与帮助。

第三,绝不散布八卦是非。很多时候,我们所听到的小道消息都是一些无中生有、以讹传讹的不确切的信息。而这些流言蜚语的传播,常常闹得物是人非、人心惶惶,所以很多人都会对流言蜚语的散布者嗤之以鼻。如果你在流言蜚语的传播过程中曾经推波助澜,那么,一旦被大家知道后,你将成为人们心目中不值得相信的人。因此,不要去做流言蜚语的传播者。对那些会伤害当事人名誉或声誉的传言,努力做到守口如瓶,让流言到此终止。这样你就会成为众人心中值得信任的人,人们也会对你的厚道真诚交口称赞。

第三节　支教志愿者教师仪态礼仪

一、教师仪态礼仪的含义及标准

仪态礼仪是一种载体，无时无刻不在向他人传达教师的修养、性格、情感与内蕴。教师在一举一动间挥洒性情、彰显气质。符合礼仪规范的举止能够塑造良好的个人形象，帮助教师展现风采、增强自信心，还能起到无言的沟通作用，使教师成为受人欢迎的人。

(一) 教师仪态礼仪的含义

教师仪态礼仪，是指教师在活动时身体各部分呈现出的姿态和风度，包括行为（站、坐、蹲、卧、行等）、表情、动作（手势）及其他体态语。它反映一个人的性格、心理、感情、素养和气质，是内心活动的一面镜子。

人的基本仪态礼仪包括站姿、坐姿、行姿、蹲姿和表情。我国古代就有"立如松、坐如钟、行如风、卧如弓"的仪态要求。在现代生活中，优雅得体的举止不仅能表现一个人良好的修养，而且能使自己获得他人的尊重和信任。

(二) 教师仪态礼仪的标准

教师仪态礼仪的标准是文明、优雅、自然、有度。

1. 文明

文明是一种品质、一种修养，是一种众人皆知的良好行为。注意举止文明、做到为人师表、成为学生和社会的楷模是教师职业道德的基本要求之一。"师者，人之模范也。"教师是学生学习的楷模，教师的一举一动都是学生学习和模仿的对象，因此教师首先要做到遵纪守法、语言文明、仪态大方。中国古代伟大的教育家孔子曾说过:"其身正,不令而行;其身不正,虽令不从。""不能正其身,如正人何?"教师若想有威严、有尊严,必须自己做一位文明的传承人,以身作则,才能培养文明的新一代。

2. 优雅

优雅,是一种持久永恒的人格魅力,它从不会附着在生活的表面,而是隐藏在若隐若现的细节里。优雅就是一种从容、一份平和、一个认认真真的生活态度。漂亮不等于优雅,优雅的女人并不一定要天生丽质、沉鱼落雁,但她们的一举手一投足都流露出修养、智慧和善良。优雅就是这样一种气质,由内而外,从骨子里自然流露。优雅既体现在人的外表装束和言谈举止方面,亦贯穿于其学识修养、为人处世、道德行为等各个方面。优雅的举止是发自内心的,是从人的灵魂里渗透出来的,不是靠刻意模仿能学得来的,是一种随意、自然的表露。作为教师,能够在行为举止间流露出优雅或儒雅的气质,无疑会对学生形成巨大的吸引力。

3. 自然

著名教育家叶圣陶先生曾经说过:"什么是教育,简单一句话,就是要养成习惯。"习惯从形式上看是一个人言行的外在表现,实质却反映了一个人的受教育程度,是一个人素质的综合体现。一个人要想做到行为举止得体,需要平时进行礼仪训练和提高内在修养。纵然有人一夜暴富,但是他的举止也不会因为钱财的增加而自动高贵。什么样的行为举止符合礼仪规范?恐怕大多数教师都知道答案,但把理念变成教师工作生活中自然表现的习惯,需要平时的潜心修行。

4. 有度

有度是指在人与人交往的过程中,应该做到率直而不鲁莽、活泼而不轻佻、放松而不慵懒、有礼而不自卑,举手投足张弛有度,恰到好处。

很多人的仪态很优雅、很得体,时时刻刻都能做到站有站相、坐有坐相,一言一行都给人美的享受,那是一种有素养的体现。如果一个人总是含胸驼背、精神萎靡不振,或是举止轻浮,就会给人以不自信、不沉稳的感觉,再漂亮的首饰、再昂贵的衣服,也修饰不了身体姿态给人的不良的视觉感受。作为教师,更要注意自己在各种场合的行为举止,做到大方、自然、得体、不粗俗、不虚假。通过言行给学生留下美好的印象,从各方面为学生树立一个优秀的、值得仿效的榜样。

二、教师的站姿

站姿又称站相,是指人在站立时所呈现出来的具体姿态。站姿是人的基本的姿态,同时也是其他一切姿势的基础。教师在讲台上的站姿优美与否,其感召力是不一样的,教师不同的站立姿势,对学生的心理也会产生不同的影响。教师的站姿应给人以笔直挺拔、大方舒展、精力充沛、积极向上的印象。站姿在某种程度上反映了一个教师的精神面貌和对教学的投入程度,因此教师的站姿在稳重之中还要显出活力,不可过于拘谨和呆板。教师站在讲台上要精神抖擞、潇洒大方,注意随时根据授课内容和课堂情景的变化调整站姿,适当走动,要善于运用恰到好处的动作和站姿来配合自己的语言表达。

(一) 教师正确的站姿

站姿是教师静态的造型,优美、典雅的站姿是发展人的不同动态美的基础和起点。优美的站姿能显示个人的自信,衬托出美好的气质和风度,并给他人留下美好的印象。

男士站立时应"站如松",刚毅洒脱;女士站立时则应秀雅优美,亭亭玉立。训练符合礼仪规范的站姿是培养仪态美的起点,其动作要领也是培养其他优美仪态的基础。站姿是教师在课堂中重要的举止之一。对于教师站姿的基本要求是端正、稳重、亲切、自然。教师在站立时应当显得挺拔而庄重,即身体站直,挺胸收腹,双腿并拢,双脚微分,双肩平直,双目平视,头部保持端正。站立时对男教师的要求是稳健,对女教师的要求则是优美。

男教师在站立时应双脚平行,两脚分开的幅度以不超过肩部为宜,合适的距离为一脚之宽。站立时要全身保持正直,双肩展开,抬头挺胸,双臂自然下垂并伸直,双手自然贴放于大腿两侧,双脚保持静止不动。如果站立时间过久,可将左脚或右脚交替后撤一步,使身体的重心分别落在另一只脚上,但是上身仍须保持挺直,脚不可伸得太远,双腿不可叉开过大,变换不可过于频繁。

女教师在站立时则应挺胸、收颌,目视前方,双臂自然下垂,双手叠放或相握于腹前,双腿并拢不宜叉开。站立之时可以将重心置于某一脚上,双腿一直一斜。还有一种站法,即双脚脚跟并拢,脚尖分开,张开的脚尖大致相距 10 厘米,其张角约为45°,呈现"V"形。女教师还要切记,千万不要双腿叉开而立。

正确的站姿给人以挺拔笔直、舒展俊美、庄重大方、精力充沛、信心十足、积极向上的感觉。由站姿的基本要求构成的站姿似有呆板之嫌,其实不然,按这些要求经过反复训练后,能从体态上形成一种优雅挺拔、神采奕奕的体态。站姿的基本范式是其他各种工作姿势的基础,也是发展不同质感美的起点,是优雅端庄举止的基础。

(二) 教师不良的站姿

教师要尽量避免以下几种不良的站姿:(1) 正式场合站立时将双手插在裤袋里,这种站姿显得过于随意。(2) 站立时将双手交叉抱在胸前,这种站姿容易给人留下傲慢的印象。(3) 站立时东倒西歪、无精打采,懒散地倚靠在墙边、桌子边,给人站不直、十分慵懒的感觉。(4) 站立时出现探脖、塌腰、耸肩、抖腿、频频变换双腿姿势等动作。(5) 站立时当众搔头皮、挖耳朵、抠鼻子、咬指甲。(6) 站立时将身体的重心明显地移到一侧,只用一条腿支撑着身体。(7) 男教师站立时双脚分开的距离过大,或挺腹翘臀。

不良站姿不但对身体有害无益,而且容易给学生留下不好的印象,甚至会造成消极的课堂气氛。

三、教师的坐姿

中国自古以来就对坐姿的礼节要求很高,例如"箕坐"(也称"箕踞",指伸开腿而坐)在古代被认为是一种不合乎礼节的举动,因此《礼记·典礼》说:"坐毋箕"。文雅、端庄的坐姿不仅给人以沉着、稳重、冷静的感觉,而且也是展现自己气质与修养的重要形式。

(一) 教师正确的坐姿

坐姿总的要求是舒适自然、大方端庄。正确的坐姿:头部端正稍抬,下颌内收,双眼平视,上身自然挺直,两臂屈曲放在双膝上,或两手半握放在膝上,手心都要向下,躯干挺直或适当向椅背后靠。一般女士坐椅面的2/3或1/2处,男士可坐2/3或坐满整个椅面。当椅子有扶手时,两手可以相交或轻握,也可以呈八字形放在腿上。

女教师坐定后可以将右手搭在左手上,一起轻松地放在腿面上,双腿自然平行放置,双膝并拢并弯曲 90°~120°,双脚同时向左侧或右侧,也可以将双腿交叉或重叠,两腿交叉时要使上面一条腿的小腿向内收,脚尖向下,但是绝对不能跷起"二郎腿"。女教师在穿裙装时采用"S"形双腿叠放式或双腿斜放式的侧坐往往比正坐优美一些。女教师不论采用哪种坐姿,都要牢记双腿不可分开。

男教师可以将双手自然地放在腿面上,掌心向下,双脚自然平行放置,双膝弯曲 90°~120°,双腿自然分开,但不要超过肩的宽度,也可以双脚脚踝部分自然小交叉。

在日常交往中,对入座和离座都有相应要求。入座时首先应讲究顺序,先请尊者入座,并且坐在位高的位置,然后其他人再同时就座,绝对不可以大家一起抢座。其次讲究入座的方位,礼仪上称为"左进左出"原则,就是入座时从座位的左侧坐到座位上,离座时也是从座位的左侧离开座位。入座时动作要轻盈和缓、自然从容,落座要轻,不能猛地坐下或发出响声,起座要端庄稳重。女士入座时如果穿着裙子,应先把裙子后片向前拢一下再就座。坐定后要安静,不可以把椅子弄得吱吱响,也不可以两个椅腿着地前后摇晃。

坐姿要与环境相适应。如一般沙发椅较宽大,坐时不要坐得太靠里面,可以将左腿跷在右腿上,显得高贵大方,但不宜跷得过高。女教师尤其应注意不能露出衬裙,以免有损美观与风度。

(二) 教师不良的坐姿

教师应避免以下几种不良坐姿:(1) 坐时前倾后仰或歪歪扭扭。(2) 双腿过于叉开或长长地伸出。(3) 坐下后随意挪动椅子。(4) 将大腿并拢、小腿分开,或将双手放于臀部下面。(5) 高架"二郎腿",脚尖指向他人。(6) 腿、脚不停抖动。(7) 把脚架在椅子、沙发扶手或茶几上。(8) 与人谈话时用手支着下巴。(9) 坐沙发时太靠里面,呈后仰状态。

尽管教师在课堂上大部分时间是站着,但偶尔也会有坐着的时候。如果教师坐姿不正确,不但对学生的坐姿造成误导,而且也很难要求学生以正确的坐姿听课,势必形成坐姿各异、松散无序的课堂气氛。

四、教师的行姿

行姿即行走的姿势,产生的是动态美。古人说:"行如风",是要求人们走起路来要像风一样轻盈。"莲步轻移""凌波微步"等词语是古人用来赞美女性优雅的行走姿态。古代女子头上戴的簪子上的坠子,又名"步摇",除了装饰之外,还有另一种作用,那就是衡量女子走路时的步态和速度。如果走路时摇摇晃晃、步伐太快,簪子上的坠子就摇晃得厉害,这种步态在古代是不符合规范的。教师虽然不是T台上的模特,但步态也要讲究,优雅、稳健、敏捷的行姿往往能给人以美的感觉,反映出教师积极向上的精神状态。

(一)教师标准的行姿

行姿的基本礼仪要求是轻松、稳健、优美、匀速。具体要领是:头部端正,双目平视,下颌微收,上身正直不动,两肩相平不摇,两臂前后自然摆动,向后摆动时手臂外开不超过30°,前后摆动的幅度为30~40厘米。两手自然弯曲,在摆动中离开双腿不超过一拳的距离。走路时两腿要直而不僵,步幅适中、均匀,两脚落地呈一直线。脚尖向正前方,不可以向内或向外变成内八字或外八字。男教师在行走时,两脚要行走在两条平行的直线上,两条平行的直线是两脚并起形成的两条延长线。女教师走路时,两脚要行走在同一条直线上。若想走出优雅的步态,行走时要注意掌握正确行姿要求。

1. 正确行姿要求

(1)方向明确

行走时必须保持明确的行进方向,自己虚拟一条直线,尽可能使自己犹如在直线上行走,不可突然转向,更忌讳突然大转身。

(2)步幅适中

步幅是跨步时两脚间的距离,步幅的大小与身高、服装和鞋都有关系。一般来说,标准的步幅是本人的一脚之长,即男教师每步约40厘米,女教师每步约38厘米。女教师穿裙装和高跟鞋时步幅应该适当小一些,穿休闲装和运动装时步幅可以适当大一些。

（3）速度均匀

正常情况下男士每分钟行走108～110步,女士每分钟行走118～120步,不突然加速或减速,匀速前行会产生优美的步韵,增加步态的美感。

（4）重心放准

行进时身体向前微倾,重心落在前脚掌上。如果重心位置放错,易形成鸭子步、点地步、八字步等不雅步态,会影响步态的美感。

（5）身体协调

行走时脚跟首先着地,膝盖在脚步落地时应当伸直,腰部要成为移动的轴线,双臂在身体两侧一前一后自然摆动,不要左右横摆。

（6）体态优美

行走时要昂首挺胸,步伐应轻松而矫健。男教师做到协调、稳重、刚毅,女教师做到轻松、敏捷、优雅。

2. 行进礼仪规范

（1）靠右侧通行

在办公区或公共场所要靠右侧行走,把走廊左侧让给迎面而来或有急事的人。

（2）男士走外侧

当男女一起走在路上时,男士应该走外侧,因为人行道外侧靠近马路,车子来来往往的地方总是比较危险,为了显示男士的风度、履行保护女士的义务,一定要让女士走在内侧。

（3）不可冲撞他人

遇有急事可加快步伐,但忌讳慌忙奔跑或冲撞别人。

（4）不要从交谈者中间穿行

《礼记·曲礼上》说:"离立者,不出中间",意思是有二人并行立着,不要从他们中间穿过。

（5）不可多人并排而行

与其他同事并列行走时不可并肩同行,不可嬉戏打闹或闲聊。走在人行道上时,如果马路较窄,不可多人并排走,可以两人一排,靠右侧行走。

（6）反向而行时靠右侧行走

与同事反向而行时要靠右侧行走,在离对方2米处放慢速度,与对方打个招呼。

(7) 引领客人时按客人的速度行进

引领客人时应位于客人侧前 2~3 步,按客人的速度行进,不时用手势指引方向、招呼客人。

(二) 教师不良的行姿

教师应避免以下不良行姿:(1) 行走时低头看脚尖,显得心事重重、萎靡不振。(2) 行走时拖脚,显得未老先衰、暮气沉沉。(3) 行走时点地步,即上下跳着走,显得心浮气躁。(4) 蛇腰步:行走时摇头晃脑、晃臂扭腰、左顾右盼、瞻前顾后,此行姿易被误解,特别是在公共场合容易给自己招来麻烦。(5) 前倾步:走路时大半个身子前倾,此行姿动作不美又有损健康。(6) 霸王步:行走时与其他人相距过近,脚迈向身体两侧,容易与他人发生身体碰撞。(7) 八字步:走路时脚尖方向与前进方向有一夹角,两脚成八字形,分内八字和外八字,此行姿使人显得没气质。(8) 鸭子步:重心放在脚掌外侧,身体左右摇摆,此行姿使人显得老态龙钟。(9) 行走时尾随于他人身后,甚至对其窥视围观或指指点点,此举会被视为"侵犯人权"或"人身侮辱"。(10) 行走时速度过快或过慢,以至对周围人造成一定的不良影响。(11) 一边行走一边吃喝。(12) 与已成年的同性行走时勾肩搭背、搂搂抱抱。

以上不良行姿有损教师的形象,教师若想给学生留下美好的印象,须时刻注意自己的行姿。

五、教师的蹲姿

(一) 教师标准的蹲姿

教师标准的蹲姿:下蹲时左脚在前、右脚靠后;左脚完全着地,右脚脚跟提起,右膝低于左膝,右腿左侧靠于左小腿内侧,形成左膝高、右膝低姿势;臀部向下,上身微前倾,基本上用左腿支撑身体。女教师还应注意并紧双腿,男教师则可适度分开。当捡身体右侧的东西时,应右脚靠后;当捡身体左侧的东西时,应左脚靠后。

常用的蹲姿还有交叉式蹲姿和高低式蹲姿。交叉式蹲姿在生活中常常会用到,如集体合影前排需蹲下时,女教师可采用交叉式蹲姿,即下蹲时右脚在前、左脚在后,右小腿垂直于地面,全脚着地;左膝由后面伸向右侧,左脚跟抬起,脚掌着地,两腿靠紧,合力支撑身体;臀部向下,上身稍前倾。高低式蹲姿即下蹲时右脚在前、左脚稍后,两腿靠紧向下蹲,右脚全脚着地,小腿基本垂直于地面,左脚脚跟提起,脚掌着地;左膝低于右膝,左膝内侧靠于右小腿内侧,形成右膝高、左膝低的姿态;臀部向下,基本上用左腿支撑身体。

(二) 教师不良的蹲姿

教师应避免以下不良蹲姿:(1) 下蹲时速度过快或与他人之间距离太近。(2) 下蹲时撅起屁股。(3) 下蹲时采用厕式蹲位。(4) 正面朝向他人下蹲或者背部对着他人下蹲。(5) 身着裙装的女性,下蹲时弯腰撅腚或两膝分开,造成走光。

六、教师的手势

除了语言以外,手势也是表情达意的重要方法,人类通过手势也可以交流,可见手势在人类文明发展过程中的重要性。手势主要指表达某种意思时用手部做出的各种动作,是一种表现力很强的肢体语言。教师恰到好处地使用手势,不仅能表现出教师的高雅与风度,而且会使课堂气氛更加活跃,使授课内容更加形象生动,给学生留下深刻的印象。但是不恰当的手势容易产生歧义,给人带来不必要的麻烦。

(一) 使用手势的礼仪要求

使用手势的礼仪要求是规范、准确、适度。规范是指在一定的社会背景下,常用的手势都有其特定的标准和内涵。比如"V"字手势,标准的动作是手心向外,食指和中指竖起分开,表示胜利、成功的意思。但是如果使用时手心向内、手背向外,在某些国家或地区就是猥亵、辱骂对方的意思。准确是指在使用手势时,为了避免歧义,要正确使用手势。比如手背向上,食指伸开,其余四指呈握拳状,是一定不可以用来指人的,就是我们常说的食指指人是非常不礼貌的,有蔑视对方之嫌。但是这个动作可用来指物,比如教师上课时向学生做实物示范,就可采用食指指物的方式来讲授内容。适度是指使用手势时要注意频率。与人交谈时,适度的手势可以加强沟通,帮助说话者更好地表达意思。但是,如果手势过于频繁、过于夸张,甚至手舞足蹈,就会给人以粗俗无礼的印象。

(二) 教师的规范手势

1. 站立时的手势

站立时双手可以采取自然垂放式或双手叠放式。自然垂放式是指手臂自然下垂,收腹挺胸,男教师双脚自然分开或并拢,女教师双脚脚后跟和双腿并拢;双手叠放式是指双手交叠在一起,自然放在肚脐部位,男教师的手位可适当低些。

2. 持物递物时的手势

持物时手要拿稳,注意轻拿轻放。递送物品时,如果递送的是书、文件之类的物品,要把物品的正面朝向对方,以便对方接过物品后直接阅读。如果递送的是刀、剪之类的利器,一定要将刀尖或刀刃对着自己,将把手或刀柄递与对方,以示对对方的尊重。

3. 引导时的手势

为客人或嘉宾引路、指示方向时,以肘关节为轴,大小臂弯曲 140°左右,手掌与地面基本呈 45°,指示方向时,上身稍微前倾,面带微笑,自己的目光朝向目标方向。引导客人上下楼梯时,引导者始终在客人的下方;引导客人进出电梯时,要遵循引导者先进后出的原则。

4. 夸奖时的手势

使用夸奖手势时应将拇指向上翘起,四指呈握拳状,面带微笑,目光肯定。教师在上课时应该适当多用夸奖手势,给予学生鼓励。

5. 鼓掌手势

鼓掌是表示高兴的肢体语言,是内心激动、兴奋情绪的外部表现,所谓"情动于中而形于言,言之不足故嗟取之,嗟叹之不足故咏歌之,咏歌之不足,不知手之舞之,足之蹈之也"。标准的鼓掌动作是面带微笑,抬起两臂,抬起左手手掌到胸部,以右手除拇指外的其他四指轻拍左手中部,节奏平稳,频率一致。

(三) 教师的不良手势

教师应避免以下不良手势:(1)当众乱摸身体部位。(2)用食指指点他人。(3)讲课时敲击讲台或黑板。(4)讲课时玩弄粉笔或水笔。(5)手势过频或过大。(6)伸拇指自夸。

古罗马政治家西塞罗曾说过:"一切心理活动都伴有指手画脚等动作。手势恰如人体的一种语言,这种语言甚至连野蛮人都能理解。"布罗斯纳安认为"手势实际上是体态语的核心",法国大画家德拉克罗瓦也曾指出:"手应当像脸一样富有表情"。他们的话从不同侧面指出了手势的重要性。教师在讲课时需要配以适当的手势来强化讲课效果,手势应得体、自然、恰如其分,并要随着授课内容的变化而变化,这样会起到事半功倍的效果。

七、教师的表情

表情指面部形态,即通过面部眉、眼、嘴、鼻的动作和脸色变化表达出内心的思想感情。表情是人的心理状态的外在表现,有时能起到言语起不到的作用。当人眉头紧锁时,传递给人的是严峻、焦急的信息;当人面带微笑时,传递给人的是亲切、愉快的信息。这些表情在日常交往活动中,对人与人之间信息的正确传递起到非常重要的作用。

表情礼仪中比较重要的是目光和笑容,理解表情内涵、掌握表情使用,是实现人与人之间友好相处的基础。

(一) 目光

"眼睛是心灵之窗",这里的"眼睛"其实指的是目光,即眼神。不同的眼神表现出不同的情绪、心理活动等信息,在与他人交流时,也反映了一个人在说话时的态度。

目光是面部表情的核心,是一种真实、含蓄的体态语言。每个人都有自己特定的目光,一般而言,心胸开阔、刚正不阿的人,目光是清澈、坦荡、执着和自信的;不求上进、无能为力、自暴自弃的人,目光是呆滞、昏暗、胆怯的;轻浮、浅薄、成天算计的人,目光是飘忽不定、狡黠、躲闪的。在人际交往中,一个人的目光很重要。当我们与人交流时,首先从注视对方的眼睛开始。

1. 注视的区域

目光所及之处就是目光的注视区域。一般情况下,双方的关系不同,注视的区域也不同。

(1) 严肃注视区域

严肃注视区域指以双眼为底线、额中为顶点所构成的三角区域。注视对方的这个区域会显得严肃、庄重，不含感情色彩，一般适用于商务谈判、贸易洽谈等。在商务谈判时看着对方的严肃注视区域，就会显得严肃、认真，对方也会感到你很有诚意。

（2）社交注视区域

社交注视区域指双眼至上嘴唇的三角区域。注视对方的这个区域显得友好、尊重、亲切、温和和自信，给人一种平等、轻松的感觉，适用于各种社交场合，比如各种酒会、舞会、宴请等，或是同事、上下级、朋友之间的交谈。但在注视对方的这个区域时，不要聚集于一处，以散点柔视为宜。如果一个学生犯了错误，教师将他叫到办公室进行批评教育的时候，就应该注视学生的社交注视区域。这样会给学生一种平等的感觉，使学生易于接受老师的建议。

（3）亲密注视区域

亲密注视区域指下嘴唇到胸部的三角区域。注视对方的这个区域带有亲昵、爱恋的感情色彩，适用于亲人、恋人、家庭成员之间。对于初次相识的人，或与自己关系一般的异性，更要注意不可注视此区域。

一般情况下，与他人相处的时候不宜注视对方的头顶、大腿、脚和手，或是"目中无人"。对于异性而言，通常不应该注视肩部以下，尤其不要注视胸部、裆部、腿部。

2. 注视的时间

在交往过程中，注视对方的目光除了注视区域要讲究礼仪外，目光在对方面部停留的时间也有讲究。按注视礼仪要求，与人交谈或谈判时，视线接触对方面部的时间应占全部谈话时间的30%～60%。对于关系不熟或关系一般的人，不能长时间注视，否则就是一种失礼行为。

解读对方注视的时间也能够洞悉对方的交往态度。比如，注视对方的时间不足相处时间的1/3，表示瞧不起对方或对对方所讲的话不感兴趣；如果注视对方的时间比较长，超过了全部相处时间的2/3，情况就比较复杂，可能是对对方本人发生了兴趣，或是对方很老成而自己很天真，或是在谈判中表示自信和力量，或是想从对方那里得到更多信息，等等。

教师在与学生交往时，更要注意对学生的注视时间，不要长时间凝视学生，否则会给学生一种不信任或居高临下的感觉；也不要看一眼马上转移，即目光躲闪，否则会失去教师的尊严。

3. 注视的方式

与人交往时注视对方的方式也是很有学问的,不同的注视方式有不同的含义。注视方式一般有以下几种。

(1) 直视

直视即直接注视对方,表示内心坦荡或尊重对方。

(2) 对视

对视即直视对方的眼睛,表示大方、坦诚或关注对方。

(3) 扫视

扫视即目光在某点或某部位移来移去,表示好奇、吃惊或者希望引起重视。

(4) 斜视

斜视即从眼角的一侧注视对方,表示怀疑或轻蔑,是很不礼貌的一种行为。

4. 解读目光

在中国,因为风俗文化的差异,人们不太习惯在交流时长时间看对方的眼睛,总是要礼貌地回避一下。但在国外,比如法国、意大利、美国、加拿大等欧美国家,人们在目光交流时喜欢直视对方,表示真诚和对你的关注。在亚洲、非洲部分地区的人们,交流时习惯回避对视。

教师在与学生的交往中更不可忽视眼神的交流,因为教师的眼神能够使学生感受到教师对自己的看法,对学生的行为表现有重要影响。比如,在学生回答问题时,教师要注视他的眼睛,让学生感受到老师对他的信任;当学生回答问题不畅时,教师要配以鼓励的目光;当学生提出问题时,教师对学生的积极思考要表示赞赏并配以欣喜的目光。教师要真诚地对待每一个学生,如果教师忽视与学生眼神的交流,丢掉的是与学生交往的诚意,失去的是学生对自己的尊重与信任。

(二) 笑容

笑容是人类最美的语言,更是拉近教师与学生距离的简便易行的方法。与人交往时面带笑容,不但能让对方产生信任感,使自己容易被对方接受,而且还能表现出自己乐观向上、自信快乐的心境,这样的人才具有吸引别人的魅力。教师的笑容可以创造一种和谐融洽的气氛,让学生倍感愉快和温暖。

1. 微笑的礼仪规范

微笑要笑得自然真诚。"成于中而形于外",微笑是发自内心的,是表里如一的。如果微笑不是发自内心,就是假笑。这种笑容是没有感染力的,会让人觉得不自然。微笑要笑得适宜,并且要注意场合、对象。与人初次见面时,微笑要不卑不亢并符合礼仪规范,给别人留下良好的第一印象;好友见面时,微笑就是发自内心的亲切。微笑时要笑得意向明确,不可坏笑、傻笑、讥笑,要该笑的时候笑;微笑要表里如一,还要始终如一。标准的微笑动作是嘴唇两端向上移动,略呈弧形,露出6~8颗牙齿。

2. 微笑的训练方法

(1) 对镜微笑训练法

对镜微笑训练法是一种常见、有效和颇具形象趣味的训练方法。训练时端坐镜前,着装整洁,保持心情轻松、愉快,调整呼吸直至自然顺畅,静心3秒钟后开始练习微笑。微笑时双唇紧闭使嘴角微微翘起,面部肌肉要舒张开来,同时注意眼神的配合,使之达到眉目舒展的微笑面容。为了能够发自内心的真诚微笑,可以放轻松愉快的背景音乐,这样训练起来不会感到枯燥乏味。

(2) 筷子微笑训练法

筷子微笑训练法,也称日式微笑训练法。训练时首先坐好,然后放松面部肌肉,用门牙轻轻地咬住筷子,嘴角对准筷子,嘴角两边要翘起,观察连接嘴唇两端的线与筷子是否在同一水平线上,保持这个状态,轻轻拔出筷子,练习维持这种状态。

在师生情感的交流过程中,面部表情是师生情感交流的"媒介"。教师不仅要通过言语向学生传情达意,而且要通过表情向学生传递信息,表达自己的教育意图,从而启迪学生、引导学生、感染学生。学生往往是通过教师表情的变化去觉察教师情感的变化。正是这种教育的情感性特征,决定了教师要注意自己的表情,无论是在课堂内还是在课堂外,教师在学生面前都应保持和蔼、亲切、开朗、精神饱满的面部表情状态。

第四章
支教志愿者的团队与团队工作

"团结就是力量",这是大家都非常熟悉的一句话,如果从管理的角度,把它改成"团队就是力量"也是非常恰当的。在一个组织之中,如果没有团队合作精神,个人的计划再仔细,可能也难以完满实现预定的目标。无论是一个家庭,还是一个公司或是一个社会,乃至一艘船舶,一个人的本事再大,能力再强,要做成一件事,没有其他人的帮助和支持是很难成功的。

第一节　团队与团队角色

一、什么是团队

一个人构不成团队，两个以上个人的集合体也未必是团队。同在车站等车、码头候船的乘客、电影院里的观众、排队买东西的顾客等，都称不上是团队。

团队是由两个或两个以上的人组成的，通过人们彼此之间的相互影响、相互作用，在行为上有共同规范的一种介于组织与个人之间的一种组织形态。通俗地说，它是由一起工作以完成共同任务的个体组成的一个群体。其重要特点是，团队内成员间在心理上有一定联系，彼此之间发生相互影响。那些萍水相逢、偶然汇合在一起的一群人，虽然在时间、空间上有些共同的特点，但他们之间在心理上没有什么相互影响和相互作用，因而称不上团队。团队形成的基本要素包括四个方面。

（一）成员们有着共同的目标

为完成共同目标，成员之间彼此合作，这是构成和维持团队的基本条件。事实上，也正是这共同的目标，才确定了团队的性质。组织则不同，它是先有结构，后有任务、目标和发展方向。团队必须是先有目标，后有团队。更为重要的是，团队的目标赋予团队一种高于团队成员个人总和的认同感，这种认同感为如何解决个人利益和团队利益的碰撞提供了有意义的标准，使得一些威胁性的冲突有可能顺利地转变为建设性的冲突，也正因为有团队目标的存在，团队中的每个人才能知道个人的坐标在哪儿，团队的坐标应在哪儿，否则黑白颠倒，轻重不分，团队将面临灭顶之灾，也失去了其存在的价值。再说，正因为团队目标的存在，才使得团队成员能在遇到紧急情况、面临失败风险等情况下全身心地投入，统一思想，形成合力，除了团队，没有一个人能够做到这一点，因为这些事件是对他们整体的挑战。

(二) 各成员之间相互依赖

从行为心理上来说,成员之间在行为心理上相互作用,直接接触,彼此相互影响,各自意识到团队中的其他个体,相互之间形成了一种默契和关心。不论何时何地,成员之间都会相互给予支持,且彼此协作,共同努力完成所需要完成的各项工作。

(三) 各成员具有团队意识

团队成员具有归属感,情感上有一种认同感,意识到"我们是这一团队中的人""我是这一群体中的一员"。每个人都发自内心地感到有团队中他人的陪伴是件乐事。彼此心理放松,工作愉快。所以说,团队意识和归属感在团队工作中有深刻意义。

(四) 各成员具有责任心

所有成功的团队,其队员都要共同分担他们在达到共同目标中的责任。正常情况下,没有一个团队中的成员是不承担责任的,如果大家都不承担责任,实现共同的目标无疑是一种空中楼阁。请试想一下"领导让我负责"和"我们自己负责"之间的微妙却重要的区别。前者可导致后者,但是,没有后者,就不会有团队。"我们自己负责"这么一句简单的话,却道出了一个核心问题,那就是我们自己对团队的承诺,以及团队对我们的信任,事实上当我们为了一个共同的目标走到一起的时候,也就不可避免地承担起对团队的责任来。

二、良好团队的特征

一个处于良性运转的高绩效团队必须具备以下一些显著特征,而正是由于有了这些特征,一个群体组织才能称之为良好团队或高绩效团队。

(一) 明确的目标

团队对于主要目标有清楚的了解,并坚信这一目标包含着重大的意义和价值。而且,这种目标的重要性还激励着团队成员把个人目标升华到团队目标中去。在有效的团队中,成员愿意为团队目标作出承诺,清楚地知道希望他们做些什么工作,以及他们之间怎样共同工作和完成任务。

(二) 相关的技能

团队是由一群有特定能力的成员组成的。他们具备实现理想目标所必需的技术和能力,而且相互之间有能够良好合作的个性品质,从而能够出色完成任务。后者尤为重要,但却常常被人们忽视。有精湛技术能力的人并不一定就有处理团队内关系的高超技巧,也不一定就能对团队目标实现作出贡献,但良好团队的成员往往兼而有之。

(三) 良好的沟通

这是团队一个必不可少的特点。团队成员通过畅通的渠道交换信息,包括各种言语和非言语信息。此外,管理层与团队成员之间良好的信息反馈也是正常沟通的重要特征,有助于管理者指导团队成员行动,消除误解。就像一对已经共同生活多年、感情深厚的"夫妇"那样,团队中的成员能迅速地相互理解,具有一致的想法和情感。

(四) 一致的承诺

团队成员表现出高度的忠诚和承诺,为了能使团队获得成功,他们愿意努力去做事情。我们把这种忠诚和奉献称为一致的承诺。对成功团队的研究发现,团队成员对他们的群体有认同感,他们把自己属于该群体的身份看作是自我的一个重要方面,因此,一致的承诺特征表现为对团队目标的奉献精神,愿意为实现这个目标而调动和发挥自己的最大潜能。

(五) 有效的领导

有效的领导能够让团队跟随自己共同度过艰难的时期,因为他能为团队指明前途所在。他们向成员阐明变革的可能性,鼓舞团队成员自信心,帮助他们更充分地了解自己的潜力。优秀的领导者不一定非得指示或控制,高效团队领导者往往担任的是教练和后盾的角色,他们对团队提供指导和支持,但并不试图去控制它。当前很多管理者已开始发现这种新型的权力共享方式的好处,或通过领导培训逐渐意识到它的益处，但仍然有些思想僵化、习惯于专制方式的管理者无法接受这种新概念，这些人应该尽快转换自己的老观念，否则就将被淘汰。

(六) 相互的信任

成员间相互信任是团队的显著特征，这就是说，每个成员对其他成员的行为和能力都深信不疑。我们在日常的人际交往中都能体会到信任这东西是相当脆弱的，需要花大量的时间去培养又很容易被破坏。而且，只有信任他人才能换来他人的信任，不信任只能导致相互的不信任。因此，要维持团队内的相互信任，还需要引起管理层足够的重视。组织和管理层的行为对形成相互信任的团队氛围很有影响。如果组织崇尚开放、诚实、协作的办事原则，同时鼓励团队成员的参与和自主性，则比较容易形成相互信任的环境。

三、团队角色

一个完整的团队是由众多的角色组成的，英国贝尔宾博士通过对数千个团队长时间的研究得出一个结论：优秀的团队由九种角色构成，他们包括实干者、协调者、推进者、创新者、信息者、监督者、凝聚者、完美者以及技术专家。

(一) 实干者

实干者非常注重现实和传统，甚至有些保守。他们崇尚努力，计划性强，喜欢用现实的方法解决问题。实干者有很好的自控力和纪律性，对组织的忠诚度高，为组织整体利益着想而较少考虑个人利益。他们对工作有一种责任感，效率很高，守纪律。

由于实干者的可靠性、高效率及处理具体工作的能力，他们的作用是巨大的，这些人不是根据个人兴趣，而是根据组织需要来完成工作。正因为这样，好的实干者会因他们出色的组织技能和完成重要任务的能力而胜任较高的职位。

(二) 协调者

协调者通常能代表成熟、自信和信任。他们办事客观，不带个人偏见，除权威之外，他们更有一种个性的感召力。在人际交往中，他们能很快发现每个人的优势,并在实现目标的过程中妥善运用,所以协调者常因其具有开阔的视野而广受尊敬。通常在一个团队当中,即便这个协调者没有担当什么领导角色,也往往会成为一种民间的领导,大家更容易团结在他的周围,听从协调者的判断和建议。协调者冷静,不会高度情绪化,更不会大发雷霆,他们相信自己代表这个团队中的公众势力,有很好的自控力。

协调者擅长领导一个具有各种技能和各种个性特征的群体,善于协调各种复杂的关系,他们的座右铭为"有控制的协商",只要在可控制的范围内什么事都可以商量,他们喜欢平心静气地解决问题,不喜欢争执和运用权势压人。

(三) 推进者

推进者往往是一个言出必行,办事效率非常高的人。他们的自发性非常强,目的非常明确,有高度的工作热情和成就感。在推进过程中,如果遇到问题和困难,他们总能找到解决问题的办法。推进者大多性格比较外向,干劲十足,在人际关系方面比较喜欢挑战别人和争辩,而且在争论中不赢不罢休。推进者大都以自我为中心,缺乏相互理解。推进者的典型特征是挑战性。他们喜欢挑战别人,没有结果誓不罢休,对于新观点接受更快,富有激情,工作中总可以看到他们风风火火的劲头。

推进者常常是行动的发起者,他们在团队中活力四射,尤其在压力下工作精力旺盛。推进者一般是高效的管理者,敢于面对困难并且义无反顾地快速工作,敢于独自做出决定而不介意别人是否反对。

(四) 创新者

创新者都拥有高度的创造力。他们的思路开阔,观念新,富有想象力,是"点子型的人才"。他们在工作中善于产生新的创意,是否高明则另当别论,其想法有时会十分偏激和缺乏实际。创新者不受条条框框的约束,往往不拘小节和不恪守规则。他们中有许多人性格内向,以奇异的方式工作,而与人打交道是他们的弱项。他们不太喜欢遵守时间的规则,道理很简单,如果他们遵循传统规则,就很难创新,他们喜欢按照自己的方式生活和工作。但有时比较趋于个人主义,总是从自己的想法,个人的思维出发,不太考虑周围人的感受。

创新者在团队常常提出一些新想法,这对团队开拓新的思路很有帮助。通常在一个项目刚刚启动的时候,或团队陷入困境的时候,创新者显得非常重要。

(五) 信息者

信息者是一个对外界信息非常敏感的人,往往能最早知道外界的变化。他们通常在自己的座位上静坐不住,而要不断到别的地方去走动,以收集团队、组织中的信息。信息者手机、电话响的频率比较高,因为他们需要不断地交往。他们往往表现出高度的热忱,是一个反应非常敏捷、性格相对外向的人,他们是天生的交流家,喜欢聚会和交友,在交往中获取信息,并不断加深朋友间的友谊。信息者对公司、团队内外的信息都了如指掌,除了正规的渠道之外,很多小道消息也是从信息者当中传出来的。

信息者对于团队的作用是调查团队内外的意见,调查某件事情的进展,他们适合做的工作是外联和持续性的谈判工作。

(六) 监督者

监督者通常比较严肃、严谨、理智和冷静,表现出冷血气质。他们在工作中不会过分热情,也很少表扬下属,但并不意味着不认可下属。监督者不太容易情绪化,常常与其他人之间保持一定的距离。监督者有很强的批判性,凡事都要找出一些问题,他们在做决定的时候非常谨慎,思前想后,综合考虑各方面的因素,一个好的监督者几乎从不出错。

监督者在团队中的作用很明显,他们善于分析和评价,善于权衡利弊、选择方案。

(七) 凝聚者

凝聚者是团队中很积极的成员,他们善于与他人打交道,可贵的地方是善解人意,总能够关心、理解、同情和支持别人。凝聚者通常处事非常灵活,能够把自己同化到群体中去,让自己去适应别人的观念和想法,适应周围的环境。也有人说凝聚者是自我牺牲型的人,他们通常在团队当中是最"听话"的,不会发表对于他人不利的观点和想法,通常凝聚者在团队中不会对其他人构成威胁,因而在团队中广受欢迎。当团队有问题、有矛盾、关系复杂和冲突比较多的时候,凝聚者的作用非常重大。

凝聚者善于调和人际关系,在冲突的环境中,凝聚者的作用非常明显,他们的社交能力和理解能力是化解矛盾与冲突的资本。有凝聚者在的时候,人们能够协作得更好,他们是真正的团队润滑剂。

(八) 完美者

完美者具有一种持之以恒的毅力,做事非常注重细节,力求完美和追求卓越。许多完美者性格较为内向,其工作动力源于内心的渴望,他们几乎不需要外界的刺激就能主动、自发地去开展工作。他们不太可能去做那些没有把握的事情,从不打无把握的仗。完美者对工作的要求很高,对下属也同样,通常下属与他一起工作的时候会觉得很辛苦。完美者工作非常细致,对于工作的标准要求很高,总是担心授权下属去完成任务会得不到他所期望的结果,喜欢事必躬亲,不太愿意授权。

对于重要的、高难度或高准确性的任务,完美者起着不可估量的作用,他们善于按时间表一步步完成任务,有一种紧迫感,在管理方面,他们崇尚标准,注重准确,关注细节,因为坚持不懈而比别人更胜一筹。

(九) 技术专家

技术专家热衷于自己的本职专业,甘心奉献,他们为自己所拥有的专业和技能自豪。他们的工作就是要维护一种标准,而不能降低这个标准。他们陶醉在自己的专业中,是某个领域里绝对的权威。

技术专家在团队中的作用不可或缺,他们为团队的产品或服务提供专业工作方面的支持。由于他们在专业领域掌握的技能比其他人都多,所以他们要求别人能服从和支持。但是,他们中间有许多人缺乏管理方面的经验。

在团队中,通常创新者首先提出观点,信息者及时提供信息,实干者开始运筹计划,推进者希望散会后赶紧实施,协调者在想谁干合适,技术专家在考虑可行性,监督者开始泼冷水,完美者吹毛求疵,凝聚者润滑调试等,团队的价值就在于通过组合而达到完美。应指出的是,一个人在团队中的角色并不完全是单一的,有时一个人可以充当不同的角色。

第二节　支教志愿者团队工作

一、团队工作如何开展

(一) 组建

多个个体的联合称为一个组,为了共同的目标而工作就必须组建团队。这主要应完成两方面的工作:一方面是形成团队的内部结构框架,另一方面是建立团队与外界的初步联系。

1. 形成团队的内部结构框架

团队的内部结构框架主要包括团队的任务、目标、角色、规模、领导、规范等。在其形成过程中,必须明确以下问题:(1)是否应该组建这样的团队？(2)团队的任务是什么？(3)团队中应包括什么样的成员？(4)成员的角色分配如何？(5)团队的规模要多大？(6)团队生存需要什么样的行为准则？

2. 建立团队与外界的初步联系

由于支教志愿服务的特殊性,建立团队与外界的初步联系主要包括:(1)建立起团队与组织的联系。(2)确立团队的权限。(3)建立对团队的绩效进行考评、对团队的行为进行激励和约束的制度体系。(4)建立团队与组织外部的联系与协调的关系。

在团队组建之初,团队成员比较关注工作的目标和工作程序。在人际关系的发展方面,成员之间相互了解和相互交往,彼此呈现出一种在一起的兴趣和新鲜感;在行为方面,他们不会轻易投入,大都保持礼貌和矜持等。

(二) 冲突

团队经过组建以后,隐藏的问题逐渐暴露,团队内部冲突可能会加剧。虽然团队成员已接受了团队的存在,但对团队加给他们的约束可能会予以抵制。他们可能会对谁控制这个团队还存在争执或互不服气的现象。在这一阶段,热情往往让位于挫折和愤怒。冲突的类型包括成员与成员之间、成员与环境之间、新旧观念与行为之间三种。这时候团队成员就要化解各种矛盾冲突,进行良好的沟通和协调。

(三) 规范

经过一段时间的冲突,团队会逐渐走向规范。在这个阶段中,团队内部成员之间开始形成亲密的关系,团队表现出一定的凝聚力。这时团队成员会产生强烈的团队身份感和友谊关系,彼此之间保持积极的态度,表现出相互之间的理解、关心和友爱,并再次把注意力转移到工作任务和目标上来,大家关心的问题是彼此的合作和团队的发展。他们对新的技术、制度也逐步熟悉和适应,并在新旧制度之间寻求某种均衡。团队和环境之间的关系也逐渐地理顺。这时候,团队面临的主要危险是团队的成员因为害怕遇到更多的冲突而不愿提出自己好的建议。此时的工作重点就是提高团队成员的责任心和权威、鼓励他们多提建议。

(四) 执行

在这个阶段,团队结构已经开始充分地发挥作用,并已被团队成员完全接受。团队成员的注意力已经从试图相互认识和理解转移到充满自信地完成自己的任务。至此,人们已经学会了如何建设性地提出不同意见,能经受住一定程度的风险,并且能用他们的能量去面对各种挑战。大家高度互信、彼此尊重,也呈现出愿意接收团队外部新方法、新输入和自我创新的学习性状态。整个团队已熟练掌握如何处理内部冲突的技巧,也学会了团队决策和团队会议的各类方法,能通过团队会议来集中大家的智慧作出高效决策,并通过大家的共同努力去追求团队的成功。

二、团队工作内涵

(一) 团队的凝聚力

团队的凝聚力是针对团队和成员之间的关系而言的。团队精神表现为团队成员强烈的归属感和一体性,每个团队成员都能感受到自己是团队当中的一分子,把个人工作和团队目标联系在一起,对团队忠诚,对团队的成功感到自豪,对团队的困境感到忧虑。所以国有企事业单位在改革发展过程中,要不断增强员工的凝聚力,不断增强团队的凝聚力。一是要求团队的领导要采取民主的方式,让团队的成员敢于表达自己的意见,积极参与组织的决策。二是建立良好的信息沟通渠道。让员工有地方、有时间、有机会向领导反映问题,互通信息,化解矛盾。三是建立健全奖励及激励机制。个人奖励和集体奖励具有不同的作用,集体奖励可以增强团队的凝聚力,会使成员意识到个人的利益和荣誉与所在团队不可分割。

(二) 团队的合作意识

团队的合作意识是指团队和团队成员表现为协作和共为一体的特点。团队成员间相互依存、同舟共济、互相敬重、彼此宽容和尊重个性的差异;彼此间形成一种信任的关系,待人真诚、遵守承诺;相互帮助和共同提高;共享利益和成就、共担责任。

良好的合作氛围是高绩效团队的基础,没有合作就无法取得优秀的业绩。所以,我们在工作中,要努力培养团队成员的合作意识。一是要在团队内部积极营造融洽的合作气氛。团队的精髓就是在于"合作"二字。团队合作受到团队目标和团队所属环境的影响,只有团队成员都具有与实现目标相关的知识技能及与他人合作的意愿,团队合作才有可能取得成功。二是团队领导者首先要带头鼓励合作而不是竞争。三是制定合理的规章制度及合作的规范。要想有效推动合作,管理者必须制定一个被大家普遍认同的合作规范,采取公平的管理原则。四是要强调大家的共同长远利益,管理者要使团队成员拥有共同的未来前景,使大家相信团队可以实现目标,主动开展合作。五是要建立长久的互动关系。作为团队的管理者,要积极创造机会使团队成员不断增进相互间的了解,融为一体。如组织大家集中接受培训、开展各种有益的文体娱乐活动、组织各类竞赛或者采取多种激励活动,等等。

(三) 团队士气

团队士气是团队精神的一个重要方面。拿破仑曾说过,"一支军队的实力四分之三靠的是士气"。将这句话的含义延伸到现代企业管理,为团队目标而奋斗的精神状态对团队的业绩非常重要。所以,我们在管理中,要始终关注员工士气的高低,以提高工作效率。一是要采取措施让员工的行为与团队的目标一致。如果团队成员赞同、拥护团队目标,并认为自己的要求和愿望在目标中有所体现,员工的士气就会高涨。二是利益分配要合理。每位员工进行工作都与利益有关——无论是物质的还是精神的,只有在公平、合理、同工同酬和论功行赏的情形下人们的积极性才会提高,士气才会高昂。三是要充分发挥员工的特长,让员工对工作产生兴趣。员工对工作热爱、充满兴趣,士气就高,因此,团队的管理者应该根据员工的智力、能力、才能、兴趣以及技术特长来安排工作,把适当的人员安排在适当的位置上。四是实行民主管理。团队内部的管理方式,特别是团队的管理层的领导方式对员工的积极性影响很大。管理层作风民主、广开言路、乐于接纳意见、办事公道、遇事能与大家商量、善于体谅和关怀下属,这时士气就会非常高昂。五是营造和谐的内部环境。团队内人际关系和谐、互相赞许、认同、信任、体谅,这时凝聚力就会很强。六是要进行良好的沟通。管理层和下属之间、同事之间的沟通如果受阻,就会使员工或团队成员出现不满的情绪。

(四) 处理好团队内部的人际关系

良好的人际关系是团队运作的润滑剂。人际关系的主要特点就在于它具有明显的情绪体验色彩,是以自己的感情为基础来建立的。生活中,工作中,我们都会有这样的感觉,不同的人际关系带给人们的情感体验不一样,亲密的关系会使人愉快,而对抗的关系则会让人烦恼。

为了较好地改善人际关系,我们一是要理出与他人关系相对紧张的团队成员的名单。二是要具体分析与谁的关系最为紧张。三是从利人利己的观念出发,找出存在的障碍。四是对于个人可以解决的问题,要在自己的范围内设法解决,不能解决的,借助组织的力量,找准时机,寻求解决。

什么是团队。团队是指在工作中紧密协作并相互负责的一小群人,他们拥有共同的目的、绩效目标以及工作方法,且以此自我约束。团队是相对部门或小组而言的。部门和小组的一个共同特点是:存在明确内部分工的同时,缺乏成员之间的紧密协作。团队则不同,队员之间没有明确的分工,彼此之间的工作内容交叉程度高,相互间的协作性强。

三、团队协作的方法

所谓团队协作的方法,是指团队的每个成员都知晓行为的预期过程,并做出自己的最大贡献,以便最大限度地减少错误所导致的影响和把事故发生的可能性减低到绝对小的程度。

良好的团队协作方法要求:

(1)团队领导力求坚定,但又不失灵活和友好。这与专制系统对照而言,专制系统里所有的事情都是由一人决定。如果专制的领导犯了错误,就很少或没有检查或反馈。同样地,如果缺乏坚定的领导,各行其是的"自由主义"模式也一样糟糕。(2)团队每一成员各司其职,而管理人员则需要随时监督生产和操作行动的正确性。管理人员负总责但不能专制。管理人员的热情、友好的评价和幽默有助于激励团队。(3)决策的时候要基于事实,而不能基于个人偏见和主观臆断。(4)团队每一成员的贡献自有其价值,这有强烈的激励作用,因为所有的行动都是团队的共同决策而不仅仅是上级的决定。(5)团队能顺利地接纳新的成员,如外来务工人员,同样,外来务工人员也要表现出相当的灵活性、应变性,尽快使自己成为团队的成员之一。(6)团队每一成员都应留心所发生的任何情况以便及早发现失误并避免失误链的形成。(7)成员间要有良好的沟通,不要害怕询问管理人员或者技术人员。(8)团队工作应遵照规定的标准操作程序和生产计划等。(9)团队成员间要相互提供支持,要共同按照管理人员的决策和授权办事,因为管理人员往往控制和了解全局。(10)所有团队人员必须记住:第一,保持不间断的警戒;第二,加强情景意识;第三,对特定情况的预先考虑;第四,安排好优先顺序;第五,良好的沟通和通信;第六,良好的健康状况;第七,适时提出建议和询问;第八,日常的交叉检查。(11)所有团队人员要时刻警惕:第一,不愿请求援助;第二,不愿指出上级的错误;第三,对小问题纠缠不清而忽视了优先考虑大问题。

第三节　完善志愿服务团队参与支教的对策

一、完善组织架构

(一) 组织去"行政化"

去除志愿组织的"行政化",按照学生组织原本的运行规律来发展,按照原本的自主管理运行方式来运行。志愿组织结构变革目的就是减少组织的复杂化程度,这就需要根据组织管理层次和控制幅度的变化,合理分配组织层级之间、部门之间的权责关系。在志愿组织的横向结构中,组织变革主要体现在以下两个方面:一是志愿组织在一开始发展的时候会把决策和执行放在重要位置,对于监督等的重视程度较低,但在后期的发展过程中,要不断加强对咨询和监督等的重视程度,保持一定的平衡。二是组织与组织之间,成员与成员之间以及组织内部的不同部门之间要不断加强沟通与交流,这样才能更好地协调配合,使组织能够适应社会发展的要求,结构和发展模式更加合理。在纵向结构中,要使志愿服务组织的结构由原来集权的金字塔型结构转变为分权的扁平化结构,以此来提高管理效率。

志愿服务组织能否发展、如何发展,很大程度上取决于管理部门的态度,因此,要恰当界定管理和志愿服务组织的关系,这是真正解决志愿服务组织行政化问题的立足之本。首先,上级管理部门要对志愿服务组织进行充分的了解,明确它的作用,要能够激励志愿服务组织不断的发展和进步。其次,上级管理部门要给予志愿服务组织原有的自主管理权,不能再以领导者的身份不断去干涉和控制其自主发展,能够让其按照自己的运行规律开展活动,决定自己的成员组成和管理模式。再次,上级管理部门要简化规则,不断转变职能,创新监管方式,并且能够为保障志愿组织顺利的发展创造条件。当然,管理部门改变志愿服务组织原有的权力关系和运行模式，并不代表着直接放手不管，而是要打造"空气管理部门"，使志愿服务组织感受不到其管理，需要管理部门的帮助时又可以无处不在，例如为志愿组织提供持续性的专业培训、定期收集志愿者的意见并且不断改进等。

志愿服务组织的可持续发展离不开完善的制度体系，只有不断地完善制度，才能够实现组织的良好运作。要想实现志愿服务组织的去"行政化"，志愿服务组织就要在日常运行中不断地完善制度建设。例如，可以适当降低志愿服务组织的准入门槛，将原来复杂的制度规定不断地精简完善；经费不足作为志愿服务组织的一大难题也是由于经费保障制度的不够完善，所以在做年度规划时要将其纳入注意事项，不断完善制度建设，针对性的加强经费支持。

志愿服务组织要不断完善组织结构，提高管理水平，才能在志愿服务层次和范围有突破性发展。要创新管理模式，在规划设计志愿服务组织管理系统时，应该避免墨守成规，采用灵活的模式，应不断了解志愿组织成员的想法，并能够满足其合理要求，在不断的。摸索进步中找寻适合志愿服务组织的管理模式。要建立健全志愿服务交流机制，为志愿者创造能够进行顺畅交流的优良环境。既可以加强志愿者们认识和了解程度，也可以不断交流学习支教经验，分享收获，促进彼此的进步。

（二）加强组织监管

加强志愿组织的权力监管并进行合理分配。志愿组织在管理一般事项时是不断由集权转向分权型管理，而在管理宏观事项时与一般性事项的管理恰好相反。对于一般事务的管理，志愿团队应逐步由过去单纯的直线型权力关系转变为直线关系和参谋关系相结合的状态，发挥参谋权的积极作用，在整个支教活动的进行过程中，要加强团队成员之间的沟通和协调，志愿团队要在宏观层面上进行统一协调和管理，维持良好的秩序。

完善志愿团队权力监督体系。比如实现监管部门的垂直领导，扩大监管部门的职权，强化监管手段和完善相关监督制度。对"一把手"领导者的监督，不仅要推行和深化事务公开透明，防止以权谋私的行为，而且要加强群众监督和舆论监督的机制建设，以此约束领导者行为。同时要建立惩罚机制，对于领导者滥用职权等不公正行为加大惩罚力度，以此起到震慑约束其他领导者的作用。

加强志愿服务活动监管，实行"空间＋时间"形式的评价方式。使用手机 App

等多媒体形式加强对支教服务活动的行程与时长管理,为每一位志愿者建立档案,并对志愿者支教服务进行考评后的情况进行公示,在公示期接受其他志愿者的不同想法与质疑,并在公示以后如实记录在档案中。在支教活动的前期准备、活动开展以及活动总结等各个阶段,要注重沟通与交流,广开言路,重视其他志愿者的不同建议,有好的建议也要及时采纳,可以运用360度考评法,让管理者、团队内的志愿者以及支教地的领导和学生都可以参与进来,全方位地对支教项目的成效进行评定,并且给予及时的反馈,根据他人的建议不断地完善组织的管理和项目的运行。

(三) 构建工作体系

一是明确组织目标设计,要根据学校统一领导,遵守志愿服务组织发展的制度条例,明确正确发展方向。使每一个志愿者的小我能够融入祖国的大我之中,使支教服务能够真正地为贫困地区的教育发展和脱贫事业贡献一分力量。既要坚持一切从实际出发、实事求是的原则,根据贫困地区的实际制定组织工作目标;又要在整个支教活动开展过程中充分发挥志愿者的优势,在不断地摸索进步中完善志愿服务组织建设。

二要坚持问题导向。加强不同院系支教团队的整体性和关联性研究,系统梳理和分析支教活动中出现的问题和原因,解决组织发展中改革滞后、制度不完善、服务质量不高、组织保障不力、活动支撑不足、活动成效不够等难题,要及时发现问题并及时解决问题。不断根据志愿者自身的特点,改变支教活动中不适合团队运行的工作方式和管理方式,坚持以问题为导向,不断提高支教服务水平和志愿者的综合素质。

三要加强协同推进。志愿组织既要根据组织的活动运行情况不断加强志愿服务活动的丰富度,又要学会借助其他部门的力量协同推进工作的运行,将组织内的志愿服务工作融入学校的志愿服务体系中,学习其他志愿服务组织的先进经验,提高本组织的规范性,做好志愿服务档案的记录与更新,不断完善志愿服务活动的保障机制。改善过程管理、健全保障机制、营造氛围环境、明确部门职责,破除思维定式和组织隔阂,统筹党员、团员、教师、学生各类人员力量,鼓励参与贫困地区支教服务,加强志愿服务组织建设,推进志愿服务组织间"人、财、物"的共享,鼓励志愿者骨干在组织间的流动,动员学校各个单位参与志愿服务体系和志愿者活动,为贫困地区支教活动提供必要的支持。

二、规范管理运行

(一) 拓宽招募渠道

实行内部招募和外部招募相结合。内部招募与外部招募的有机结合是最佳的招募方式,结合匹配的方式可以视组织目标需求等状况而定。志愿团队可以在组织内部固定成员中进行内部招募,或者通过其他志愿团队推荐优秀的志愿者,挑选合适的人员进行补缺,能够激励志愿者的士气,有助于志愿者形成对组织目标的认同和支持,同时也可以更快地适应组织氛围和组织文化。同时,志愿团队可以从外部的各种渠道获取人员来补充空缺,这样能够给组织带来新的想法、技能,显示组织的开放性。

拓宽招募渠道能够选拔更多适合贫困地区支教的优秀支教成员。招募志愿者前要加强宣传力度,运用线上和线下两种方式扩大宣传影响,这样可以使同学们通过多种途径了解本团队的支教情况。同时拓宽志愿者的选拔渠道和选拔范围需要注意以下两点:一是不局限于社团所属学院,可以经常举办座谈会加强各学院之间支教社团的交流,相互推荐优秀的大学生,进一步优化团队内部结构,充分发挥优秀志愿者的力量。二是建立团队官方网站,加强宣传贫困地区支教服务活动,图文并茂的介绍支教活动,提高大学生的知晓度与参与积极性。也可通过微博、微信公众号和QQ公共平台推送支教以及招募消息,吸引更多的优秀大学生加入志愿团队,进而优化支教服务能力。

招募过程中,志愿团队要对各门学科进行综合考虑,制订出相对灵活的选拔方式。选拔形式可以是面试,可以是心理测试,也可以是学科知识与面试相结合等。同时很多支教团队由于意识上的忽视,将贫困地区支教志愿者的选拔标准等同于普通支教,弱化了志愿者的环境适应能力,因此在志愿者的环境适应能力的选拔过程中一定要到位,可以通过笔试、面试、情景模拟等选拔出具备相应环境适应能力和积极乐观心态的志愿者。总之,要选拔出综合素质较高、能够适应贫困地区环境的学生来参加支教实践,而不是硬性的规定志愿者需要具备哪些方面特长。

(二) 加强支教前培训

培训能够有效提高志愿者对服务的了解和认识,能够促进其对环境的更快融入,同时也可以明确志愿服务的意义和要达到的目标,明确自己作为志愿者的义务和责任以及在组织内要遵守的规章制度。因此,支教前培训应该作为志愿者组织在前期准备工作中的重点。作为一名合格的志愿者也应该充分了解自己所应该具备的要素、技能等,所以如果想成为一名合格的志愿者,就需要加强专业化的支教前培训。对志愿者进行专业化培训能够使志愿者能力得到专业化的提高,服务内容得到规范,是志愿者专业化建设的必然要求。

首先,要提高志愿者支教活动培训内容的质量。判断一次支教活动是否具有意义,应该从多方面进行思考,一是要看志愿者是否在支教结束后有所收获和自身综合素质的提高,二是是否给支教地的学生带去了知识与希望,是否让他们有想法和勇气走出贫困地区。因此,支教培训内容的合理设置对大学生志愿者具有重要意义。全面规范的培训内容应该具备学校介绍、规章制度介绍、专业知识培训、安全意识培训、实用经验介绍等。通过培训,志愿者能够对受支教点的环境、文化等有了一定的了解,也能够提高自身的专业化水平和安全责任意识,需要结合所在学校和学生的特点制定合适的课程内容和教学模式,同时也要关注受支教点学生的心理状况,可以通过谈心谈话等方式了解其心里的小秘密,并对其进行疏导,能够在支教过程中有针对性地进行支教,提供更专业的知识。

其次,要安排合适的培训方式和过程。支教前培训应该主要由学校制定统一的规划,下发到各个院系,由各院系召开动员大会,然后由负责的组织按规定进行准备与开展。学校规划的内容主要是培训的总体方向,并且说明相关制度规定与安排,各院系在召开动员大会时,要将相关安排与要求传达到位,并且采用合适的动员方式发挥出动员效果,志愿者组织再进行针对性培训,结合支教项目实际与志愿者的需求,由专业老师和有经验的学长学姐进行培训,确保培训的专业性和有效性。在培训后不能认为培训工作到此为止,在到达支教地后要经常进行开会总结,根据发现的问题有针对性地进行培训,这样才能够真正提高志愿者的服务水平。因为只有真正接触到支教学校的学生,在支教过程中不断发现问题,才能具有针对性的解决,因此长期持续的培训是非常有意义的。

最后,要对志愿者的培训情况进行全面考核。培训不是简单的上课下课,而是真正地将需要学习的内容进行吸收和融合。通过培训考核,可以清楚地知道团队成员对于相关知识的学习程度和目前存在的问题,通过分析原因可以在支教前具有针对性的解决培训过程中存在的问题,从而真正地构建一支专业的支教队伍,提高支教的实效性。

(三) 完善考评机制

完善大学生支教的考评体系,支教过程中要及时肯定志愿者们的优点和工作积极性,这样可以提高他们的自我认同感以及对于团队的归属感,同时也可以成为其他志愿者学习的榜样,起到一定的激励作用。

首先,建立多元化考评体系。学校管理部门、相关院系、支教团队要根据支教团队的总体运行情况建立规范的考评体系,考评可以通过两个方面来进行。一方面是对支教团队内有经验的管理者进行培训,培训过后成为支教团队中一员,建立考评小组,避免考评工作的不客观,除了进行支教服务还要随时对团队的志愿者进行观察与记录,观察的依据就是志愿者在支教服务过程中的表现和支教地老师和同学的看法,在整个支教活动进行过程中也要欢迎各位志愿者提意见和建议,保证考评工作的公平公正公开。另一方面是贫困地区学校对志愿者的支教服务进行考评,支教地学校可以适当地安排有经验的老师进行听课,观察志愿者的上课效果和授课模式,以及学生们的反应,课下也可以与学生们沟通他们的看法,综合评定志愿者的表现。另外,支教期间要召开每日会议和定期的总结反思会议,针对每天以及一段时间的支教活动中出现的问题进行反思,也可以规定每位志愿者会议过后记录每日感悟,总结自己认为比较适合的支教经验,为以后的支教活动奠定良好的基础。

其次,细化团队教学考评标准。精细的教学考评标准对于支教团队内志愿者的考评是十分重要的,依据明确更能体现考评工作的公平公正与公开,同时精细的考评标准也可以提高志愿者在贫困地区支教过程中的教学质量,志愿者可以以此考评标准作为目标不断完善自身的服务水平和服务质量,进而达成自己的教学目标,考评标准可以包括志愿者的前期教案的准备、创新思维、教学模式的针对性、课堂纪律的把控、与其他志愿者的配合、沟通能力等内容,通过将考评标准贯穿在整个支教过程中,加强对志愿者的监督,促使每个志愿者都能高标准对待支教服务。

最后,总结传递优秀支教经验。高校的志愿服务活动中支教服务类活动所占比重较大,贫困地区的支教服务也越来越受到大学生们的欢迎,但是如何真正地发挥支教服务的意义,总结和传递支教过程中的优秀经验具有很重要的作用,如何更好地记录和保存优秀经验,可以通过以下几个方面的完善与优化:首先为每个志愿者建立档案,将志愿者对支教学校的感想、好的支教经验或建议、自己犯的一些错误、需要注意的事项、自己的总结等放入档案袋,领队也可以将志愿者的考评结果放入档案袋,不断地记录与更新,同时也可以为学生们建立档案,记录学生的信息,以便于在下一次支教时能够在长期合作的贫困地区学校更快地开展针对性教学;其次,教学内容要结合贫困地区实际,在此基础上要有所创新,根据志愿者身上的优势合理地对教学内容进行完善,最后要形成统一的和规范的教学内容;最后,要建立与贫困地区学校的长期合作,定期进行沟通与联系,在支教结束后也要保持一定的联系,记录相关情况,更新学生的档案资料,真正地实现支教团队的可持续发展。

三、强化组织保障

(一)完善安全机制

提高志愿服务团队安全重视程度。高校可以在学期内和支教实践前集中开展志愿团队安全培训,将近年来支教实践过程中出现的安全问题以及造成的危害向同学们一一说明,加强志愿者的安全防范意识,以及常见的急救知识等,使志愿者具有一定的自救能力;志愿团队要根据支教具体情况制定安全保障措施,贫困地区本身地势复杂,交通不便,自然灾害频发,因此很多安全问题属于不可抗因素,只有提高对安全问题的重视程度,根据以往支教过程中的相关经验,提前做好安全准备以应对可能发生的各种问题,并且提前联系好当地学校以及医院,做好准备,在问题来临的时候才能更好地应对,更快地解决问题。

完善安全保障制度。支教过程中需要不断完善安全保障制度,提前制定预防措施,建立健全应急机制,这样才能够使志愿者的人身安全得到一定程度的保障。支教团队需要将安全保障制度贯穿于支教出发期间、正式支教期间和支教返程期间三个时间段。在支教出发期间,需要统一购买人身保险和订购车票,通过开会的形式向成员强调加强财产保护意识和在支教地的相关规定,例如:晚上禁止外出,不允许单独脱离队伍,必须征求负责人意见并由同伴陪同才可外出;在正式支教期间,支教领队需提前与学校校长和当地村委会进行沟通,了解当地的各种安全隐患和需要注意的风俗习惯,每个团队内需专门设置安全纪律监管人员,同时领队要承担起相关的安全责任,每天进行例行工作会议时需要重点强调安全问题,对志愿者行为进行约束,提高其安全意识。在支教返程期间,须将每人车票信息进行记录,保持联系,并将到家情况进行汇总,若出现特殊情况需与学校及其家人进行联系,采取相应措施。

(二) 拓宽经费投入渠道

加强宣传,提高社会各界知晓度。志愿者在贫困地区支教过程中的努力是非常重要的,但是要让志愿者能够更好地发挥作用,做好后勤保障工作,是离不开经费保障的,在这个过程中,需要社会各界的帮助与支持。随着支教活动日益增多,一些社会公益组织能够适当地参与其中,提供资金支持,并给予精神动员,促进了支教服务的顺利开展与运行。但只限于那些规模较大的支教活动,而很多支教活动都是在高校内开展的,社会各界很少知晓,也不了解支教活动的开展情况,有何影响,再加上高校支教团队也只是在校内宣传,因此很少有社会公益组织能够较好地参与到其中,支教活动也缺少了社会的支持与帮助。所以在此基础上,学校要加强宣传,可以通过邀请相关官方媒体进行采访,细致地对支教活动进行报道,使更多的社会公众能够了解当前高校内面对贫困地区的支教活动;也可以通过在官网更新支教活动信息,诚挚邀请部分专业社会爱心人员参与其中,全程跟踪报道;同时微博微信的功能也不能忽视,要利用微博微信的力量加强宣传力度,推送相关信息,生动形象地介绍支教活动。

设立支教专项资金。支教专项资金的设立能够有效促进贫困地区支教活动的可持续发展,也可以促进资金能够规范和安全的使用,因此高校有必要设立支教专项资金。高校可以通过与社会公益组织建立长期合作,将爱心人士和公益组织捐赠的物品和资金统一作为支教专项资金,支出和纳入明细要记录清晰,根据支教地的实际需求和支教项目的难易程度给予相应的资金支持,使贫困地区的支教活动能够更加规范化,有效保障支教活动的顺利开展。

（三）健全激励机制

高校开展贫困地区支教服务除了研究生支教团在支教期间会给予一定的生活补助，大部分团队开展支教过程中是没有金钱与物质报酬的，有些支教团队通常通过开展义卖的方式筹集部分资金用于购买支教物品，有些院系会给予部分路费补贴，但不具备给支教志愿者相应报酬的能力和条件，而且大学生志愿者支教的初衷也不是获得报酬，与贫困地区的支教的性质也不符合。所以现阶段大学生支教的激励机制的建立只能更多地从精神激励层面来考虑，大学生志愿者激励体系的建设，应该包括大学生的价值激励、成就激励、提升激励和快乐激励，要使大学生能够在贫困地区艰苦的环境下通过开展支教活动感受到自己支教的价值、支教的重要性、支教的收获和支教的快乐。

首先，支教团队要根据志愿者的特点采取针对性的激励。细节彰显伟大，要将日常性的肯定与赞美体现在支教过程中的每一个环节和细节之中，不断提高志愿者的自信心与自我认同感，这能够有效促进支教活动的顺利开展；可以设置荣誉奖项，在志愿者之间营造和谐竞争的氛围，希望他们可以通过自身的努力获得最后的志愿者之星；优秀志愿者称号对于志愿者来说也是有激励作用的，是对自身努力和价值的肯定；支教活动结束后也可以通过开会的方式对每一个志愿者的优秀表现给予肯定，并将其优异表现告诉所在院系，增加本院系对该志愿者的了解程度，也有利于志愿者能够在本院系进一步发挥自身的优势，做出一定的贡献。通过一系列具有针对性的激励措施，既能够营造良好的团队氛围，增强志愿者对团队的归属感，又可以真正体现激励的作用。

其次，贫困地区学校需要加强对支教志愿者的激励，学校可以经常召开志愿者支教座谈会，对在此期间支教的志愿者的支教行为予以肯定，对其付出表示感谢，并向支教志愿者发放一些简单的纪念品，对于在学校支教中表现突出的志愿者在支教结束后可以向其颁发带有学校专属标志的优秀志愿者证书，同时通过不断的交流也有利于志愿者支教方式的改进和支教内容的优化。学校这些措施同样可以对支教的大学生志愿者产生激励影响，这些激励方式成本较低，学校自身能够承担，因此这些支教激励措施具有一定的可行性。

最后，支教过程中要为志愿者营造维护其自尊的环境，以提升志愿者的自我认可程度。有学者研究发现，高自尊的人必定同时享有三种感觉：联系感、独特感和成就感,对于支教志愿者而言支教当地是个陌生的地方,联系需求无法得到满足,可能使志愿者感到孤立、不满与孤独,因此联系感很重要,通过团队不断地开会探讨工作,讨论如何完成工作目标及策划开展具有意义的活动,实现积极的沟通与互动,使志愿者具有对志愿团队的归属感就可以满足这项需求。要使志愿者维持自身的独特感,我们需要营造一种让每位志愿者在团队中既可以具有个人风格,又能够为了团队共同的目标不断努力的氛围,这需要团队不断加强凝聚力,又需要足够了解志愿者的特点而采取针对性的方式方法维持其独特感。成就感对于志愿者来说是很重要的,有利于接下来工作的有序进行,有利于以蓬勃向上的精神劲头开展活动,有利于创新思维的发挥,即使是很小的一件事情,也能体会到自己是在做贡献,这是有价值和意义的,是一种自我肯定。

综上所述,团队良好氛围对于支教活动的开展至关重要,应该不断了解志愿者的需求并尽量使其得到满足,要建立一系列具有针对性的激励措施,将肯定贯穿于支教的各个环节,不断提高志愿者的自我认同感,努力增强联系感,保持志愿者的独特感,增强志愿者的成就感,最终增强志愿团队的凝聚力和战斗力,实现共同的目标。

第五章 支教志愿者教师的心理健康

第一节 支教教师的适应心理

一、适应

(一) 什么是适应

适应(adaptation)一词,来源于生物学,是指增加有机体生存机会的那些身体上和行为上的改变。心理学中用来表示人类对环境变化所做出的反应,如对光的变化的适应和人的社会行为的变化等。瑞士著名心理学家皮亚杰认为,人类智慧的本质从生物学来说是一种适应,是一种对自然环境和社会环境的适应。适应既可以是一种过程,也可以是一种状态。人类就是在不断运动变化中与其所处的自然、社会环境取得平衡的。这种适应可以概括为两种相辅相成的作用:同化和顺应。适应状态则是这两种作用之间取得相对平衡的结果。这种平衡不是绝对静止的,某一个水平的平衡会成为另一个水平的平衡运动的开始。例如,当教师的职称由初级在相对静止了几年(政策规定一般为5年方可评级)会成为教师升中级职称的动力。如果机体与环境失去平衡,就需要改变行为以重建平衡。这种平衡—不平衡—平衡……的动态变化过程就是适应,也是人类智慧发展的实质和原因。

(二) 社会适应

社会适应(Social adapation)是指个体逐步接受现实社会的生活方式、道德规范和行为准则的过程。社会适应对个人生活有重要意义。如果一个人长期对社会刺激不能适应,不能在规范允许的范围内做出反应,就会对周围的一切产生格格不入的心理,久而久之,这种"不适应症"就容易使人引起精神变态。适应心理学研究表明,人类可以通过语言、风俗、法律及社会制度等控制使自己与社会相适应。人们适应社会的方式有适合、革新、形式主义、退缩和反抗等几种类型。人们在社会生活中,当遇到冲突或挫折时,往往通过文饰作用、认同作用、代替作用、投射作用、压抑作用和反向作用等心理适应技术,使个人与社会取得良好的适应。

二、教师的社会适应

(一) 对现实社会的认知

人的生存与发展要依赖一定的社会与文化环境,个体形成适应于社会与文化的人格,掌握社会所公认的行为方式的过程,就是社会化。个体的社会化过程是在一系列社会学习基础上不断适应社会的过程。个体适应社会,必须在较全面地了解社会规范,具备较准确的角色知觉、人际知觉及自我知觉的情况下进行。人的社会化是一个极其复杂的过程,它也是一个个性化的过程。它通过人的整个一生来完成,个体从婴儿期、儿童期、青春期、青年期、中年期到老年期都在不断进行社会化。教师这个职业的人群,在青年期、中年期到老年期都存在。教师的社会化过程是复杂的,要受到社会文化、学校教育以及家庭等多方面的影响,要经过政治的社会化、道德的社会化、角色社会化、民族社会化等过程。这些社会化内容是交叉进行、互相影响、相互制约的。

振兴民族的希望在教育,振兴教育的希望在教师。教师是科学文化的传播者,人类灵魂的工程师,精神文明的建设者。在现代学校教育系统中,教师在教书育人方面始终起着至关重要的主导性作用,是在现代化进程中培养合格人才、提高民族素质的关键力量。一个学校能不能为社会主义建设培养合格人才,培养德智体全面发展、有社会主义觉悟的有文化的劳动者,关键在教师。我们要提高人民教师的政治地位和社会地位。学生不但应该尊重教师,整个社会都应该尊重教师。

(二) 对现实社会的认同

尊师重教,重视教育必须尊重教师,这是相辅相成的两个方面,是社会主义现代化建设的客观需要。党和国家把振兴科学和教育作为社会主义现代化事业的一项基础性工作来抓,指出:我们的科学家、教师发现人才、培养人才,本身就是一种成就,就是对国家的贡献。学校教育能否真正承担起培养大量掌握科学文化知识的劳动者和专门人才的重任,事关我国社会主义事业的成败。国家为广大教师解脱精神枷锁、调动他们教书育人的积极性已经刻不容缓。努力提高教师的政治地位和社会地位,使全党全社会对教师在现代化建设中重要作用的认识提高到一个崭新的高度。发展社会主义事业必须尊重知识、尊重人才,从政治上充分肯定知识分子包括教师是工人阶级的一部分,为新时期尊师重教提供了有力的理论依据。

尊师重教,不仅要提高教师的政治和社会地位,还要切实改善教师的工作条件和生活待遇,已成为广大教师对现实社会主义认知的内容。面对长期以来我国教师特别是中小学教师物质生活待遇偏低的状况,国家要改善教师的物质生活待遇和工作条件,要求各级领导少说空话,多办实事;要从关心教师的工资、奖励和职称等具体细节问题入手,指导制定一系列提高教师待遇的政策。我国政府规定每年9月10日为教师节,国家还成立了中小学幼儿教师奖励基金会,致力于表彰献身教育事业、为教育事业做出特殊贡献的教师和教育工作者。广大教师尤其是中小学教师的劳动得到了政府和社会的充分肯定,大大地激发了广大教师的积极性。

尊师重教,必须努力建设一支具有良好政治业务素质、结构合理、相对稳定的教师队伍。不仅关心改善教师的待遇,更关心提高教师队伍的素质。办好师范教育,培养新的师资力量,通过广播、电视、网络、定期进修等多种形式培训在职教师,形成制度。各级党组织应该热情关心和帮助教师思想政治上的进步,切实提高教师的思想政治水平和业务能力。为积极倡导尊师重教,国家制定宏观教育政策,在20世纪90年代颁布了《教育法》《教师法》和《教师资格条例》等。

当前,各级党政部门在党的领导下,积极为教师办实事,依法保障教师待遇,健全教师奖励机制,加大力度解决教师住房问题,为稳定教师队伍创造了很好的条件,全党全社会尊师重教已经蔚然成风,广大教师和教育工作者正在努力工作,提高自身素质。我们迎来了一个伟大的年代,一个崭新的世纪。这个世纪,这个年代,必将是千千万万祖国"园丁"辛勤耕耘、大显身手的新世纪、好年代。

(三) 对现实社会的接纳

1. 多数人认为教师地位已得到提高

一项调查结果显示,市民认为中小学教师的社会作用非常重要而且真的非常辛苦,有五成的市民乐意让自己的孩子将来选择中小学教师作为职业。这项调查结论是在成功访问了北京、上海、广州、武汉等11个城市的4 575名市民后得出的。尽管有 92％的人认为中小学教师地位在过去 5 年中有了不同程度的提高,但认为有很大提高的则刚过半数。

2. 中小学教师的社会声望仅仅居中

职业声望测试结果显示,中小学教师在备选的 18 种职业中居中偏下。若直接按市民心目中社会声望的首选项进行排序,中小学教师排在第 9 位;若综合市民的前 5 位的职业平均数排序,中小学教师排在第 12 位。

3. 58％被访者乐意让孩子当中小学教师

在情景测试中乐意让自己孩子将来做中小学老师的比例为 58％。倾向于接受孩子将来做中小学教师较为突出的群体是:年龄较大,受教育程度较低,无业/下岗/离退休人员,蓝领职员与普通机关干部。引人注目的是,在校学生与教学科研文化卫生专业人员表示愿意的最少。

4. 教师工作辛苦和重要被普遍认同

在对中小学教师评价时,"重要""认真""值得信任""善良"等正面词汇占了主要地位,而"低素质""枯燥单调""不负责任"等负面词汇则比重很低。只有很少人认为中小学教师是"活泼的",这也许与中小学生对于这一群体的期望之间差距较大有关。

5. 18～24 岁的人对教师评价较低

在不同年龄段之间,55 岁以上的人更多认为教师是重要的、辛苦的、值得信任的;18～24 岁的人更多认为教师是不受重视的、平时想不到的、枯燥单调的、女性偏多的、活泼的、友好的以及稳定的,其中的负面看法可能是造成很多学生不愿将来当教师的主要原因;25～34 岁的人更多认为教师是例行公事的且是年轻的;35～44 岁的人更多认为教师是认真的、善良的、积极向上的,这个年龄段的人家里的孩子一般在读小学,他们所作的评价说明他们对小学老师总体比较满意;45～54 岁的人认为教师是不负责任的人比例较高。

(四) 对现实社会的适应

现代教师要担当起提高民族素质、劳动者素质的重任,就必须适应新时代的要求,致力于教师素质现代化,强化基本功训练,组成一支强而稳定的"一专多能"的新型师资队伍,迎接未来的机遇与挑战。

现代教师必须是"学者型""多才多艺型"的教师,是教育的行家、学科的专家。

这样的教师受领导、学生、家长欢迎。现代教师的知识才学必须精深广博，不但专业知识要精深，而且其他学科的相关知识要广博。知识的结构层次要纵横交错，不断扩大知识面，不断更新充实自己的知识。特别是现代新的科学技术知识，现代教育心理学知识，教师必须学习和掌握。所谓"业精堪称师，德高能为范"，只有才学过人，为人师表的教师，才能赢得广大学生和社会人士的尊敬。

现代教师必须是"博古通今型"的教师，努力学习古今中外教育家的思想精华，从中汲取营养，激发思路，并进行创造性的教学实践，形成自己特有的教育、教学风格。从孔夫子到陶行知、徐特立，从古希腊亚里士多德到美国的杜威、布鲁纳，苏联的赞科夫、苏霍姆林斯基，以至我国当代许多特级教师、校长，如北京的霍懋征，上海的段力佩、于漪，南京的斯霞，辽宁的魏书生，广东的丁有宽，等等，以及各地的优秀教师、班主任，都值得教师学习，汲取他们的教育思想精华，学习他们的经验，从而丰富教师的知识，激发教师的思考，并加以灵活运用，创造出新的经验、新的教育理论和方法，形成自己独特的教育、教学风格。

现代教师必须是"高学历型"的教师。从学历要求的发展方向分析，现代教师将由低中层次向高层次、多层次学历方向发展。由中专型、大专型，向本科型、双学位型、硕士型、博士型方向发展。诚然，学历文凭不应是现代教师的唯一追求，也不是衡量教师素质水平的唯一标准。衡量教师的素质水平，既看学历，又不唯学历，应以教师的实际能力为主，重真才实学、真本领。但在信息时代、知识经济社会里，要求高学历，激励教师努力学习，不断提高业务素质水平，这正是现代教师努力的方向。

现代教师必须是"实践应用开拓型"的教师。教师善于运用丰富的知识，开展教育改革实践活动，并且在实践中发现真知，开拓创新。教师通过教学活动，把自己的知识转化为学生的知识。在知识的转化中，师生认真研究、共同探讨，有所发现、有所创新，并通过总结，再研究、再领悟、再发现、再创新、再传授。所以，现代教学活动，是以教学实践应用为"源"，以传授知识为"流"，源流结合，才能教学相长，源远流长，不断提高教学质量，同时也在不断提高教师的素质水平。这正是现代教师才学知识现代化的重要、关键的要求和体现。

三、教师的环境适应

"物竞天择,适者生存"。这警句是对适应的意义的一种概括。我们人类之所以经过数百万年的沧桑巨变而能够繁衍下来,就是因为人类有强大的适应能力。恐龙庞大,是昔日世界的霸王,还不是由于不适应环境而被淘汰了吗?适应往往是生命的象征、生命力的体现,没有适应我们人与人之间如何相互协调?我们如何能到不同的环境中去?如何能干新的工作?人的适应能力对于人来说是一种十分重要的能力,它是保证人创造力得以发挥的必要前提。我们说"你要想改变环境,首先就要适应环境",它的道理就在这里——不能生存,谈何创造!

人们适应能力的强弱在不同的人身上表现是不同的:有的人适应能力是"全天候"的,是多面手,是"万金油";有的人对某一环境的适应能力非常突出,是那一领域、那一行当里自由潇洒的王子,可在其他领域却是可怜的、到处碰壁的乞丐。然而不管人们的适应能力表现出怎样千差万别的形态,但人们都可以通过自身努力来发展自我对环境的适应能力。有的人可能曾经是孱弱的,可通过体育锻炼却强壮了,不再担忧天冷时会感冒;有的人曾经很害羞,难以适应大庭广众之下的讲话任务,可通过练习却落落大方地成为一个滔滔不绝、充满激情的演说家。

人对自己的生活、工作、学习的客观环境都要做出观察、了解、分析和评价,在头脑中形成一个对周围世界的总的印象。这种印象就是心理环境,它对人的心理和行为发生着潜移默化的实际的影响。

学校是社会这个大系统中的一个子系统,学校外部的整个环境对学校组织以及每个教职工,无时不发生着广泛的影响。其中,社会生活方式、民族习俗、社会文化、政治和经济形势以及它们所造成的群体态度、目标和价值结构,是对学校成员发挥心理影响的主要因素。在社会环境的作用下,社会对学校的要求,学校的集体目标,学校中多数人对现实的态度和行为方式,学校组织的政治气氛和人际关系气氛,学校领导人的工作方式和工作作风,以及管理水平等,这些都是校内的客观环境中对教职工的心理发挥实际影响的那一部分因素的总和,即学校内的社会心理环境。

(一) 教师的环境与教师的行为挫折

学校教师的工作行为及其行为挫折,与教师所处的自然环境、社会环境、学校组织环境等有着密切而直接的关系,如果对此适应不好,就会导致教师的行为挫折,其结果是可想而知的。

1. 自然环境

自然环境,主要指个人能力无法完全控制、克服的空间和时间限制、自然灾害和意外事故等。如下雨使野炊不能如期进行,影响班集体活动计划的实施。一般说来,这种因素引起的行为挫折,教职工在事后可做较好的自我调节,学校领导也容易促进挫折的转化。

2. 社会环境

社会环境对个人需要、动机与指向目标的行为影响限制较大,其带来的不良后果也较经常且严重。作为社会成员的每个教职工,时时都会受到社会政治、经济、道德及人情、风俗、习惯、偏见等因素的限制,使教职工需要、动机与目的行为难以实现。诸如社会上部分人的轻师轻教言行,教职工的住房、工资待遇对比其他行业相对低,家长对教育工作持不积极支持态度,教育行政机关对教职工正常调动、流动的关、卡、压等,都有可能使教职工行为受阻、受挫。

3. 学校组织环境

这是教职工经常、重要、直接的工作和生活环境,教职工的教育教学活动主要是在学校环境中进行的。一般说来,这类因素不良容易引起教职工行为挫折,且对他们的伤害也更深、更重。

(1) 学校目标设置不宜

学校工作目标是学校工作的出发点和归宿,它对教育教学工作起导向和激励作用。学校目标设置过高,脱离学校实际,超出教职工能力所及,使人们望而生畏,虽经努力奋斗,或难以达成,或部分达成,目标不仅失去激励力,也挫伤教职工的积极性;目标设置过低,忽视教职工能力和潜力的充分发挥,使他们的自尊、创造、贡献需要得不到满足,也会使教职工因工作的失落、失意感而遭挫折。

(2) 思想政治工作的不力

教职工会有思想迷惘、矛盾的时候,迫切需要学校领导的帮助、关心。许多领导不能深入群众,不了解教职工在教学、班主任工作、职称评定、生活等方面的困难和意见,尤其是在教职工工作失利的时候,不给予及时的帮助和开导;还有的领导,背离中央政策精神,思想工作或"左"或"右",在方式方法上仍简单化、形式化,甚至有侮辱人格的粗暴态度等,也使教职工行为常常受挫。

(3)学校管理作风和方式的不当

有的学校管理者素质差、水平低、作风专制、方式简单。如过多且片面强调集权,笃信规章制度及惩罚手段的有效性,忽视对教师多种正当合理需要的尊重和满足,忽视教师工作的特点,仍然用对体力劳动或物性对象的管理方式来管、卡、压教师等。还有的管理者待人处事不公正,甚至以权谋私,高高在上,拉帮结派,争权夺利等。

(4)校风不佳

学校有良好的领导作风,才会有良好的教风,有良好的教风才会有良好的学风,"三风"都好,才会形成良好校风,其中的领导作风是关键。学校领导作风不正,致使教师教学马虎、懒散,打扑克搓麻将成风;教师教风马虎,致使学生无心问学,缺乏学习动力。这种校风很容易使那些有上进心、有抱负的教师产生挫折感,尤其是新进的年轻教师。

(5)学校人际关系不良

指学校内部上下左右间没有建立流畅沟通网络,缺乏有效沟通方式;没有建立起集体水平的人际关系结构,缺乏良好社会心理气氛。诸如纪律松弛、明争暗斗、矛盾丛生、互相猜疑、互不信赖等,都会造成教职工行为挫折。

(6)工作安排不妥

科学合理地安排工作,是为了学校管理目标和教育目标的达成,使教师充分发挥其能力和才干,满足其成就、自尊、荣誉需要。如果学校领导不考虑教职工的兴趣、能力和专长,在工作安排上出现大材小用、小材大用、通才专用、专才杂用、用非所长等情况,就会使有专长的教职工徒生"无用武之地"之感,给行为挫折的产生埋下伏笔。

学校组织环境除上述几类挫折起因外,还有些其他如缺乏进修提高机会、学校待遇差、环境差、文化娱乐生活单调等因素。

(二)教师对生活环境的优化与适应

生活环境要优化,首先就得提高教师的待遇。待遇高了,教师这一职业才能有吸引力。解决问题的根本之策在于改变分配制度上的脑体倒挂。而靠学校内部的点滴创收无异于扬汤止沸。政府部门要下决心、下血本,敢于破除行业攀比的不正之风,大幅度地提高教师的工资待遇,将教师的劳动价值与物质待遇合理匹配,真正做到按劳取酬,这样才能吸引大批有真才实学的人到学校来,师资队伍在规模数量上才能稳定,在梯队结构上优化才有可能。其次,要努力改善教师的住房条件,大批"寒士"居无室,则教无心、人难留。安居才能乐业。解决的办法可通过国家、集体、个人等多渠道共同分担的集资办法来加快教师住房建设步伐。但根本的办法还在于国家增加投入,各级政府要重视这一问题。如果真正做到压缩楼、堂、馆、所的建设规模,少建几幢豪华宾馆、高层办公楼,教师所需的那几间陋室早已解决。最后,学校还要努力建设好校园环境,使校园整洁、优雅、绿树成荫、四季花香;各种生活设施齐全,布局合理;办好幼儿园、中小学,解除教师的后顾之忧。

(三) 教师对工作环境的优化与适应

学校的教师,作为社会生活中的普通人而言,有着同普通人一样的对物质文明和精神文明的追求,但是作为"知识分子"的教师,尤其是青年教师,则有着比普通同龄人更多的对精神生活的追求。他们"下海"、经商是出于无奈,因此,学校首先要优化心理环境,引入竞争机制,鼓励冒尖,不拘一格地选拔使用人才。学校应研究制定并严格执行完善合理、富有弹性的教师退休制度,使为数有限的职称限额实现其应有的价值,以发挥其效益。在岗位考核上,应定性与定量相结合,能量化的应量化,真正做到公平、合理、准确。考核应定期进行,其结果应是晋职、培训提高的重要依据。但考核的等次数额决不能与晋职的指标限额挂钩。在学术上应允许自由竞争,真正做到"百花齐放、百家争鸣",不能厚此薄彼。总之,要在学校这个空间上创造一个适合广大教师发挥其聪明才智的良好心理环境,使优秀的青年教师脱颖而出,用精神上的富足来维系由于物质上不足而造成的心理不平衡。

(四) 教师对人际环境的优化与适应

良好的情感氛围和人际关系,会使人感到舒畅、愉悦,使人以旺盛的斗志、愉快的心情投入到学习和工作中去。学校要大力加强校风、教风建设,优化情感环境。首先,要优化干群感情。校、系各级领导,尤其是主管领导和从事师资管理的干部,应当经常深入到教师中去,洞察他们的感情世界,了解他们的情感需求,倾听他们的呼声,加强理解和沟通,成为他们生活上的贴心人。只有对生活和事业有着共同的理解,感情才能共鸣,才有团结一心、共同进取的基础。其次,学校各项规章制度,尤其是师资管理的策略,应有它的严肃性、规定性,又应富有人情味,符合广大教师的心理需求。在评定职称等敏感问题上,应鲜明地反对嫉贤妒能,反对排斥他人。在有些学校就有这样的规定:凡为自己的晋升而无理取闹、加害别人者一律要受到处罚,视情节轻重,或排队排到最后,或推迟到下一届,或下一届停评一次。师资队伍的成长、稳定需要创造这样一种宽松、和谐的人际环境。再次,教研室是学校教学的基层单位,对教师的成长、队伍的稳定产生直接的影响。学校应大力加强教研室的建设,除尽力改善教学、科研的物质条件以外,还要花大力气健全各种管理规章制度,改变教研室只负责政治学习和工会活动的名存实亡的状况。教研室主任和中老年教师应努力克服文人相轻的旧习气,发扬传、帮、带的协作精神,以培养教育事业的接班人为己任,倾注心血,努力创造思想融洽、心理相容、团结和谐的情感氛围。同时,学校党委、行政部门对师资队伍建设的重要意义要有充分认识,师资建设的地位不可动摇,师资队伍建设不可有一时片刻的遗忘。学校应定期安排校领导举办教师日和规定学校的"师资工作周",在此期间,专门听取教师的意见,总结、宣传师资管理工作,活跃学校气氛,积极倡导学校优良的校风、教风,形成一个团结向上的集体,在广大教师的感情世界里树立起学校的形象,从而增强凝聚力、吸引力。

四、教师适应能力的培养

(一) 教师的工作压力

我们的社会尚处在社会主义的初级阶段,工作还是谋生的手段。但工作的目的仅仅是为了维持生计,那就失去了意义。它还有另外一个目的:工作本身也会使人产生诸如成就、责任、受人尊敬等心理感受。由此,人们才会热爱自己的工作,做好自己的工作,然而教师的工作现状如何呢?

1. 工作强度大

我国的人口居世界之冠,但师资力量远远不够,师生比例严重失调,部分学校由于教育经费不足,教室紧张,教学设施陈旧、短缺,平均50~60个人挤在一个教室里,一个主课教师两个班,如此低劣的条件,如此超负荷的劳动,任谁也会感到力倦神疲。

2. 缺乏发展机会

一份好的职业,必须让人觉得前程似锦,大有发展前途,倘若让人觉得到此为止,一潭死水,那就迟早会让人变得要么麻木不仁、安于现状,要么让人倦怠、见异思迁。

教育部门常常被经费不足所困扰,影响了教师受训、进修的机会。这样,知识的传播者们永远只能停留在"传道、受业、解惑"的阶段,不仅让教师对工作产生不满,更重要的是,不能给教育带来生机,影响了整个国家的教学质量。

3. 工作的低创造性

由于我们教育体制单一、课程内容统得过死,又缺少明确的教育目的,升学率成为各级学校的教育目标和成效标准。因此,广大的教师们只能按教学大纲要求按部就班地日日教,年年教,毫无发挥创造性的余地。

缺乏创造性的劳动是枯燥乏味的,它阻塞人们才能的发挥,势必造成人们对它的厌倦心理。

4. 缺乏成就认可

知识是日积月累的结果,不可能在两三天内就培养出一个伟大的天才,教师的工作过程复杂,周期长,不易立即显出功效,因此容易受到社会的忽视,更谈不上对其成就的认可。

缺乏成就认可从报酬不公上体现出来,收入不只意味着满足人们对物质的欲求,同时也是衡量一个社会、一个群体对个人的认可程度,也具有精神和心理满足的作用。收入的不公,实际是在无视人们的劳动,导致教师不满意程度的增加,挫伤工作积极性。

情绪不稳定学生的数量有所增加可能是给教师造成压力的另一个原因,这种压力是由于教师任务的加重而造成的。

(二) 教师的生活压力

我国教师的生活压力,首先表现为职业社会地位高尚,经济地位低下。就其实质而言,一份职业的社会地位,取决于它的经济地位和职业声望,同时也决定该职业的吸引力和从事本职业者的社会地位。一些调查资料表明,教师的经济地位是排在较后的,尤其是中小学教师,其收入微薄、福利极差、住房紧张、工作劳累,甚至不如幼儿教师。

(三) 中年教师的压力

近年来,中年科学家、文学家,尤其是教学成绩突出、享有盛誉的中年教师英年早逝的消息时见报端。据了解,学校中年教师的身体状况普遍较差,保健意识淡漠,对身体内的潜在危险没有足够的认识,如不引起社会、学校、教师本人的高度重视,仍会时时在校园发生白发人送黑发人的悲剧。教师进入中年,年富力强如日中天,是事业的黄金时期。但教师人到中年,也是人生最辛苦的时期。作为学校的教学骨干,工作上挑大梁、任务重、压力大;作为家庭的支柱,中年教师上有老父老母需要照顾,下有子女需要抚养,全家人的日常生活需要安排,里里外外上下左右诸多事情缠身,真正是人到中年万事忙。

中年教师长期超负荷运转,导致身体状况普遍较差。归纳起来突出存在以下几个方面问题:容貌衰老、身体瘦弱、一副病相,看模样比实际年龄苍老得多;身体素质差,体力不支,工作起来很容易感到劳累、疲惫,有的上完课身体就像散了架;患有程度不同的一种或数种疾病,却仍带病坚持工作。更令人担忧的是:中年教师往往无暇顾及自己的身体,总自恃身体还抗得住,头痛脑热不当一回事,认为拖几天就会好。由于包干医药费太少,中年教师有的有病也不去看病吃药,咬牙硬挺着工作。

学校工作是千头万绪的,但决不应忘记关心中年教师的健康、爱护他们的身体这一重要的工作。学校应采取行之有效的措施,使中年教师的健康问题有一个根本性的好转。

(四) 农村中小学青年教师的困难和挫折

农村中小学青年教师心理挫折,往往会给他们造成心理上的种种疾患,因而影响主动性、积极性和创造性的发挥,影响他们事业理想的实现,同时给学校工作带来损失,因此,正确处理农村中小学青年教师心理挫折,是学校工作一项不可忽视的任务。

造成农村中小学青年教师心理挫折的因素大致有以下几个方面。

第一,他们毕业时,他们胸怀远大的理想和抱负,乐观的构想,七彩缤纷的道路,踌躇满志欲干一番事业,实现人生价值。可是,分配到农村中小学后,生活条件的艰苦,工作条件的简陋,人际关系的复杂……理想与现实发生巨大的变化,他们所设想的七彩大道化为崎岖的山间小径,巨大的心理落差,使他们受到没有准备的心理挫折,其中一部分人一受到挫折就怨天尤人,想逃避现实,甚至失去生活的信心,从此丢弃对事业的追求,意志消沉,得过且过。

第二,有些学校领导用过时的思维定式看待青年教师,有时甚至用世俗的偏见认为青年教师"难领导""吊儿郎当""我行我素""嘴上没毛,办事不牢",把积极参与管理、向领导提出合理的意见和建议看成为"好出风头""小看领导",弄得青年教师这也不是,那也不是,无所适从,产生卖力不讨好,没奔头的想法和心理压力。

第三,社会分配不公,特别是农村中小学青年教师社会地位和经济地位不高,使一些青年教师产生一种认为走错了路、入错了门的悲观心理,当遇到一些不顺心的事时就形成严重的心理挫折。

第四,恋爱和婚姻的困扰对男青年教师的心理挫折尤为严重。由于农村学校生活环境艰苦,经济收入低微,学校的小伙子很少有姑娘问津,找对象不仅是农村青年教师的心病,也是学校领导的苦恼,特别是那些大龄青年教师,由于婚姻问题使自尊心受到很大的打击,形成心理挫折,有的从此工作不安心,萎靡不振。

农村中小学青年教师一旦产生心理挫折,往往不能安心工作,悲观失望,这就不能调动他们的积极性、创造性。因此,农村中小学的管理者应当为青年教师创造良好的心理环境、工作环境、生活环境,尽量避免他们产生心理挫折,同时,还要防止他们的心理挫折及带来的后果。

(五) 心理挫折的行为表现

人们的需要是不断发展变化的,一种需要得到满足后,会出现更高一级需要。个人的需要不可能圆满地满足,因此,大大小小、形形色色的挫折总是不可避免的。

1. 遭受心理挫折行为表现

(1) 对抗

遭受挫折后,产生对抗行为是常见现象。对抗的方式多种多样,主要有两种。

消极对抗:灰心丧气,工作学习消极怠工,得过且过。

发泄不满:不满情绪表现于外,寻找机会发泄。发牢骚,讲怪话,对他人怒目而视,讽刺打击……

(2) 侵犯行为

由于内心愤怒,做出种种侵犯行为,如骂人、打人、摔东西,等等。有时挫折来源是模糊不清和难以捉摸的,自己并不清楚要攻击什么,只是觉得生气并寻找出气的对象。当环境阻碍直接攻击挫折来源时,攻击可能移位(移置攻击),迁怒于他人它物,攻击一个无辜的人,或者是向替罪羊采取攻击行动,也可能攻击自己,骂自己,甚至打自己。

(3) 回归

受到挫折后,其行为表现和他的年龄很不相称,回复到一种不成熟的行为模式。如有的成人会像小孩一样又哭又闹,显得十分幼稚;也有的人会采用粗暴的行为方式,为一点小事暴跳如雷,大声叫嚷。

(4) 淡漠,退缩

有些人在遭到挫折后,对引起挫折的对象无法攻击,又无适当对象可以发泄,于是将愤怒压抑下去,表现为情绪淡漠、无动于衷、漠不关心、退缩,这是一种消极的行为表现。

(5) 焦虑

个人受到挫折后,感到一种特殊的恐惧、不安,并经常伴有心悸、头昏、胸闷、肢体震颤、植物神经功能紊乱等躯体症状。

焦虑不同于恐惧。恐惧都有一定的害怕对象,知道自己为什么害怕。而焦虑则不明确自己害怕什么,为什么这样害怕,总感到惶恐不安,犹如大祸临头,因此,焦虑比恐惧还难受,它使人陷入一种茫然无措、困惑无助的痛苦状态中。

(6) 厌世情绪

如果一个人受到极度严重的挫折而又得不到外力帮助时,会极度失意,产生悲观厌世情绪。

心理挫折的行为表现往往因人而异,同一个人不同情境表现也不相同。有些人在遭受挫折时能平静地对待,表现为容忍。容忍并不是消极的,它可表现为百折不挠,改变策略等积极的因素。这种对挫折的适应能力叫挫折的容忍力。

2. 个人挫折容忍力的大小取决因素

(1) 政治觉悟和思想修养因素

一个人政治觉悟和思想修养水平的高低影响着其挫折容忍力的大小。政治觉悟和思想修养水平高的容忍力也高,反之亦然。例如面对改革中受到的挫折,有的人心灰意懒,苟且偷安;有的人则矢志不渝,奋斗不息。

(2) 社会经验因素

饱经风霜、经历坎坷、遭受挫折多的人,挫折容忍力也大;生活经历一帆风顺、社会经验极少、经历挫折少的人,一旦遇到挫折就很难容忍,产生消极情绪。

(3) 知觉判断因素

挫折是一种主观感受。由于个人对客观世界认识不同,对挫折的知觉判断也不一样,一个人认为是严重的挫折,另一个人可能认为是无所谓的事情。

(4) 对挫折的预见因素,也叫定式因素或思想准备因素

预见到的挫折和未预见到的挫折,其挫折容忍力大不一样。亲人久病死亡和亲人突然去世反映在个体身上的挫折容忍力完全不同;完成一项艰巨的任务,事前充分分析有利条件和不利因素,对可能出现的问题有思想准备,这样,遇到挫折就能容忍,否则就难容忍。

(5) 生理因素

身体强壮的人一般比体弱多病的人容忍力强。一些老人往往经不起打击,对挫折容忍力小。气质类型不同,对挫折的容忍力也不同:多血质、黏液质的人容忍力强;胆汁质的人易于冲动;抑郁质的人容易出现淡漠退缩、悲观厌世。

(六) 教师适应能力的培养

人生的过程,实际上就是一个不断适应的过程;人生的苦恼,大抵都是来自难以适应的苦恼。因此,培养人的适应能力是极其重要的。人的适应能力是可以培养的,这是适应能力培养的前提。那么如何培养适应能力呢?

1. 健壮身体

身体健壮的人在适应环境的过程中,精力充沛,敏感灵活,积极主动;而身体条件欠佳的人在适应同样的环境时,却会表现出萎靡不振,滞重呆板,消极应付,想草草收场。结果,前者的适应能力在高标准、高热情的参与活动中得到表现,并更加充实起来,而后者的适应能力在低标准、低热情的参与活动中逐渐萎靡下去。

2. 充实知识

"知识就是力量",充实知识可以增强自己的适应能力。在现代高科技社会里,人们已不能仅凭个体经验来适应社会、适应自然了,没有知识的人在我们的社会里只能举步维艰、处处挨打。现代社会又是一个信息社会,倘若你没有一定的知识储

备,无法获取有用的信息,那么在这个越来越光怪陆离、纷繁复杂的社会里,你就如同盲人、聋人一样,无法定向,无法从容处之。知识,从其对环境发挥出的适应效能上看,可分为基础知识、应用知识两类。我们所讲的"读死书,死读书,读书死"的这种教育上的变态现象,与忽略应用知识的倾向关系密切。

3. 能力培养

按照心理学的观点,能力可分为一般能力和特殊能力。观察力、注意力、思维力、想象力等,就属于一般能力,它们适用于广泛的活动范围,并在广泛的范围内影响着活动的效率。而画家的彩色鉴别能力、音乐家舞蹈家的节奏感等,它们只在特殊活动领域里发挥作用,属于特殊能力。一般能力又可称作基础能力,特殊能力的发展离不开基础能力(一般能力),发达的基础能力又为特殊能力的发展创造了有利的条件。现代社会变迁频繁,社会流动加快,因此,只满足于自己可以引为自豪的特殊能力,并把它当作立身处世之本,就不能适应现代社会的要求了。如何很好地应付变化?发展基础能力、一般能力就显得要紧。基础能力、一般能力的发展,可以让自己自信地应付变化,"以不变应万变"。基础能力、一般能力是成功的基本要素,那么作为一个现代人来说,哪些一般能力特别有益于我们生存、发展呢?选择判断能力、时间利用能力、创造能力、社交能力、信息利用能力、工具利用能力,为处世立身成功者所必备。一个具有广泛适应力而且适应能力强的人,总是善于判断环境的特点、要求、条件,选择一定的方式高效完成任务。这种完成任务的条件里,往往还必须有一定的创造能力、社交能力、信息利用能力和工具运用能力。

4. 学会利用工具

在人类的发展史上,现代人之所以比古代人的适应能力强大,在于现代人更加善于利用工具,而现代人适应自然环境的能力之所以比适应社会、人际关系的能力发展快,在很大程度上也是由于现代人在自然环境面前比在社会环境里更加善于利用工具。我们以前有一个流行的意识(或者还包括下意识),认为人在与自然、社会相斗争、相适应的过程中,人的因素是决定性的因素。然而就对某种环境的适应而言,就个体适应而言,有无合适的精良工具却是个体适应的成败关键。在这里工具成为决定性的因素。某种情况下要求我们上天入地,某种情况下要求我们耐严寒、战高温,如果仅凭自身,那么就适应不了,必须凭借工具。发展我们借具适应的能力,首先得有一个重视工具的意识;其次要学会辨别工具、选择适用工具的能力;第三还要学会操作、使用工具的方法。在适应社会环境的时候,工具的效能也是显著的。就拿很困难、很复杂的人际关系的适应来说吧,适当地选用礼品,使用现代化的通信工具沟通彼此的思想感情,不是很有益于我们这一方面的适应吗?

5. 参加实践活动

人们适应能力的发展,往往离不开实践的锻炼。书本知识是过去经验的总结,它很可能与发展着的实践之间有相当大的差距。人们应该经过实践的锻炼以发展自己的适应能力。为了在实践中更好地发展人们的适应能力,我们还可以采取一些技术性的措施来促使适应平安,使适应能力逐步发展。这种技术性的实践方式是很值得深入探讨的。这里提出两种参加实践的技术性方法:一是"模拟实践"法,即通过模拟训练的方法以求在另外一个相似情况下的适应成功,如中国体育代表团运动员为了奥运胜利所做的模拟训练;二是"逐渐实践"法,这种方法与心理治疗上所讲的"系统脱敏"有相通之处,即强调逐步前进,逐步锻炼,如中国南极考察站的秦大河为了能适应南极的气候,先在北极圈的训练营地里进行的适应性实践锻炼。

另外,在适应能力的培养过程中,运用意识调节是发展适应能力的必要因素。但以个体意识而言,他对适应能力的发展有时候呈现"水能载舟、亦能覆舟"的形态。如我们为了应付高考,拼命开夜车,结果应付高考的适应力增强了,但我们生理上的适应力却垮了。这也应该有所警惕。

第二节　支教教师的心理保健

一、教师的情绪调节

(一) 什么是情绪调节

情绪调节(emotion regulation)是个体管理和改变自己或他人情绪的过程,在这个过程中,通过一定的策略和机制,使情绪在生理活动、主观体验、表情行为等方面发生一定的变化。具体分析,情绪调节有以下几个方面。

1. 具体情绪的调节

情绪调节包括所有正性和负性的具体情绪。例如快乐、兴趣、悲伤、愤怒、恐惧、抑郁、焦虑等。关于情绪调节,人们很容易想到对负性情绪的调节,当愤怒时人们需要克制;悲伤时需要转换环境,想一些开心的事情等。其实,正情绪在某些情况下也需要调节,如当学生在学校里取得了好成绩时,不能表现得过分高兴,以免影响其他同学的情绪。

2. 唤醒水平的调节

情绪调节是个体对自己情绪的唤醒水平的调节。一般认为,主要是调节过高的唤醒水平和强烈的情感体验,但是,一些较低强度的情绪也需要调节。研究表明,高唤醒对认知操作起瓦解和破坏作用,如狂怒会使人失去理智,出现越轨行为。

成功的情绪调节就是要管理情绪体验和行为,使之处在适度的水平。也有人指出,情绪调节包括:削弱或去除正在进行的情绪,激活需要的情绪,掩盖或伪装一种情绪。所以情绪调节既包括抑制、削弱和掩盖等过程,也包括维持和增强的过程。

3. 情绪成分的调节

情绪调节的范围相当广泛,它不仅包括情绪系统的各个成分,也包括情绪系统以外的认知和行为等。情绪系统的调节主要是指调节情绪的生理反应。主观体验和表情行为,如情绪紧张或焦虑时,控制血压和脉搏;体验痛苦时,离开情境使自己开心一点;过分高兴时,掩饰和控制自己的表情动作等。此外,还有情绪格调的调节,动力性的调节,情绪的恢复和坚持等,如调节情绪的强度、范围、不稳定性、潜伏期、发动时间等。情绪调节的机制是一种自动化的机制,不需要个体的努力和有意识地进行操作。

(二) 情绪调节的类型

对于情绪调节,可以从不同的角度进行分类。

1. 内部调节和外部调节

从情绪调节过程的来源分类,可以分为内部调节和外部调节,内部调节来源于个体内部,如个体的生理、心理和行为等方面的调节;外部调节来源于个体以外的环境,如人际、社会、文化以及自然等方面的调节。

个体生理、心理和行为的调节以及它们之间相互作用的调节都属于内部调节。由于认知与情绪体验存在密切的关系,因此,通过某种情绪体验引起某种认知,或通过某种认知激活某种情绪体验,就可以对情绪进行调节。如母子分离可以引起负情绪,但只要让幼儿确信母亲只是暂时离开他,就可以帮助幼儿克服这种情绪。

外部环境对个体情绪的调节有支持和破坏两种可能性。有的环境因素有利于情绪调节,而有的环境因素不利于情绪的调节,如在课堂教学中,教师如能满足和支持学生的动机行为,将使学生产生良好的情绪,反之会引起不良的情绪。因此,环境的刺激特征与个体内部状况的关系,是影响外部调节的重要因素。

2. 修正调节、维持调节和增强调节

根据情绪的不同特点可分为修正调节、维持调节和增强调节。修正调节主要指对负性情绪所进行的调整和修正,如降低狂怒的强度使之恢复平静。维持调节主要指人们主动地维持对自己有益的正情绪,如兴趣、快乐等。增强调节指对情绪进行积极的干预,这种调节在临床上常被采用,如对抑郁或淡漠进行增强调节,使其调整到积极的情绪状态。

3. 原因调节和反应调节

原因调节是针对引起情绪的原因进行调整,包括对情境的选择、修改,注意力调整以及认知策略的改变等。通过改变自己的注意力来改变情绪,对诱发情绪的情境进行重新认识和评价等。反应调节发生在情绪激活或诱发之后,是指通过增强、减少、延长或缩短反应等策略对情绪进行调整。

4. 良好调节和不良调节

情绪调节是为了使个体在情绪唤醒情境中,保持功能上的适应状态,使情感表达处在可忍耐,且具有灵活变动的范围之内。当情绪调节使情绪、认知和行为达到协调时,这种调节叫良好调节。相反,当调节使个体失去对情绪的主动控制,使心理功能受到损害,阻碍认知活动,并导致作业成绩下降时,这种调节就是不良调节。

情绪调节的基本过程是近十年来才开始被研究的。研究主要集中在生理调节、情绪体验调节、行为调节、认知调节和人际调节等方面。

(1) 生理调节

情绪的生理调节是以一定的生理过程为基础的,调节过程中存在着相应的生理反应变化模式。

生理唤醒是典型的情绪生理反应,如心率、舒张血压、瞳孔大小、神经内分泌的变化、皮下动静脉联结处的血管收缩等都是常用的生理指标。孟昭兰等人的研究发现,正情绪诱发后,心率变化不明显;负情绪诱发后,心率显著增加。格罗斯等人的研究发现,厌恶受到抑制,引起躯体活动和心率下降,眼动、皮肤电反应、手指脉搏幅度、呼吸指标间隔上升;引起躯体活动下降,心率区间没有变化,皮肤电水平,心血管系统的交感神经激活水平和呼吸等明显上升。情绪生理成分的调节是系统性的,这种调节将降低处于高唤醒水平的烦恼和痛苦。

(2) 情绪体验调节

情绪体验调节是情绪调节的重要方面。当体验过于强烈时,个体会有意识地进行调整。不同情绪体验有着不同的情绪调节过程,可采用不同的策略。萨尔利发现,在愤怒时人们采取问题解决的策略;悲伤时采取寻求帮助策略;伤感时采取回避的策略。格罗斯等人发现,忽视可以比较有效地降低厌恶感,抑制快乐的表情可以降低快乐感受等。

(3) 行为调节

行为调节是个体通过控制和改变自己的表情和行为来实现的。在日常生活中,人们主要采用两种调节方式:一是抑制和掩盖不适当的情绪表达;二是呈现适当的交流信号。如一个人在向他人表示请求时,即使感到失望或愤怒,也要管理或控制自己的情绪,不要影响信息的表达和交流。

行为调节可以对情绪体验产生影响。莱尔德发现,快乐或愤怒的脸部肌肉变化使个体产生相应的体验。孟昭兰等人也发现,愤怒的表情活动可以增强愤怒的情绪体验。

(4) 认知调节

道奇等人认为,情绪系统和认知系统是信息加工过程中的两个子系统,情绪可以是信息加工过程的启动状态,也可以是信息加工的背景。道奇等人的普通心理学进一步提出,良好的认知调节包含以下步骤:知觉或唤醒需要调节的情绪;解释情绪唤醒的原因和认识改变情绪的方式和途径;做出改变情绪的决定和设定目标;产生适当的力所能及的调节反应;对反应进行一定的评价,尤其是评价这些反应是否达到目标,将调节付诸实践。

(5) 人际调节

人际调节属于社会调节或外部环境的调节。在人际调节中,个体的动机状态、社会信号、自然环境、记忆等因素都起重要作用。坎培斯认为,个体的动机状态,主要指个体正在追求的目标。如果外部事件与个体追求的目标有关,那么这些事件就可能引起个体的情绪。在社会信号中,他人的情绪信号,尤其是与个体关系密切的人(如母亲、教师、朋友等)发出的情绪信号对情绪调节有较大的作用。在自然环境中,美丽风景令人赏心悦目,而混乱、肮脏、臭气熏天的环境则令人恶心。个人记忆也会影响人们的情绪,有些环境让人想起愉快的情境,而有些环境让人回忆起痛苦。

(三) 情绪调节的个体差异

情绪调节可以发展为一种能力,这就是"情绪智力"。不同个体的情绪智力是有差异的。迈尔认为,情绪智力包含四个方面:①对情绪的知觉、评价和表达的能力;②用情绪促进思维的能力;③理解和分析情绪的能力;④调节情绪以促进情绪与智力发展的能力。

情绪调节的个体差异还表现在情绪激活的阈限、情绪的易感性、情绪的生理唤醒等方面。情绪激活阈限主要取决于神经内分泌的特征,而情绪易感性取决于个体后天的情感经历,它表现为有的个体更容易陷入某种负性情绪,因而使认知操作受到破坏,而有的个体则不太容易受到情绪的影响。情绪生理唤醒的差异主要表现在个体情绪的强度和反应性上的不同。

(四) 情绪调节与身心健康

良好的调节能促进身心健康,不良的调节或情绪失调会破坏身心健康。贝克和塞利格曼都认为,某些认知策略可以预防或减轻抑郁,如认知评价上的忽视。格罗斯的研究发现,情绪调节可以减少表情行为,降低情感体验,从而减轻焦虑等负性情绪对人们的不良影响,因而对身心健康有益。

相反,不良的情绪调节不利于身心健康。例如,长期压抑、悲伤和哭泣容易引起呼吸系统的疾病,抑制还会引起支气管疾病或癌症,不表达情绪会加速癌症的恶化,对愤怒的压抑与心血管疾病、高血压的发病率有着密切联系。因此,探讨情绪调节过程与健康的关系应该是研究情绪调节的一个重要方面。

二、教师的心理防卫

(一) 防卫机制

人生活在世上,或多或少都曾遇到不如意的事,都会经历挫折与失败,如果这些经历使个体的生理或心理需求得不到适当的满足,个体就会有烦恼与痛苦。一般来说,当人遇到不如意的事,受到挫折和被打击时,会有多种不同的行为反应,有的会积极努力去面对现实,克服困难,但事实上这不是件容易的事,要有极大的勇气和决心,才可以做得到。因此,不少人会不知不觉地选择较容易的途径,用消极的方法去躲避问题,以免引起个人情绪上太大的困扰和保护自尊免受伤害,使心境有一定程度的稳定。这种方法在精神分析学上谓之防卫机制或心理防卫。最早提出此机制的是弗洛伊德,用以解释人类保护自己免于焦虑和维护自尊的方法,并以个体使用防卫技巧来衡量心理健康程度。弗洛伊德的理论基本上是一种张力——减低模式,他认为如果个体的心理不是处在一种良好的平衡状态,便会倾向使用防卫机制,而所有的防卫机制具有两种特征:①不是否定,便是扭曲事实;②都在潜意识中进行。

精神分析学者认为,这种防卫机制,是在潜意识中进行的,很多能为个体所察知,但有些心理学家对此却有所质疑,例如,认知心理学家曾以一些实验证明,人们在做或想一些事情来降低焦虑时,有时是很清楚知道自己的所作所为。因此,综合精神分析学者与其他心理学者的观点,防卫机制主要来源是潜意识,但也能出现在意识、感觉、行为中,唯防卫机制并不能被个体有意加以操纵,完全由潜意识来指挥的。所以,弗洛伊德提出防卫机制的概念来描述人类遭受挫折失败时的行为反应,对我们了解这些行为反应背后的理由与动机具有重要的现实意义。

在日常生活中,我们每个人,或多或少都不自觉地应用了防卫机制。但每个人所采取的方法并不一定相同,都有他自己的一套对应策略,这是无可厚非的事,也是人面对复杂的人生所需要的一种调整。不过,有不少人习惯性地不敢面对遭遇,由于个人极端的不安而每每逃避人生,滥用了防卫机制,以致个人最终与现实脱节,这不单是一个坏习惯,甚至可能会发展成为精神疾病。

(二) 防卫机制的类型

我们可以把防卫机制的类型分为十六种,分属五大类。

1. 逃避性防卫机制

这是一种消极性的防卫,以逃避性和消极性的方法去减轻自己在挫折或冲突时感受的痛苦。这就像鸵鸟把头埋在沙堆里,当作看不见一样。这类防卫机制有以下四种形式。

(1) 压抑

压抑是各种防卫机制中较基本的方法。此机制是指个体将一些自我所不能接受或具有威胁性、痛苦的经验及冲动,在不知不觉中从个体的意识中排除抑制到潜意识里去作用。它是一种"动机性的遗忘",个体在面对不愉快的情绪时,不知不觉有目的地遗忘,与因时间久而自然忘却的情形不一样。

压抑作用,表面上看起来我们已把事情忘记了,而事实上它仍然在我们的潜意识中,在某些时候影响我们的行为,以致在日常生活中,我们可能做出一些自己也不明白原因的事情。

(2) 否定

否定是一种比较原始而简单的防卫机制,其方法是借着扭曲个体在创伤情境下的想法、情感及感觉来逃避心理上的痛苦,或将不愉快的事件"否定",当作它根本没有发生,来获取心理上暂时的安慰。"否定"与"压抑"极为相似。唯"否定"不是有目的地忘却,而是把不愉快的事情加以"否定"。

许多人面对绝症,或亲人的死亡,就常会本能地说这不是真的,用"否定"来逃避巨大的伤痛。其他如"眼不见为净""掩耳盗铃"都是否定作用的表现。

心理学家拉扎勒斯(Lazarus)在对即将动手术的病人所作的研究中发现,使用否认并坚持一些错觉的人,会比那些坚持知道手术一切实情,精确估算愈后情形的人复原得好。因此,拉扎勒斯认为"否认"(拒绝面对现实)和"错觉"(对现象有错误的信念)对某些人在某些情况下是有益健康的。但拉扎勒斯也指出,否认与错觉并不是适用于每一种情况,不过在无能为力的情况时,否认与错觉仍不失为有效的适应方式。

(3) 回归

回归是指个体在遭遇到挫折时,表现出其年龄所不应有之幼稚行为反应,是一种反成熟的倒退现象。例如,已养成良好生活习惯的儿童,因母亲生了弟妹或家中突遭变故,而表现出尿床、吸吮拇指、好哭、极端依赖等婴幼儿时期的行为。

根据勒温等人的研究,认为二至五岁的儿童遭遇挫折而表现回归行为,平均要比实际年龄倒退一年或一年半。回归行为不仅见于小孩,有时也发生于成人。例如,平常有重大事情发生时,有时我们会大叫一声"妈呀",或夫妻吵架,妻子跑回娘家向母亲哭诉,都是回归的行为。比如,某一女子对丈夫不信任后,每当其夫要外出时,她就坐在地上大哭大叫,一直到丈夫答应不外出为止;某一女学生,自从被班上同学嘲笑后,每当要上学时,就会肚子痛而无法上学;某一教师在成长过程中被母亲管教得十分严格,加上母亲的蛮横无理,令她对权威人物产生极大的恐惧,甚至到她成年后,虽然学有所长,但在权威人物面前,她就会变得毫无主张,就如在任教的学校,她是一位极受欢迎的教师,但校长每次约见她,却总感其毫无自信,因为每次见她,她不但张皇失措,而且校长每要求她做事,她说不会做,要求校长教她,并请求校长详细告诉她如何做,所有表现,就像一个无知愚昧的小女孩。上述三例中的"在地上大哭大叫""肚子痛""极端依赖",都是一种回归行为。

当小孩儿长大成人后,本来应该运用成人的方法和态度来处理事情,但在某些情况中,由于某些原因,采用较幼稚的行为反应,并非不可。例如,做父亲的在地上扮马扮牛给孩子骑,做妻子的偶然向丈夫撒娇等"偶然倒退",反而会给生活增添不少情趣与色彩。但如常常"退化",使用较原始而幼稚的方法来应付困难,利用自己的退化行为来争取别人的同情与照顾,用以避免面对现实的问题与痛苦,其退化就不仅是一种现象,而是一种心理症状了。

（4）潜抑

在日常生活中，某些事情的发生，往往会触发一些感受，通常我们会做出自然与直接的表达，但在特别的情况，我们的反应会不寻常，基于各种原因，很可能无意识地已将真正的感受作了压抑。

2. 自骗性防卫机制

此类防卫机制含有自欺欺人的成分，也是一种消极性的行为反应。反向作用的，容易走向另一极端，邪派的会扮成极正派的，去瞒过自己和别人。合理化作用的，总会为自己找出些理由来自辩。抵消作用的，同合理化作用相似，但不单独用理论来自卫，而是加上具体的运用。隔离、理想化及分裂等作用也是运用技巧的方法来欺骗自己或别人。以上六种是人们常运用的防卫方法。以下我们详细阐明，明白后可以协助我们了解自己或他人行为的背后动机。

（1）反向

当个体的欲望和动机不为自己的意识或社会所接受时，唯恐自己会做出什么不好的事，乃将其压抑至潜意识，并再以相反的行为表现在外显行为上，称为反向。换言之，使用反向者，其所表现的外在行为，与其内在的动机是成反比的。在性质上，反向行为也是一种压抑过程，例如：一位继母根本不喜欢丈夫前妻所生之子，但恐遭人非议，乃以过分溺爱、放纵方式来表示自己很爱他。又如一个好吃糖，但被告诫吃糖会蛀牙，且不为妈妈所喜欢的女孩，每每与母亲逛超市，总指着糖果对母亲说："不可以吃糖，吃糖会蛀牙，且妈妈不喜欢。"有一首歌，曲名叫做《我的心里没有他》，这首歌从头到尾，都一直在强调"我的心里只有你，没有他"，如果"你"也懂得一点"反向"防卫机制的话，你就该了解他的心里到底有没有"他"了。其他如"此地无银三百两"的故事与俗语"赶狗入穷巷""以退为进"都是反向的表现。

通常使用"反向"者，本身对于自己在使用此机制一无所知，而非"口蜜腹剑""笑里藏刀"，或"假仙"刻意而为。

反向行为，如使用适当，可帮助人在生活上适应；但如过度使用，不断压抑自己心中的欲望或动机，且以相反的行为表现出来，轻者不敢面对自己，活得很辛苦、很孤独，重者将形成严重心理困扰。在很多精神病患者身上，常可见此种防卫机制被过度使用。

（2）合理化

当个体的动机未能实现或行为不符合社会规范时，尽量搜集一些合乎自己内心需要的理由，作为一个合理的解释，以掩饰自己的过失，减免焦虑的痛苦和维护自尊免受伤害，此种方法称为"合理化"。换句话说，"合理化"就是制造"合理"的理由来解释并遮掩自我的伤害。事实上，在人生的不同遭遇中，除了面对错误外，当我们遇到无法接受的挫折时，短暂地采用这种方法以减除内心的痛苦，避免心灵的崩溃，无可厚非。个人如常使用此机制，借各种托词以维护自尊，则不免有文过饰非、欺骗别人也欺骗自己之嫌，终非解决问题之道。很多强迫型精神官能症和幻想型精神病患者就常使用此种方法来处理其心理问题。

一般，"合理化"可分为两种方式。

①酸葡萄效应

当自己所追求的东西因能力不够而无法取得时，就加以贬抑和打击，称为酸葡萄效应。此机制是引申自《伊索寓言》里的一段故事，说从前有一只狐狸走进葡萄园中，看到架上长满了成熟葡萄，它想吃，但因架子太高，跳了数次都摘不到，无法吃到葡萄，它就说那些葡萄是酸的，它不想吃了。其实葡萄是甜的，它因吃不到，而说葡萄是酸的。在日常生活中像这样的例子很多，例如，一个体育方面能力差的学生，说只有四肢发达的人，才会喜欢体育；容貌平凡的女子特别爱说自古红颜多薄命，"红颜是祸水"；追不到女朋友的男孩说"这种女人品德不端、水性杨花，嫁给我，我都不要"。

②甜柠檬效应

与酸葡萄效应相反的另一种自卫机制是甜柠檬效应，此方法是指企图说服自己和别人，自己所做成或拥有的已是最好的抉择。上述《伊索寓言》里所说的那只狐狸，后来走到柠檬树旁，因肚子饿了，就摘柠檬充饥，而且边吃边说柠檬是甜的，其实柠檬味道是酸涩的。引申到我们面对生活中所发生的一些不如意的事，有时我们也会像这只狐狸一样，努力去强调事情美好的一面，以减少内心的失望和痛苦。例如，娶了姿色平平的妻子，说她有内在美；嫁给木讷寡言的丈夫，说他忠厚老实；孩子资质平庸，说他"傻人有傻福"。这种"塞翁失马，焉知非福""知足常乐"的心态，有时适当的运用，能协助我们接受现实，但这种方法，如过分使用，会妨碍我们去追求生活的进步。

(3) 仪式与抵消

无论人有意或无意犯错，都会感到不安，尤其是当事情牵连他人，令他人无辜受伤害和损失时，的确会很内疚和自责，倘若我们用象征式的事情和行动来尝试抵消已经发生的不愉快事件，以减轻心理上的罪恶感，这种方式，称为仪式与抵消。

例如:一位有了外遇的丈夫,买轿车、送钻戒给妻子来消除心中的罪恶感,并且以这个行动来证明他是个尽责的丈夫;又如:一位工作繁忙无暇陪孩子的父亲,提供给孩子好的物质来消除心中愧疚感,并视这个行动来证明他是照顾孩子的。另外新年时节,打破东西说"岁岁平安"也是一样,都是采用"仪式与抵消"的防卫机制。

(4) 隔离

所谓"隔离",乃是把部分的事实从意识境界中加以隔离,不让自己意识到,以免引起精神上的不愉快。常被隔离的是与事实相关的个人感觉部分,因为此种感觉易引起焦虑与不安。例如:谈恋爱的男女,为减少肉麻的感觉,不说"我爱你",而改用"I love you"代替。另外有人把"厕所"说成"上一号"或"去唱歌",也是一种隔离。"隔离"是把"观念"与"感觉"分开,很多精神病患者常有此现象。因此,在心理治疗过程当中,心理治疗者常注意观察病人使用"隔离"的情形,以发现、发掘问题症结之所在,进行治疗工作。

(5) 理想化

在理想化过程中,当事人往往对某些人或某些事与物作了过高的评价。这种高估的态度,很容易将事实的真相扭曲和美化,以致脱离了现实。例如:方老师常常在朋友面前称赞自己的女朋友盈盈如何貌若天仙,以致大家都渴望早日可以见见他口中的美人。在上周日大伙儿一同去旅行时,方老师手拖着一位又矮又瘦、相貌极为平凡的女士出现了。当他热烈地向众人介绍那位女士就是盈盈时,每个人都失望了。在这事件中,方老师是将自己的女朋友理想化了。

(6) 分裂

有些人在生活中的行为表现,时常出现矛盾与不协调的情况,且有时在同一时期,在不同的环境或生活范畴,会有十分相反的行为出现。在心理分析中,我们可以说他们是将意识割裂为二,在采用分裂防卫机制。例如:富甲一方的田先生不但是一位社会知名的慈善家,同时,他的妻子和三位早已成材的儿女都常常在朋友面前称赞他是一位难得的慈父,品德情操,都令他们景仰。但是,在他的工作中,他对自己的下属却十分苛刻,冷酷无情,为此人人都批评他是刻薄成家的。至于在商场上,他更是投机取巧,唯利是图,也绝无道义可言。田先生并非虚伪,只是他在生活中采取了分裂保卫机制。

3. 攻击性防卫机制

人心里产生不愉快,但又不能向对象直接发泄时,便会利用转移作用,向其他的对象以直接或间接的攻击方式发泄，或把自己的不是转嫁到别人身上，并判断他人的对错。这类防卫机制有两种方式：转移和投射。

(1) 转移

转移是指原先对某些对象的情感、欲望或态度，因某种原因（如不合社会规范或具有危险性或不为自我意识所允许等）无法向其对象直接表现，而把它转移到一个较安全、较为大家所接受的对象身上，以减轻自己心理上的焦虑。例如：有位被上司责备的先生回家后因情绪不佳，就借题发挥骂了太太一顿，而做太太的莫名其妙挨了丈夫骂，心里不愉快，刚好小孩在旁边吵，就顺手给了他一巴掌，儿子平白无故挨了巴掌，满腔怒火地走开，正好遇上家中小黑狗向他走来，就顺势踢了小黑狗一脚，这些都是转移的例子。其他如"打狗看主人""爱屋及乌""不看僧面看佛面""记得绿罗裙，处处怜芳草""一朝被蛇咬，十年怕井绳"等，都是转移的例子。

转移不一定只出现在负面的感受上（如憎恶、愤怒等），有时正面的感受（如喜爱等）我们也会做出同样的处理。例如：一位结婚多年，膝下无子女的老师，将其心力用于关怀他的学生，就是正面转移的例子。转移的目标有时也会有类似的情形发生，例如：一个无故被责怪的学生说"所有的老师都是不明事理的"；一个无故挨警察责打的人说"凡是警察都是坏人"。

转移有多种，有替代性对象（或目标）的转移、替代性方法的转移、情绪的转移。例如：有一对夫妇因感情不和睦而协议离婚，离婚后一女一子归父亲抚养，但父亲因工作关系，将其子女寄养在台湾南部祖父母家中。祖父母对待男孩的态度非常严格苛刻，常常无缘无故地打他，而对女孩则完全不一样，疼爱有加。致使男孩心中不平而离家出走，后经其父寻回但仍寄居在祖父母家中，但回到祖父母家中后，男孩即开始出现破坏家中物品，且割破自己衣物、自残等行为。后经家庭治疗，始发现其祖父母对男孩的母亲坚持离婚致使家庭破裂，心生不满，而在不知不觉间将不满之情绪发泄到长得像母亲的男孩身上。此例中，祖父母使用了替代对象的转移追讨（如祖父母将对男孩的母亲之不满移至男孩身上）、情绪性的转移（如祖父母严格苛刻地对待男孩），而男孩则使用了替代性方法的转移（如以自残之内向攻击来达到直接攻击的目的）。

在精神分析治疗学派中，治疗者和当事人间的关系是一种移情关系（transference），此移情关系是精神分析治疗学派的核心，意指当事人将过去潜意识中的正向情感、负向情感和幻想转移到治疗者身上，此种移情关系也是转移作用的一种。

而在日常生活中，有不少人也有转移的情形产生。事实上，转移使用得当，对社会及对个人都有益。例如：中年丧子的妇人，将其心力转移于照顾孤儿院的孤儿。但是，有些战场上的士兵，因受不了战争的残酷，眼见自己同伴一个一个倒下，而转移成生理失明症状；或有些人在生活中受到不公的待遇，被激起报复、仇恨的心，将其偏激心态移转至一无辜的人，这些转移则是无益的。

（2）投射

精神分析学者认为投射是个体自我对抗超我时，为减除内心罪恶感所使用的一种防卫方式。所谓"投射"，是指把自己的性格、态度、动机或欲望，"投射"到别人身上。有一首诗"我见青山多妩媚，青山见我亦如是"，及庄子与惠施《临渊羡鱼》的故事，都是投射的例子。

弗洛伊德提此概念，用以分析及了解"说者的内心世界"。著名的罗沙克人格测验就是以墨汁投射图来分析人的内心所思所想，其他投射法，如主题统觉测验、文章完成测验、绘图挫折测验等皆属之。

在日常生活中，使用"投射"的情形也很普遍，亦是人际交往的一种方法。不过"投射"含有一种特殊的含义，即个体将自己的某种罪恶念头，或某种恶习，反向指责别人有这种念头或恶习；或者把自己所不能接受的性格、特征、态度、意念和欲望转移到别人身上，指责别人这种性格的恶劣及批评别人这种态度和意念的不当。投射能让我们利用别人作为自己的"代罪羔羊"，使我们逃避本该面对的责任。例如：一个在潜意识里对自己女秘书有非分之想的上司，却推说她在勾引他（如，一个工作余暇以看色情影片和寻花问柳以排遣时间的人，每逢与人交谈时，他总是在批评同事闲谈时离不了色情与女人），令他十分厌恶，其他，如"五十步笑百步"的故事，都是一种投射的表现。此种机制可以保护个人内心得以安宁，但会影响个体对事情的正确观察和判断能力，并易造成人际关系上的问题，对个人缺乏建设性的功能，例如：有些不良少年，别人无意中看他一眼，他就动手打人，认为别人瞧不起他，这都是投射因素使然。患有妄想迫害症的病人，亦多采用此机制，他内心憎恨别人，却疑神疑鬼，无中生有地说别人要杀害他。

4. 代替性防卫机制

代替性防卫机制是用另一样事物去代替自己的缺陷，以减轻缺陷的痛苦。这种代替物有时是一种幻想，因为现实中得不到实体的满足，他便以幻想在想象世界中得到满足，有时用另一种物件去补偿他因缺陷而受到的挫折。这类防卫机制分幻想型和补偿型两种。

(1) 幻想

当人无法处理现实生活中的困难,或是无法忍受一些情绪的困扰时,将自己暂时离开现实,在幻想的世界中得到内心的平静和达到在现实生活中无法经历的满足,称为"幻想"。与我们常说的"白日梦"相似,例如,工人柯金上班时,被领班无理地骂了一顿,十分愤怒,但位居人下,无法可施,回家途中,他买了一张爱国奖券,吃饭时与太太闲谈说:"如果中了奖,我要自己开家工厂,重金将领班请来,然后给他颜色看,令他受辱……"谈着谈着,柯金轻松多了,他用的方法就是"幻想"。

幻想是一种想象作用,是幼儿必经的生活过程。很多心理学家认为个体所幻想的内容与学习经验有关(随着学习经验的增加而有不同的内容),例如,儿童时期的幻想偏向于玩具的获得与游戏的满足,而青春期少年则偏向英雄式的崇拜。一般而言,凡性情孤僻而有退却倾向者,平常又少有自我表达机会,易以幻想解除其焦虑与痛苦。

幻想可以是一种使生活愉快的活动(很多文学、艺术创作都源自幻想中),也可能有破坏性的力量(当幻想取代了实际的行动时)。幻想可以说是一种思维上的退化。因为在幻想世界中,可以不必按照现实原则与逻辑思维来处理问题,可依个体的需求,天马行空,自行编撰。

幻想使人暂时脱离现实,使个人情绪获得缓和,但幻想并不能解决现实问题,人必须鼓起勇气面对现实并克服困难,才能解决问题。否则经常沉湎于幻想中,而使"现实"与"幻想"混淆不清时,会显现出歇斯底里与夸大妄想般的症状。例如,有一位学校临时工,因参加技术检验考试,没有通过,而同时一起被学校约聘的其他两位技工,不但通过考试并被学校改聘为正式职工,这使他的心理受到了很大的挫折,再加上其女友也因他没有通过考试,认为他没有前途而与他分手,在双重打击下,他开始语无伦次,到处说他已被校长聘为总务主任,并以总务主任自居,要求学校总务处的工作人员听从他的指示行事。这位技工所显现出来的行为,即是因为他在无法改变现实环境下,凭借着个人的想象力改变了他脑子中的现实(把幻想当成是真事)以维持其心理的平静,形成了夸大妄想症。

(2) 补偿

"补偿"一词,首先出现于阿德勒心理学中。阿德勒认为每个人天生都有一些自卑感(inferiority)(来自小时候,自觉别人比自己高大强壮,所产生的自卑),而此种自卑感觉使个体产生"追求卓越"的需要,而为满足个人"追求卓越"的需求,个体乃借"补偿"方式来力求克服个人的缺陷。我们使用何种补偿方式来克服我们独有的"自卑感",便构成我们独特的人格类型。因此阿德勒主张,欲了解人类的行为,根本上必须掌握两个基本的观念:自卑感和补偿。

当个体因本身生理或心理上的缺陷致使目的不能达成时,改以其他方式来弥补这些缺陷,以减轻其焦虑,建立其自尊心,称为补偿。就作用而言,补偿可分为消极性的补偿与积极性的补偿。

所谓消极性的补偿,是指个体用来弥补缺陷的方法,对个体本身没有带来帮助,有时甚或带来更大的伤害。例如,一个事业失败的人,整日沉溺于酒精而无法自拔;一个想减肥的人,一遇到不如意的事,就以暴饮暴食来减轻其挫折;一个被同学排斥的学生,参加不良帮派组织以取得帮派分子的接纳;一个得不到正向注意与关怀的孩子,发展负面的行为以获得他人的注意。所谓积极性的补偿,是指以合宜的方法来弥补其缺陷。积极性的补偿运用得当,会带给我们人生一些好的转变。

综合上述这些例子,我们可以发现在不完美的人生里,人的一生中或多或少都会使用补偿方法来克服缺陷,唯一差别在有人因生理上缺陷(如姿色平庸的女学生),有人因心理上缺陷(如怕别人怀疑她没有女人味的女老师),有人因社会性缺陷(如事业失败的人),有人因过错上的缺陷,而使用各种不同的补偿方式。

5. 建设性防卫机制

在防卫机制中较好的一类,是向好的方面去做补偿,是属于建设性的,它可分为认同和升华两种类型。

(1) 认同

在人生中,每个人都有一些重要的事情需要去完成,而其中主要的一项就是完成"认同"的历程。"认同"始于儿童至青少年期,成为主要发展任务。儿童用来学习社会团体态度与习惯,青少年用来找寻自我、肯定自我。因此心理学家们一致认为"认同"是协助人格发展的重要方法。但精神分析学派认为,"认同"虽是儿童学习性别角色所必须,如使用不当也可能成为一种防卫反应。"认同"意指个体向比自己地位或成就高的人的认同,以消除个体在现实生活中因无法获得成功或满足时,而产生的挫折所带来的焦虑。就定义来说,认同可借由心理上分享他人的成功,为个人带来不易得到的满足或增强个人的自信。例如:一位物理系学生留了胡子,是因为他十分仰慕系中一位知名教授,而该教授的"注册商标"就是他很有性格的胡子,此学生以留胡子的方式向教授表达认同。其他如"狐假虎威""东施效颦"都是认同的例子。

认同有时也可能认同一个组织。例如:一个自幼失学的人,加入某学术研究团体成为该团体的荣誉会员,并且不断向人夸耀他在该团体的重要性。

(2) 升华

升华一词是弗洛伊德最早使用的,他认为将一些本能的行动如饥饿、性欲或攻击的内驱力转移到一些自己或社会所接纳的范围时,就是"升华"。例如:有打人冲动的人,借锻炼拳击或摔跤等方式来满足;喜欢骂人,以成为评论家来满足自己;想杀人,以"外科医师"或"屠夫"(杀猪、杀牛)工作为职业来满足自我本能的冲动。上述例子都是一种升华作用。一生命运多舛的西汉文史学家司马迁,因仗义执言,得罪当朝皇帝,被判处宫刑,在狱里,他撰写了《史记》。《少年维特的烦恼》作者歌德,失恋时创作了此书,他们都是悲痛中之坚强者,将自己的"忧情"升华,为后世开创了壮观伟丽的文史境界。

弗洛伊德之女,安娜·弗洛伊德(Anna. Freud)撰写了《自我与心理防卫机制》一书,并于书中将防卫分成十种类型。她认为其中九种防卫常见于神经质的成人与正常的儿童,唯"升华"不论在成人或儿童,都是正常健康的。

升华是一种很有建设性的心理作用,也是维护心理健康的必需品,如果没有它将一些本能冲动或生活挫折中的不满怨愤转化为有益世人的行动,这世界将增加许多不幸的人。

(三) 心理防卫的运用

心理防卫可帮助个人应付焦虑及保护自我免受伤害,因此个体在面临冲突与挫折情境时,多采用防卫方式来适应。由上述几种主要防卫方式,我们也已知道,它们并非全然是病态,假如它们不会成为逃避现实生活方式的话,仍有相当价值。从个体遭遇挫折时解决问题的效率与维护个体心理健康的观点来探讨,防卫机制具有积极的适应与消极的适应两种作用。

1. 积极适应作用

防卫机制对个体之激动情绪与攻击行动具有缓和作用。因为个体在面对重大挫折时,情绪激动,常使行为显得杂乱、缺乏理智且无效率,并易出现破坏性的行为,对己、对人、对社会都不利,而此时如使用前述的合理化或投射等方式适应,可使个体在短暂时间内,免于情绪崩溃和破坏性行为所造成的伤害,使人有"退一步想"的机会,以找到更好的治疗。

防卫机制有时也可协助个体对所遭遇的问题进行分析而增加解决问题的可行性。例如,使用"合理化"的过程中,个体在找寻代替事实真相的"理由"时,可能也同时找到了解决问题的途径。像以"酸葡萄"心理来安慰自己被女友拒绝的痛苦的同时,也许会发现下次再追求女性时的适选对象等。

有些防卫机制可激发个人潜能之发展。例如正向使用补偿作用,可发挥扬己之长、补己之短之优点,又如"升华"能使个体获得满足并带来正面建设性的结果。

2. 消极适应作用

(1) 有些防卫机制带有自欺欺人的成分,例如:合理化、反向、仪式、抵消、隔离与否定等机制。对个人的生活适应而言,可能减轻或去除焦虑,但对个人的问题或动机,多数并未能因此而得到解决或满足,问题依然存在,是一种消极性的适应行为。(2) 经常性使用防卫机制,成为习惯,可能使个人丧失解决问题的能力,妨碍个人潜能发展。(3) 使用过度,有时反而因之制造更大、更多的问题。例如,遭遇挫折时,以酒精或毒品来麻醉自己,求得心理痛苦的解脱的适应方式,非但不能排除挫折,反而因此造成无法革除的恶习(如"酗酒""药瘾"等),更加伤身与伤心。

分析防卫机制与生活适应之关系,并将其对生活适应所造成之影响,分成积极性作用与消极性作用,能以有效的方法来处理生活中各种挫折与冲突,使之愉快地生活。

综上所述,防卫机制,可以说是"自我"的保护方法,是人类在日常生活中用来减少或消除痛苦,获得心理平静的方法,学者将其精细分为上述几种。但在运用时,少有单一出现情形。从个体的发展过程来分析,可发现个体因成长阶段成熟度的不同,使用防卫机制的类型与程度也会有所不同。例如,否定和投射常见于儿童早期;合理化与升华只有发展到能思考、推理并善于言词时,才会使用;仪式与抵消、反向也只有发展到具有辨别是非观念和自我控制能力时才会使用;而认同虽在婴幼儿期即渐渐出现,但要到青春期,才会更见显著。

总之,防卫机制并非全是病态,只要我们不经常性(或过度性)使用。很多精神病患者的行为是由于经常性或过度性地使用防卫机制而造成。因此,学习"防卫机制"可以帮助我们了解行为背后的潜意识动机如何来影响(或左右)我们的行为,使我们在生活中遭遇冲突与挫折时,有更合宜的行为来解决问题,以增进我们生活适应能力及提高我们心理健康水平。

三、教师的休闲与心理保健

(一) 休闲

休闲又可称为游戏或娱乐。有人认为休闲是一种生活方式,也有人认为休闲是一种活动。休闲是在工作之余,个体有机会自由做一些事情,亦即在余暇中,个人能为自己作计划、安排的状态。闲暇时个人或团体所做的活动,以寻求舒松与愉快,就叫休闲活动。这些活动不是由于某种需要,也不是谋求某种报酬,而是为了本身的兴趣,包括游戏、竞赛、健身、消遣、艺术活动,以及嗜好等。

休闲活动是人类日常生活中,运用余暇时间所从事的活动,这种活动可使我们轻松、满足、愉快,可以调节情感,促进身心健康,丰富生活经验,而不去计较利害得失,因此,它乃是人生的润滑剂,足以滋润人生、平衡身心、创造新契机。

(二) 休闲的类别

1. 以目的分类

(1) 逃避性的活动

为了逃避日常工作而从事的休闲活动,如:阅读课外书籍、运动、看电影电视、打牌等。

(2) 一般教养性及鉴赏的活动

并非只想逃避工作,而是可充实人生的活动,如:观赏演出演唱、参观美展、学习技能等。

(3) 创造性的活动

自己去创造生产的活动,如:作曲、著作、绘画、陶艺、雕刻、缝纫等。

(4) 服务性的活动

以服务为目的的休闲活动,如:义务工作、社区服务等。其中又以鉴赏、创造服务性的活动为理想。

2. 以性质分类

（1）知识性

①阅读

一个真正享有读书乐趣的人，一定懂得独处的艺术，自然享有内在的宁静大地，常觉平安喜乐。

②进修类

为未来目标所需要的专业书，这类书需要整理、归纳、记忆，往往要有恒心地花费较多的心力，但吸收后的充实感常让人觉得愉快。

③消闲类

由看各类较轻松的书籍，无形中获得各类常识，园艺、烹饪、家庭布置、电影、旅游、风土民情、文学名著、散文、期刊、杂志等。

④文艺活动

借着参与各类展览、演出、比赛、演讲，多看多听以汲取专家展示的精华，并养成欣赏能力，享受视觉、听觉的愉悦。

（2）健康性

要做一个健康的现代人，身心两方面皆须均衡，因此，我们必须将运动的习惯纳入生活系统中，以促进新陈代谢保有活力。一般熟知的有各项球类运动、跑步、登山、走步、游泳、舞蹈等，有时在天气或缺伴的限制下，只要有一小块独立的空间，一样可借由跳绳、体操、打拳、瑜伽、仰卧起坐、伏地挺身等活动让自己身心舒畅。

（3）嗜好性

人如果拥有嗜好，一辈子都不会有寂寞难耐的日子。

①户外活动

旅行、郊游、野餐、放风筝、钓鱼、参加各种运动队。

②技艺

摄影、书法、插花、学习乐器、电脑、烹饪、缝纫、绘画、学习外语、编织、剪纸、雕刻、陶艺、编织中国结。

③嗜好

搜集收藏品、种植、欣赏音乐、剪贴、聊天、写信、写日记、做礼拜。

（4）服务性

参与各种社会服务与义务工作，通过助人的行为，表达关怀与爱意的信念，在休闲中感到为善的喜乐。

3. 以时间分类

(1) 片刻休闲

家居或工作处所的休闲,如伸伸懒腰、韵律操、散步等活动,以短暂零碎时间的运用为主。

(2) 日常休闲

在生活圈内的游玩,如去公园、看电影等活动,所用时间约半日或一日。

(3) 周末休闲

远离生活圈的游览,如名胜古迹、公园的旅游等,须在周末假日方可实施。

(4) 长假休闲

可在不同的地点长期休闲,如出国观光、度假等,只有连续假期或寒暑假方可为之。

(三) 休闲的功能

传统社会对休闲的看法,常局限于暂停工作、全心休息,以恢复体力消极观点,较少涉及休闲活动的积极方面。其实,休闲活动的主要功能,不但有助于个人现在的生活,并且对其一生的发展也有决定性的影响。也就是说,休闲不是只有消极地逃到一个零压力的地方而已,还要更主动地去追求积极正面的经验,使自我能快速恢复活力,对生活更具挑战力,更存有希望的、积极的一面。

休闲活动不但可以促进生理新陈代谢,也可以使紧张的情绪得到发泄与舒松,休闲时没有束缚,没有压力,完全是自在的恣意行动,反而留出了更豁达的心理空间,因而许多的创造与发明都是在休闲时豁然开朗的,而休闲活动的训练也能激发工作的灵感。休闲活动原本就不光是娱乐而已,更重要的是生活经验的发展,因此就大多数人的休闲内容而言,实在是显得太贫乏了。

综合许多学者的意见,可将休闲活动的一般功能归纳成以下几点:(1) 休闲活动可以增进个人身心的发展。(2) 休闲活动可使我们在工作以外获得满足,补偿个人缺陷。(3) 休闲活动可以扩展我们的生活经验,促进社会化。(4) 休闲活动可以满足个人成就的需求,肯定个人的价值。(5) 休闲活动可以松弛紧张的情绪,去除攻击的冲动。(6) 休闲活动可以培养独处能力,增进自我的了解。(7) 休闲活动可以使精神上有所寄托,得以调剂。(8) 休闲活动可以使人满足亲和需求。(9) 休闲活动可以逃离现实压力,促进潜能的发展。(10) 休闲活动可以增加消费量。

(11)休闲活动可以增加生产力。(12)休闲活动可以激发创造力。(13)休闲活动可以调节生活的步调。(14)休闲活动可以促进非正式的沟通。(15)休闲活动可以满足审美的需求。(16)休闲活动可以增进社会福利工作。(17)休闲活动可以获得新智能,开发第二专长。(18)休闲活动可以享受视觉、听觉、触觉、味觉等感官之美。(19)休闲活动可以认识本土及其他文化。(20)休闲活动可以使人亲近大自然。

教师在学校的任务不外乎教学、研究及行政工作,由于制度使然,基础教育阶段的教师几乎只做行政与教学工作。单调繁琐的例行公事,确实容易使教师产生职业倦怠,尤其是小学教师,大多必须负担班级的教学与生活辅导的工作,再加上学校所交办的其他行政杂务,每天皆奉献心力于鲜有变化的校园工作上,每位尽责的老师难免都承受了不少工作压力与难言之苦。因此,教师在教育专业生涯中所从事的休闲活动更需要发挥以下的功用。

1. 增进身心健康

教师的生活单调、工作繁重、有形无形的限制多,身心容易失衡,需借助适当的休闲活动来调节生活作息、弥补身心的疲乏、恢复充沛的体力,以维持健康的身心。

2. 发泄负面情绪

教师在现实生活中所遭遇的挫折与无奈,唯经由休闲活动才可摆脱众多的压抑,缓解内在的负向情绪或冲动,暂时减缓现实的压力,获得调息与重新出发的机会。

3. 提高个人价值

休闲活动除了娱乐效果外,尚有补偿个人缺陷、自卑与潜意识需求的功能。教师可选择自己专长的休闲活动以满足教学以外的个人价值,同时可提升团体的地位。

4. 促进人际关系

教师的社交圈普遍狭窄,人际的互助非常有限,可通过休闲活动增加与他人互助的机会,不但可认识、结交更多志趣相同的朋友,又能扩大视野、满足归属感,更因体会人际交往与合作的宝贵经验,成功地促进个人成熟的社会化历程。

5. 学习新的知识

教学工作日新月异,教师需在正式的进修渠道之外,运用休闲的方式另行汲取新的信息与教学智能,一方面充实精神内涵,发展自我;一方面有助于学校的教学与研究工作,建立专业的特色。

6. 避免角色呆板

休闲活动可使教师有较多机会扮演与体验其他多样化的角色,转变刻板角色的期待;可以消除他人对教师呆板的负面角色形象。

7. 扩展社会接触面

教师的工作范围常局限于学校与班级,平日较少接触社会的其他层面,如能借着休闲活动的安排,深入社会的各个角落,了解各种社会现象与群众苦乐,对于个人与工作皆有莫大的帮助。

8. 开辟第二生涯

教师可借休闲活动试探与培养第二专长,开展其他不同的生涯方向,在轻松而无后顾之忧的学习气氛下,激发潜能,为第二生涯开拓创造条件,逐渐达成自我实现的目标。

9. 和谐家人关系

教师可安排家人一起参加休闲活动,在自然且无拘无束的非正式情境下,不但有效达成真实坦诚的沟通,消除彼此的误会,亦可增进彼此的了解,有助于家人关系的和谐。

10. 广播关怀爱心

教师的专业成长历程曾接受较多的人文陶冶,基于对受教育的关注与谆谆教诲,教师的爱心更可在有关的社会服务活动中淋漓发挥,以达成"老吾老以及人之老"和"幼吾幼以及人之幼"的崇高的为善目标。

(四) 影响教师休闲的因素

教师除了平常有固定的假日外,每年都还拥有其他行业所没有的寒暑假,在不必工作,生活又无虑的长假中,是容易安排休闲生活的。但由于教师勤勉耐劳,工作勤奋,因此成就动机强,休闲意识薄弱;而工作设计不良,生活空间狭隘,休闲能力贫乏,休闲涵养恶劣,再加上休闲资源严重遭到破坏,难免会遭遇许多无法克服的障碍,就算勉强为之,效果亦大打折扣。

教师常从事的活动为球类(如台球、篮球、网球等)、旅行、散步、读书、郊游、逛书店、逛街、品茗、园艺活动、听广播或录音带、慢跑、游泳等,均为一般人共识的健康性活动,并无所谓的"暴发户式"的休闲文化特征。其自觉可达放松心情、锻炼身体和健美、增加知识技能、娱乐、结交朋友或联谊、修身养性、打发时间、寻求心灵寄托、满足创造或成就感、休息等目的，均是朴实简易可行的活动，与居家生活较易配合。

教师很想却很少参与的活动为打高尔夫球、旅行、学习语言、溜冰、划船、游泳、驾车(骑马)、摄影、打保龄球、射箭、钓鱼、学特殊技艺(插花、美发)、爬山等，多属于需要较多金钱、特殊环境设施及费时的活动，与日常家居生活较难配合。因此，时间、环境与场地设施、金钱、能力、交通、家人等因素，影响所期望的休闲活动的实行。

教师由于主、客观的因素，真正能够从事的休闲活动比较倾向简单、经济、健身、娱乐、休息等一般性、传统性的类别，至于新潮、特殊、费钱、困难等非传统性的类别则不易实施。所以，教师从事休闲活动的困境亦值得我们来探讨，以便于协助教师了解实际的状况，进而研究对策来解决问题，以达到推广休闲活动的目的。下面针对若干影响教师进行休闲活动的因素加以说明。

1. 生态因素

（1）居住地区

教师居住或工作所在地区的休闲文化与地方特性对教师的休闲活动影响很大，如都市与乡村的差异性。

（2）居住环境

教师所处的社区或学校风气亦对教师的休闲活动有直接的引导作用。另外，居家附近的交通、通信的条件也会有所影响。

（3）自然资源

整个休闲环境的开发、自然资源的保护措施，都是休闲事业能否蓬勃发展的关键。教师皆为知识分子，较讲究休闲环境的品质，如果天然资源被破坏，自会降低休闲的意愿。

2. 社会因素

（1）职业

教师所属职业团体是否鼓励其多做或流行某种休闲活动，皆会带动教师从事休闲的意愿。而学校规模的大小、人际的关系、领导态度等，也是推动教师休闲活动的重要因素。

（2）收入

教师的收入虽然固定，但在日常家用之余，却无法有较高的积蓄，因此，休闲活动的性质、次数、预算都会受到限制。

（3）教育程度

教师的教育程度往往会影响休闲的选择与品质，教育程度愈高者愈有强烈的休闲动机。

（4）工作性质

教师在校任教科目与工作性质、时数也会决定从事休闲活动的需要性，一般兼办行政工作者，较难按照自己意愿去安排休闲生活。

3. 个人因素

（1）性别

男女性别角色的期待有很大的差异，当然也会影响休闲的意愿与性质，一般认为男教师比女教师较容易有休闲的机会。女教师身为职业妇女，休闲机会自然容易被繁多的家务事所剥夺。

（2）年龄

教师的年龄分布很广，年轻的教师较具有休闲的潜力（体力），但年长的教师亦拥有较佳的休闲条件（时间、经济）。然而，一般仍以年纪较轻的教师参与休闲活动的动机较强。

（3）个人特质

教师的人格特质差异颇大，每位教师的需求亦不尽相同，唯有符合个人兴趣与取向的休闲活动，才能引发个人高度的参与感。另外，教师成长过程当中培养出的生活习惯，亦与休闲有关。

（4）态度

教师通常富有较多的理性思考习惯，也因此具有合理的休闲态度，但往往由于其他众多因素，反而形成参与的行动无法与观念一致的情况。

（5）年资

教师的年资与年龄有关，资深教师比新进教师较缺乏活力，懒于参与休闲活动。而资浅教师由于要适应环境与准备教学任务，有时也难以随心所欲地参加各种活动。

（6）婚姻

已婚教师需照顾家庭、家人，考虑的事情亦较多，自然比不上未婚教师可无牵无挂地从事自己喜欢的休闲活动。

（7）家人数目

家庭人数的多寡会对家计的负担、家人之间的互动机会有所影响,人数较少的家庭要组织休闲活动显得较方便、容易。

（8）时间

教师除了学校课程、事务及日常生活的家务事外,是否能抽出适当的空间、时间来从事休闲活动,便成为教师休闲生活中的关键。杂务较少的教师就可能有较多的休闲时间。

(五) 适合教师的休闲活动

教师的生活虽然比其他行业的人员拥有更固定的空间和时间,但因个别差异与不同的心理需求,需要不同种类的休闲活动方可满足。由于社会风气与教育措施的影响,很多人采取功利式的、立即得到反馈的休闲活动来缓解心中的压力。"小人闲居为不善",如果不好好利用休闲时间,把休闲时间用来沉溺赌博、暴饮暴食、游荡风花雪月场所等不良休闲活动,不但无法达至健全的休闲目的,还会影响正常的工作,甚至危害个人、家庭、学校、学生及社会大众。由于教师身份特殊,稍有偏差行为,则易造成社会的重视与舆论的谴责,因此,在选择与从事休闲活动时不可不慎。

1. 健全的休闲活动区分标准

（1）生产性

同一性质的休闲活动,具有生产性的休闲活动比不具生产性的休闲活动具有价值。

（2）共同性

能够由许多人共同享受的休闲活动要比由个人享受的休闲活动具有价值。

（3）发展性

能够增进个人身心健康的休闲活动要比只消磨时间的休闲活动具有价值。

（4）适应性

适合于个人兴趣、才能的休闲活动要比不适合个人兴趣、才能的休闲活动具有价值。

因此,我们可得知教师从事休闲活动必须把握生产性、共同性、发展性及适应性的正面效果,才能算是有意义而健全的休闲活动。休闲活动如具有挑战性、刺激性、变化性,则有助于人们心理的健康。

2. 以刺激现象区分休闲活动

如果从行为理论的刺激和反应的现象来分析,下列的刺激可充实休闲活动的正面经验。

(1) 视觉刺激

灯光的种类与强弱、色彩的设计、盆栽的摆置、家具的摆设、庭院的布置。

(2) 听觉刺激

音乐及自然声音的联想。

(3) 触觉刺激

温度的变化、家具的质料。

(4) 肌肉感觉

座椅的形状、健身器材的运用、空间的感受。

3. 以需求区分休闲活动

一般任职学校的教师除少数处于青春期外,大多已是青年后期以上的年纪,消遣方式也逐渐由需要体力的激烈游戏转变为静态式活动。到了成年期,因为生活方式以家为重,故消遣活动也以家人的共同参与为主,由于工作及家务的负担,休闲时间减少很多。年龄愈大,兴趣的范围也愈来愈狭窄,重点也有所转变,由耗体力、社交较广转为轻松、较单独的活动,重视生活哲学与文化的追寻。培养一种嗜好,年老退休后,就可以充实退休后的空闲时间,否则老年以后很难适应。"老化"对一个人消遣活动的喜好和形式影响很大,有时因生理功能限制或家庭因素,社会环境缩小,不得不放弃或免除一些活动,因此老年人兴趣的范围逐渐缩小,老年时的消遣是较安静而节省力量的,仅限于自己的家庭,不再到别人家去,也不再去俱乐部或其他公共娱乐场所。

了解休闲活动的正面特质与教师的发展及需求,有关适合教师从事的休闲活动,试列举以下几项,以供教师参考。

(1) 运动性休闲活动

教师在学校工作,学校所具备的设施,教师也能配合教学而就近使用,因此球类运动,如台球、网球、排球、羽毛球等皆为教师所喜爱。其他如慢跑、游泳、体操、武术、瑜伽、静坐等亦常为教师所从事。"水能载舟亦能覆舟",运动一旦超出自己体能的负荷,反而只有百害而无一利。因此,进行运动性休闲活动要衡量自己的体能,避免剧烈运动,练习时须循序渐进,并安排适当的休息、补充必要的营养,才能达到休闲与健身的目的。

(2) 户外性休闲活动

这是比较普遍的大众化休闲活动,利用假日全家扶老携幼外出寻幽访胜,参观名胜古迹,不仅陶情养性,亦能增进家人的亲密关系,享受天伦之乐。此外,旅游、爬山、赏花观鸟、钓鱼、露营、游览动物园等也是一般人常过的休闲生活。

(3) 文艺性休闲活动

此类休闲活动主要在于启发其他兴趣与潜能,培养欣赏能力,并借参与的机会,扩展各个不同领域的人际脉络。教师喜欢的活动项目有:演唱、演奏、歌剧、演讲、聊天、写作、品茗、棋艺、盆栽、阅读书报杂志、观赏电视电影、绘画、摄影、雕塑陶艺等。

(4) 学习性休闲活动

工作之余的进修与益智性休闲活动结合,强调专业知识或各种生活技能的充实或习得,也是教师经常的休闲方式,不但可增长见识、有助教学工作,亦可借此发展生涯的第二春。适合教师参与的活动有:钻研科学新知、电脑研习、机械电子产品的修护、金融经济信息的研读、教育与心理专业知识的探究、社会民俗采风等。

(5) 服务性休闲活动

近年来,由于生活水平的提高,大家都更有余力来关心社会的事务,许多人利用休闲时间从事社会服务工作,通过精神或物质的助人历程,不但可以肯定自我的价值,满足自尊、自我实现的心理需求,亦可借由"助人为快乐之本"的真谛,提高自己的生活内涵与品质,教师如能积极参与社会服务工作,自愿担任义务工作,为需要协助的社会大众提供一己之力,不仅达到本身休闲的目的,同时也能发挥教育的专业知识,示范与带动一般民众参与社会服务工作。常见的社会服务工作有:开展戒烟、反毒、环保、妇女保护等活动,协助社会中的弱势团体解决生存的威胁与障碍,重新开发个人潜能,开创幸福美满的新生活。

(六) 教师休闲活动的选择与安排

选择与安排休闲活动,是教师的生活中必须重视的课题。我们都知道不同的休闲活动可能具有不同的功能,但有关人类如何选择休闲活动的理论至今并不完整,大致可分为下列几点。

1. 选择休闲活动的依据

(1) 补偿说

补偿说主张个人如果有自由选择娱乐的机会,他一定会选择与工作显著不同的休闲活动,以避免因过分单调、无聊、繁重而精神崩溃。比如,都市工作者在假日常涌向乡村作休闲活动。

(2) 相似说

相似说主张当个人有充分选择自由时,他多半会选择与自己日常所熟悉事务有关的活动作为休闲,工作者的任务愈单调,所作的娱乐也愈单调。

(3) 参照团体论

参照团体论认为大多数人是根据同事、家人及朋友的活动来过滤或引导自己的休闲活动。换言之,此理论认为个人的休闲选择受到社会价值及规范的影响。

(4) 机会论

机会论认为都市人因很少有机会参与农村活动,因此日常的休闲活动鲜少具有乡村色彩,大多偏重都市型活动。

(5) 交换论

交换论认为个人会选择自己能从中获得较大满足(或利益)的休闲活动。倘若一种活动经常能使人得到高报偿,当事人比较可能再选择这种活动,由于厌腻(satiation)的原理,当某一种活动的报偿达到高潮时,个人参加率就会有逐渐下降的趋势。对某种形式的娱乐投资的时间、精力及金钱愈多,个人愈不容易转移至其他类型的娱乐活动,而他会在相同类型的活动中求变化。假如报偿超出原先的期望,则会有满足感;否则会改选其他活动。但若不能如愿,也只好被迫留下继续做相似的活动。

2. 安排休闲活动的方法

每个人的生活作息习惯有很大的差异,在考虑休闲活动时,必须依据个人不同的情况妥为安排。自己安排休闲生活较能满足本身的需要,也可以从中体会到更多的乐趣。这时对个人而言,休闲生活不仅是休息与放松而已,而是个人自愿选择的一项活动,从中可以得到直接的欢乐,并且使自己的生命有更完整而丰富的经验,进而产生新的工作条件与生活情趣。

(1) 制定目标

教师可先根据自己的兴趣与需求定出短、中、长程目标,把目前可行及未来欲行的休闲活动化为具体的目标,然后再逐步实行,以实现自己的理想。如果项目太多,可排定优先顺序或结合同性质的项目。而活动的内涵也要符合自己的生活步调,才能对身心的均衡有所裨益。

(2) 增强动机、善用资源

教师在决定从事某项休闲活动之前,可发掘一些有利的条件与事物,以提高参与的动机。如:有同事、朋友一起进行,彼此可分享心得与乐趣,又容易坚持,不会轻言放弃。同时,亦可有效掌握机构或社团的活动信息与资源,协助自己投入休闲活动。

(3) 环境的控制

教师在进行休闲活动时,可巧妙地布置活动情境,并酝酿和谐的气氛,以引发高昂的参与情绪。至于时间的把握、活动的搭配,可采用变化方式提高效果。此外,生活中零星时间的运用,亦可产生偷闲的意外情趣。控制环境的有效因素,在于运用之妙,存乎一心,必有所突破,才可能产生更多的创意。

(4) 自我增强反馈

适当的自我奖赏可提高实施的信心,只要持久进行下去,从长时期的累积经验到形成历久弥新的良性循环,休闲活动自然可达到预定的目标。

(5) 检讨修正

教师对于既定的休闲活动,可在进行过程中随时反省检讨,如发现难行之处,可加以修正调整,务必使各阶段的目标皆可完成,并符合实际的需要。教师要随时怀着积极、愉快的心态,来迎接充满乐趣的休闲生活。

教师除可依上述步骤安排设计自己的休闲活动外,在实施时亦可参考以下的注意事项:①所有的休闲活动皆应顾及本身的兴趣与意愿,千万不要勉强或限制自己,使得休闲成为身心的严重负担,出现本末倒置的现象。②休闲活动最好与日常工作的性质有互补的作用,以产生相对的松弛,充分发挥调节的功能,拓展多样性的生活经验。③休闲活动亦可配合正式工作的需要,延伸个人的内在兴趣,使休闲生活和工作统一起来,促进专业技能的升级。④实施休闲活动的计划,必须说做就做,切勿考虑太多,拖延时间,否则往往一事无成。休闲活动贵在正当和适量,过与不及都不是良好现象。⑤实施休闲活动要善用时间,平日余暇、短期假日、寒暑假等各需要不同的安排,把握时间的特性才能完善规划。其次,善用零星时间,亦会平添不少生活的惊喜与乐趣。⑥实施休闲活动要重视活动的环境,避免涉及不良场所,地点的选择与安排要慎重考虑。⑦实施休闲活动要有正确的态度,除了消极的休闲目标,亦应同时考虑积极的休闲目的,不要完全随波逐流,一味追求时髦风尚,而迷失自己的休闲取向。⑧教师的收入有限,休闲开支皆为辛勤积蓄所得,因此,实施休闲活动应衡量本身的经济实力,做合理的消费,才不至于影响日常生活的各项运作。⑨休闲活动的实施种类可考虑一种以上,最好有动态活动,也有静态活动,如能调和不同性质的活动项目,更可增进个人的适应性,获得多样性的休闲效果。⑩实施休闲活动首先必须考虑安全措施,惟有在不危害个人身心的状况下,休闲活动才有意义,否则不但徒然无功,还会适得其反,留下困扰的后遗症。⑪实施休闲活动可采用个别或团体的方式,一方面享受独处的乐趣,一方面参与同辈团体,增进人际关系社会关系,不但造福自己,也可把欢笑分享给众人。⑫休闲活动的实施可包括家庭与学校的活动,借着非正式的活动,促进同事、师生、亲子、手足间的沟通与感情。

　　人的生活贵在自己的安排,工作与休闲互相影响,互创生机与契机,若安排得当,多彩多姿的人生将会更加充实。"休息是为了要走更远的路",教师的职业生涯确有从事休闲活动的必要与条件。教师除了必须在教育的专业技能上不断地成长,以满足学生的认知需求外,还要培养休闲技能,以怡然自得、悠游自在的心境,来促进自我的成长、提高生活的品质、享受生命的乐趣,并能以健康的心态,充满自信地迎接未来教师生涯的挑战。

第六章
支教志愿者的公共事件与应急救助

第一节　常见急症处理

一、基础急救

(一) 触电

(1) 迅速切断电源，关闭电闸，或用干木棍、竹竿等不导电物体将电线挑开。电源不明时，不要用手直接接触伤病员，在确定伤病员不带电的情况下立即救护。(2) 在浴室或潮湿的地方，救护人员要穿绝缘胶鞋、戴胶皮手套或站在干燥的木板上以保护自身安全。(3) 伤员脱离电源后，应立即检查伤员全身情况，对烧伤局部进行创面的简易包扎。(4) 对呼吸、心跳停止者，立即进行心脏除颤和心肺复苏，紧急呼救 120。

(二) 溺水

(1) 充分做好自我保护。救护员如有救护能力，方可跳入水中进行营救。(2) 营救应迅速，被救助者采用仰泳的姿势（以利于呼吸），由救助者将其带至安全处。(3) 救助时如有条件，可以采用漂浮的木板救护落水者。(4) 救上岸后，将溺水者的头偏向一侧，清除口腔和鼻腔内的泥沙、污物，打开气道，保持呼吸道通畅，并立即检查呼吸、脉搏。(5) 对无呼吸、无心跳者，应立即对其进行口对口的人工呼吸，然后做胸外心脏按压，五个循环后判断复苏效果。(6) 呼叫急救系统进行现场或医院救护。

(三) 电梯事故

(1) 保持镇定，并且安慰困在一起的人，向大家解释不会有危险，电梯不会掉下电梯槽,电梯槽有防坠安全装置,会牢牢夹住电梯两旁的钢轨,安全装置也不会失灵。(2)利用警钟或对讲机、手机求救。如无警钟或对讲机,手机又无法使用时,可拍门叫喊,也可用鞋子敲打。(3)如不能立刻找到电梯技工,可打119呼叫消防员处理。(4)如果电梯下坠不停,一定要保持镇定,并尽快把每一层楼的按键都按一下。(5)不要自行爬出电梯,千万不要尝试强行推开电梯内门。(6)困在电梯,要保持镇定,伺机求助,注意倾听外面的动静,如有行人经过,设法引起他的注意。

(四) 踩踏

(1)发觉拥挤的人群向着自己行走的方向拥来时,应该马上避到一旁,不要奔跑,以免摔倒。切记,不要逆着人流前进,那样非常容易被推倒在地。(2)若身不由己陷入人群之中,一定要先稳住双脚。切记,远离店铺的玻璃窗,以免因玻璃破碎而被砸伤。如被推倒,要大声呼喊,不要让后面的人继续往前走,设法靠近并面向墙壁,双手紧扣颈后,身体蜷成球状。(3)遭遇拥挤的人流时,一定不要采用体位前倾或者低重心的姿势,即便鞋子被踩掉,也不要贸然弯腰提鞋或系鞋带。(4)被人群拥着前行时,要撑开手臂放在胸前,背向前弯,形成一定的空间,以保持呼吸道畅通。(5)在拥挤的人群中,如果出现混乱局面,要时刻保持警惕,当发现有人情绪不对,或人群开始骚动时,就要做好准备以保护自己和他人。拥挤时,注意不要被绊倒,避免自己成为拥挤踩踏事故的诱发因素。(6)当带着孩子遭遇拥挤的人群时,最好抱起来,避免孩子在混乱中被踩伤。(7)万一被人挤倒在地,不要惊慌,设法使身体蜷缩呈球状,双手紧扣、置于颈后,保护好头、颈、胸、腹部重要部位。如有可能,要设法靠近墙壁或其他支撑物,并尽一切可能在最短的时间站起来。(8)如果拥挤踩踏事故已经发生,一方面赶快报警,等待救援;另一方面,在医务人员到达现场前,要抓紧时间开展自救和互救。

(五) 球场骚乱

(1)发生球场骚乱时,应避免在看台上来回跑动。要迅速、有序地向自己所在看台的安全出口移动。(2)周围人群处于混乱时,不要盲目跟随移动,应选择安全地点停留(如停留在自己的座位上),以保证不被挤伤。(3)注意观察现场活动情况,识别警示标志,做到心中有数。要有意识地了解现场安全通道和出入口的位置,发生危险时从最近的安全出口迅速撤离。(4)远离栏杆,以免栏杆被挤折而伤及自身。(5)疏散时,要让身边的老人、妇女、儿童等群体先撤,不要拥挤,不要乱喊乱叫,并保持疏散有序。(6)自觉遵守球场规定,维护赛场秩序。遇到少数人起哄、煽动闹事等情况,不要盲目跟从。(7)看台都有一定的坡度,如果遇到球场骚乱时,千万不要拥挤、翻越栏杆,以免造成人员伤亡事故。

(六) 高空坠人

(1)去除伤员身上的用具和口袋中的硬物。(2)保持呼吸道畅通,解开衣领扣和皮带,松解伤员颈、胸部纽扣。(3)对周围血管伤者,压迫伤部近心端的动脉血管至骨骼上,止血后,直接在伤口上放置厚敷料,绷带加压包扎,松紧程度以不出血和不影响肢体血循环为宜。(4)疑似颅底骨折和脑脊液漏患者切忌填塞伤口,头高位以免逆流导致颅内感染。(5)有条件时迅速给静脉补液,补充血容量。(6)快速平稳地送医院救治。

(七) 眼灼伤

(1)眼睛被化学物品灼伤后,应尽快用大量的清水,例如自来水、蒸馏水冲洗眼睛。冲洗时,不要溅及未受伤的眼睛。(2)不要用手揉眼睛。(3)少量灼伤可以把整个面部泡在水里,连续做睁眼和闭眼的动作。(4)清洁后,用清洁敷料覆盖保护伤眼,迅速前往医院。

(八) 骨折

(1)跌倒后,怀疑自己发生骨折时,一定要以骨折急救方法来进行救护。不可移动骨折部分,要使用正确的骨折固定法,用夹板木或其他物件给予固定。(2)伤处不自然变形或剧烈肿痛,均依骨折急救方法处理。骨头刺出皮肤时,则可确认为骨折。(3)有伤口时要保护好伤口。如果骨头自皮肤突出,用干净的纱布厚厚地敷在伤口处包扎保护伤口,千万不能加压,以免骨断端回纳。(4)伤口包扎完毕,用夹板木固定骨折部位。夹板长度必须超过骨折部位上下两关节。(5)夹板固定骨折部位后就不要再挪动患部。尽早送医院诊治或紧急呼叫120。(6)跌倒发生骨折时不要匆忙扶起,否则不但会加重损伤和骨位,还有可能导致截瘫。

(九) 关节扭伤

(1) 让患者尽量舒适地坐着或躺着,在可能的情况下垫高伤肢,有利于缓解肿胀。(2) 冷敷受伤肿胀的部位 30 分钟左右,能减少受伤处的血流量,减轻肿胀。一天内可以用毛巾浸冷水或用冰袋在受伤处冷敷几次。(3) 用棉垫或厚布垫在伤处,用三角巾或绷带适当加压包扎,可减轻肿胀和疼痛。(4) 怀疑骨折时按骨折处理。(5) 在受伤后的 24 小时内不能热敷,否则会加重出血和肿胀。两天以后,如肿胀已经得到控制,可以热敷,以便促进血液循环和组织吸收。(6) 如果是关节脱位,不要活动受伤部位,非专业医务人员更不要试图将脱位关节复位,以免加重损伤。要用外衣或毛巾包绕脱位关节,尽快送医院治疗。

(十) 烧烫伤

(1) 用冷清水长时间冲洗或浸泡伤处,降低表面温度。同时紧急呼救。(2) 迅速剪开伤处的衣裤、袜类,但不可剥脱,并取下伤者的饰物,如手表、戒指等。(3) Ⅰ度较小面积烧伤可自行涂外用烧烫伤膏药,一般 3～7 天治愈。(4) Ⅱ度烧伤,表皮水泡不要刺破,不要在创面上涂油脂和膏药,应用干净清洁的敷料或毛巾、床单等覆盖伤部,以保护创面,防止污染。立即送医院治疗。(5) 如果烫伤面大而且严重,要用湿的清洁被单包裹,外面盖上毯子,立即送医院治疗。(6) 头面部烫伤严重时,要立即送医院治疗。

(十一) 喉咙或气管异物

(1) 鼓励咳嗽。异物哽住喉咙且意识清醒时,要靠自己的力量,用力咳出异物,异物不大时,这个方法通常有效。(2) 可以将患者仰卧抱住,用手指按其胸部进行反复背部敲击促使异物排出。(3) 不能咳嗽者,可让患者低头弯腰用力连续拍打其两肩胛间的背部 4～5 次,这是使异物冲出的诀窍。异物如还未排出时,可用手抱住肚脐处向上向后连续挤压 5 次。拍和压交替进行,直至异物出来。意识模糊时,则表示有生命危险,应即刻施行胸外心脏按压。(4) 无法咳出和排出异物时,应及时拨打 120 到医院进行急救,请医生设法取出异物。

(十二) 骨刺卡喉

(1) 让患者张开嘴,发"啊"的声音,或用小匙将舌面下压,用电筒或反光镜照射,即可看到咽部的情况。如果发现鱼刺,可用镊子夹住,轻轻拔出。切不可采用大口吞饭的方法,这样会使异物越扎越深,出现危险。(2) 还可以刺激咽后壁,诱发呕吐动作,帮助排出鱼刺。(3) 若自己及旁人无法取出鱼刺,应尽早就医,切不可拖延时间以加重病情。

(十三) 狗咬伤

(1) 被犬咬、抓伤后,凡不能确定伤人动物是健康动物的,都要采取积极措施。(2) 只要未伤及大血管,局部伤口不缝合、不包扎、不涂软膏以利伤口排毒。(3) 立即用肥皂水或清水冲洗至少15分钟。(4) 冲洗后用2‰~3‰碘酒或75%酒精局部涂擦伤口。(5) 现场救护者戴双层橡胶手套进行伤口处置。(6) 不包扎伤口,立即到疾控中心注射狂犬疫苗和破伤风抗毒素,注射愈早愈好。(7) 对疯狗咬伤的患者,一定要严格隔离,伤口用过的敷料应该尽快烧毁,换药用具一定要严格消毒。(8) 接种疫苗期间要避免剧烈活动,忌用免疫抑制药物,不宜饮食酒、咖啡、浓茶,以及食用辛辣刺激性食物。

(十四) 毒蛇咬伤

(1) 被毒蛇咬伤后,不要惊慌失措,奔跑走动,这样会促使毒液快速向全身扩散。伤者应立即坐下或卧下,自行或呼唤别人来帮助排毒。(2) 放低伤口,使伤口低于心脏。切勿切开、吸吮或挤压伤口。(3) 用绷带由伤口的近心端向远心端包扎。上肢压力控制在 40~70 mmHg 之间,下肢压力控制在 55~70 mmHg 之间,包扎整个伤肢。包扎时要注意松紧合适(能放入一个手指),压力不足达不到效果,压力过大会导致局部组织损伤。这种方法是通过降低淋巴回流速度减慢蛇毒扩散的安全有效的方法。(4) 立即用淡盐水或 1∶5 000 高锰酸钾溶液冲洗伤口,在现场还可以用山泉、唾液、尿液洗伤口。(5) 可在毒素扩散之前,在伤口上放几根火柴,然后点燃火柴来灼烧伤口,以局部高温使蛇毒蛋白凝固,从而失去活性。(6) 记录蛇的资料,尽快采取抗蛇毒血清治疗,注射破伤风抗毒素。(7) 拨打 120 急救电话求救,紧急送医院治疗。

(十五) 蜂蜇伤

(1) 蜂蜇伤的伤口应用弱碱性溶液清洗。如果身边暂时没有药物,甚至没有食用醋,可在患处用力涂抹柠檬、橙子等水果,酸性越强的效果越好,酸性不强的也有一定效果。(2) 如果没有水果,又不认识解毒草药,可就地采摘一些酸性的草本植物涂抹。(3) 民间有用人奶治疗蜂蜇伤的验方,颇有效果。在野外可以用携带的纯牛奶清洗,也可以吸收并中和一些毒素。(4) 应尽可能取出创口里的蜂刺。如有条件可在伤口处敷蛇药糊剂。(5) 有全身症状者,在采用上述措施后应多饮水,以加快毒素排泄。(6) 如患者伤情严重,应立即送医院救治。

二、校园急救

(一) 受了外伤怎么办

(1) 出现小伤口并有出血的,需要清洗伤口并擦涂消毒、消炎和消肿的外用药,如正红花油、伤科活血酊,以及使用创可贴等。(2) 肌肉、关节、韧带等扭伤的,不能立即按摩或热敷,以免加重皮下出血,加剧肿胀。应当立即停止活动,使受伤部位充分休息,并且冷敷或用冷水浸泡。待 24 小时至 48 小时以后,皮下出血停止再改用热敷,以促进消散瘀血,消除肿胀。

(二) 课间活动注意事项

(1) 课间活动应当尽量在室外,但不要远离教室,以免耽误后面的课程。(2) 活动的强度要适当,不要做剧烈的活动,以保证继续上课时不疲劳、精力集中、精神饱满。(3) 活动的方式要简便易行,如做做操等。(4) 活动要注意安全,要避免发生扭伤、碰伤等危险。

(三) 郊游活动注意事项

(1) 要准备充足的食品和饮用水。(2) 准备好手电筒和足够的电池,以便夜间照明使用。(3) 准备一些常用的治疗感冒、外伤、中暑的药品。(4) 要穿运动鞋或旅游鞋,不要穿皮鞋,穿皮鞋长途行走脚容易磨泡。(5) 早晨夜晚天气较凉,要及时添加衣物,防止感冒。(6) 活动中不随便单独行动,应结伴而行,防止发生意外。(7) 晚上注意充分休息,以保证有充足的精力参加活动。(8) 不要随便采摘、食用蘑菇、野菜和野果,以免发生食物中毒。(9) 要有成年人组织、带领。

(四) 登山活动注意事项

(1) 登山时应有老师或家长带领,集体行动。(2) 登山的地点应该慎重选择,要向附近居民了解清楚当地的地理环境和天气变化的情况,选择一条安全的登山路线,并做好标记,防止迷路。(3) 备好运动鞋、绳索、干粮和水。在夏季,一定要带足水,因为登山会出汗,如果不补充足够的水分,容易发生虚脱、中暑。(4) 最好随身携带急救药品,如云南白药、止血绷带等,以便在发生摔伤、碰伤、扭伤时派上用场。(5) 登山时间最好放在早晨或上午,午后应该下山返回驻地。不要擅自改变登山路线和时间。(6) 背包不要手提,要背在双肩,以便于双手抓攀。还可以用结实的长棍作手杖,帮助攀登。(7) 千万不要在危险的崖边照相,以防发生意外。

(五) 如何保证游泳安全

(1) 游泳前需要进行体格检查。(2) 要慎重选择游泳场所,不要到江河湖海去游泳。(3) 下水前要做准备活动。(4) 饱食或者饥饿,以及剧烈运动和繁重劳动以后不要游泳。(5) 水下情况不明时,不要跳水。(6) 发现有人溺水,不要贸然下水营救,应大声呼唤他人前来相助。

(六) 游泳时遇到意外怎么办

(1) 游泳时遇到意外要沉着镇静,不要惊慌,应一边呼唤他人相助,一边设法自救。(2) 游泳时发生抽筋,如果离岸很近,应立即出水,到岸上进行按摩;如果离岸较远,可以采取仰泳姿式,仰浮在水面上尽量对抽筋的肢体进行牵引、按摩,以求缓解;如果自行救治不见效,就应尽量利用未抽筋的肢体划水靠岸。(3) 游泳遇到水草,应以仰泳的姿式从原路游回。万一被水草缠住,不要乱蹦乱蹬,应仰浮在水面上,一手划水,一手解开水草,然后仰泳从原路游回。(4) 游泳时陷入漩涡,可以吸气后潜入水下,并用力向外游,待游出漩涡中心再浮出水面。(5) 游泳时如果出现体力不支、过度疲劳的情况,应停止游动,仰浮在水面上恢复体力,待体力恢复后及时返回岸上。

(七) 上体育课时的注意事项

(1) 衣服上不要别胸针、校徽、证章等。(2) 上衣、裤子口袋里不要装钥匙、小刀等坚硬、尖锐锋利的物品。(3) 不要佩戴各种金属或玻璃装饰物。(4) 头上不要戴各种发卡。(5) 近视的青少年,如果不戴眼镜可以上体育课,就尽量不要戴眼镜。如果必须戴眼镜,做动作时一定要小心谨慎。做垫上运动时,必须摘下眼镜。(6) 不要穿塑料底的鞋或皮鞋,应当穿球鞋或一般胶底布鞋。(7) 衣服要宽松合体,最好不穿纽扣多、拉锁多或者有金属饰物的服装。有条件的应该穿着运动服。

(八) 参加运动会时的注意事项

(1) 要遵守赛场纪律,服从调度指挥,这是确保安全的基本要求。(2) 没有比赛项目的同学不要在赛场中穿行、玩耍,要在指定的地点观看比赛,以免被投掷的铅球、标枪等击伤,也避免与参加比赛的青少年相撞。(3) 参加比赛前做好准备活动,以使身体适应比赛。(4) 在临赛的等待时间里,要注意身体保暖,春秋季节应当在轻便的运动服外再穿上防寒外衣。(5) 临赛前不可吃得过饱或者过多饮水。临赛前半小时内,可以吃些巧克力,以增加热量。(6) 比赛结束后,不要立即停下来休息,要坚持做好放松活动,例如慢跑等,使心脏逐渐恢复平静。(7) 剧烈运动以后,不要马上大量饮水、喝冷饮,也不要立即洗冷水澡。

第二节　急救技能

一、发生车祸后怎么办

（1）记住下列电话号码：火警119；公安报警110；医疗急救120；高速公路救援12122；亲人电话号码；邻居电话号码；辖区内派出所的电话号码；附近医院的电话号码；熟悉的医生的电话号码。（2）当打电话呼救时，首先应镇静准确地向救护者说明伤者所在地的具体街道和主要标志；其次要说清疾病或损伤是怎样发生的、何时发生的、病人目前的伤病情况。要征得120同意后，才能挂掉电话。（3）如果意外的伤害发生在旷野、夜晚等不易被人发现的地方，受伤后立即争取得到他人帮助是自救的重要的措施之一。大声呼叫是比较简单易行的办法。（4）在野外发生交通事故时，受伤者被困在翻入沟内的汽车中，可按照国际通用的呼救信号"SOS"的规律鸣笛，闪动车灯吸引经过车辆的救援。如果独自一人在野外受伤，白天可用晃动的衣物，或用手表表盘对阳光的反射呼叫救援；夜晚可用手电筒、打火机、手机应急灯的光亮和声响吸引救援。

二、车祸发生后如何开展自救

（1）出血：可以把身上的衣服撕成布片，对出血的伤口进行局部加压止血。（2）骨折：现场可以找块小夹板、树枝等物，对患肢进行包扎固定。（3）头部创伤：把伤者的头偏向一边，不要仰着，这样可以避免呕吐，引起呼吸道堵塞，造成伤者窒息。（4）腹部创伤：应把内脏尽量在原来的部位盖上敷料，罩上保护圈，拿一个容器扣上包扎，不要把内脏放入腹腔内，以免造成腹腔感染。（5）呼吸心跳停止：及时对伤者进行心肺复苏术，先胸外心脏按压，再做人工呼吸。

三、如何减少车祸后的伤害

（1）首先呼叫120急救电话。（2）神志清醒的伤者，可以让伤者自己叙述病情，观察伤者全身的活动情况。（3）颈、腰部疼痛的伤者要保证头颅、颈部和躯体处于水平位置，以免造成脊髓损伤，有条件的要给伤者戴上颈托，用硬板担架搬运。（4）对于昏迷的伤者一定要平卧，且将其头部后仰、偏向一侧，及时清理伤者口腔的分泌物，防止误吸造成呼吸道堵塞，给予吸氧。（5）对头伤的伤者要做止血包扎，测量伤者血压、脉搏，观察伤者的瞳孔是否等大，为颅脑神经科医生进一步治疗提供依据。

四、骨折与固定

外伤性骨折较为常见，现场骨折固定是创伤救护的一项基本任务。正确良好的固定既能迅速减轻伤病员伤痛，减少出血，防止损伤脊髓、神经、血管等重要组织，从而避免二次损伤，也是搬运伤病员的基础，有利于转运后的进一步治疗。

（1）用双手稳定及承托受伤部位，限制骨折处的活动。如为开放性骨折，应先止血、包扎再固定；如伤口中已有脏物，不要用水冲洗，不要使用药物，也不要试图将裸露在伤口外的断骨复位，应在伤口上覆盖灭菌纱布，然后适度包扎固定。（2）锁骨骨折：如无锁骨固定带，现场可用一条三角巾悬吊衬托伤侧肢体，另一条三角巾折叠成宽带在伤肢肘上方将其固定于躯干。（3）上臂和前臂骨折躯干固定法：无夹板时可用躯干固定，用三角巾大手挂将前臂吊起，再用一宽布或三角巾带将上肢固定于躯干。上肢骨折肘关节无法弯曲直接固定在躯干上。露出指端，检查血液循环。（4）下肢健肢固定法：大腿骨折伤员仰卧，在两腿之间放置足够软垫，用4条宽布带，先固定大腿骨折上、下端，在小腿中部固定，踝关节作"8"字固定。小腿骨折伤员仰卧，在两腿之间放置足够软垫，用4条布带，先固定小腿骨折上、下端，在大腿中部固定，然后踝关节作8字固定。（5）脊柱骨折应4人平托，动作轻柔、平稳，保持伤病员头颈部与身体长轴一致，遵循"圆木原则"平稳抬起，颈椎损伤垫三处垫，腰椎损伤垫一处垫，将伤病员放置在硬板担架上，再将患者用布带固定在担架上平卧搬运，千万不要让患者在弯腰姿势下搬动，以免损伤脊髓，造成截瘫。（6）及时拨打120急救电话求救。

五、胸腹外伤急救

（1）已经刺入胸、腹部的利器，千万不要自己取出。应就近找东西固定利器，并立即将伤者送往医院。（2）因腹部外伤造成肠管脱出体外，千万不要将脱出的肠管送回腹腔。应在脱出的肠管上覆盖消毒纱布或消毒布类，用布带做个保护圈，再用干净的碗或盆扣在伤口上，用布带和三角巾固定，迅速送医院抢救。（3）及时拨打120急救电话。

六、意外伤害急救

（1）遇到意外伤害发生时，不要惊慌失措，要保持镇静，并设法维持好现场的秩序。（2）周围环境不危及生命时，一般不要轻易随便搬动伤员，做到安全救护。（3）一般情况下暂不要给伤病员喝饮料和进食。（4）如发生意外，而现场无人时，应向周围大声呼救，请求来人帮助或设法联系有关部门，不要单独留下伤病员无人照管。（5）遇到严重事故、灾害或中毒时，除急救呼叫外，还应立即向有关政府、卫生、防疫、公安、新闻媒介等部门报告现场在什么地方、病伤员有多少、伤情如何、都做过什么处理等，做到智慧救护。（6）根据伤情对病员边分类边抢救，处理的原则是先抢后救、先重后轻、先急后缓、先近后远、先救后送，做到安全救护。（7）对呼吸困难、窒息和心跳停止的伤病员应立即置头于后仰位、托起下颌、使呼吸道畅通，同时施行胸外心脏按压、人工呼吸等急救。（8）对伤情稳定，估计转运途中不会加重伤情的伤病员，迅速组织人力，利用各种交通工具分别转运到附近的医疗单位急救。（9）现场抢救一切行动必须服从有关领导的统一指挥。

七、止血的辅助方法

（1）伤者伤口出血时，如不怀疑受伤肢体有骨折或其他损伤，可在直接加压包扎止血的同时抬高伤肢，使其高于心脏，有利于止血。抬高伤肢时，由于局部血液循环减少，可减轻伤处出血、肿胀。（2）如果怀疑伤者有骨折或其他不宜移动伤肢的损伤，在为伤者止血的同时要将伤处固定。固定伤肢可限制局部活动，避免骨折断端因活动而给周围组织造成更多的损伤和出血。

八、怎样快速止住鼻出血

（1）不要慌张，尽量放松，做慢而深的呼吸。如果血液流到口腔，要吐出来，不要咽下，以免引起恶心、呕吐。（2）伤者坐下，头稍向前倾，以减少血液流入口腔，防止吸入肺部。嘱咐其用食指和拇指紧捏两侧鼻翼10~15分钟，并张口呼吸。（3）冷敷额头、冲洗鼻腔：用冷水冲洗鼻腔，或把浸湿的毛巾、冰块（用毛巾包住）敷于前额和后颈，以促使血管收缩，减少出血。（4）填塞：经过上述处理后若出血仍不止，可将干净的棉球或一小块布卷起来塞进出血的鼻孔。手指松开后仍出血者，可用浸有1%麻黄素生理盐水或0.1%肾上腺素的棉片塞入鼻腔止血。（5）如果经过上述处理后仍不能止血，要尽快送医院医治。

九、伤者外伤的包扎

（1）对暴露伤口，应检查有无异物。若系胸腹部或其他部位深而大的异物，切勿拔出。（2）以柔软干净毛巾或布类做敷料覆盖伤口进行包扎，包扎要领：快、准、轻、牢。（3）伤口切忌冲洗或上药物。若有组织或脏器从伤口脱出，切勿还纳回体内。（4）包扎松紧适度，手指（脚趾）露出，以便观察血液循环。（5）不可用手触摸伤口及敷料与伤口接触的内侧。（6）救护人员包扎伤口时，尽量不要说话和咳嗽。（7）必要时，救护者要先戴上防护性手套再为伤者包扎伤口，以防血液感染疾病。（8）包扎完成后，必须检查肢体血液循环的状况，方法如下：按压手指（脚趾）甲，放开手后两秒钟，手指（脚趾）甲如不能迅速恢复红润，仍然苍白，说明血液循环不佳；还可观察伤肢远端的皮肤是否苍白，询问伤者伤侧手指（脚趾）尖是否麻木，如果苍白或麻木，说明血液循环不佳，则应松开绷带，重新包扎。

十、三角巾肢体部位包扎

(一)三角巾头部包扎法

（1）扶伤者坐稳，去除眼镜和头饰。（2）用干净的纱布垫或布（棉）垫按压在头顶部伤口上,加压止血约10秒钟。(3)将三角巾的底边折叠约两手指宽,边缘置于伤者前额齐眉处,覆盖好布垫,顶角放在伤者头后部。(4)三角巾两底角沿两耳上方向后收,在头后部枕骨下交叉并压紧顶角,然后绕回前额正中打结。(5)将伤者头后部的顶角拉紧并向上返折,将顶角塞进底角的交叉处。

(二) 三角巾手足包扎法

(1)将三角巾展开,将伤者受伤的手掌(足)平放在三角巾的中央,手指(脚趾)尖对向三角巾的顶角。(2)在伤者伤指(趾)缝间放入敷料。将三角巾顶角折起,盖在伤者手背(足背)上面,顶角置于腕关节(踝关节)以上。(3)将三角巾两底角折起到伤者手背(足背)交叉,再绕手腕(踝部)一圈后打结。

(三) 三角巾膝部包扎法

(1)将三角巾折叠成适当宽度的带状。(2)将中段斜放于伤者受伤的膝部,将两端向后缠绕再返回,再将两端分别压在中段上、下两侧。(3)包绕伤者膝部一周后在外侧打结。(4)包扎结束后,要检查伤者血液循环是否良好。

十一、绷带包扎法

绷带有纱布绷带、弹性绷带等,一般使用的多为纱布绷带。

(1)使用时,绷带卷轴在上。(2)包扎时,将绷带由内至外(掌心朝前时上肢外侧为拇指侧,下肢外侧为小趾侧)、由下至上(肢体近心端为上,远心端为下)缠绕肢体。(3)包扎开始和收尾时,要重复缠绕一圈做固定。(4)缠绕时,每绕一圈要遮盖前一圈绷带的2/3,露出1/3,以使缠绕稳固。(5)绷带包扎的松紧要适度,过松容易滑脱,过紧则阻碍伤者肢体的血液循环。(6)包扎结束时,绷带的尾端要收在肢体的外侧,打结或用别针固定。(7)包扎结束后,要检查露出来的手指(脚趾)的血液循环情况。

十二、现场搬运伤员的原则

(1)搬运前一定要检查伤情并对伤情进行应急救护处理。(2)根据伤情需要,选用省力恰当的搬运工具和搬运方法。(3) 搬运时,应迅速、轻柔、平稳、协调、避免震动,保持伤处不负重、不受压、不扭曲,保证伤病员的安全,防止发生二次损伤。(4) 搬运途中,应经常观察伤情,并将伤情变化情况告诉医生。

十三、现场单人徒手搬运伤员方法

(1) 扶行法,适合于清醒、单侧下肢受伤、在有人帮助下自己能行走的伤者。(2) 背负法,适合于老弱或年幼的、清醒的、体形较小、体重较轻、没有脊柱损伤的伤者。(3) 拖行法,适合于清醒或昏迷、下肢受伤、体形较大且体重较重、不适合采用其他徒手方法搬运的伤者。(4) 爬行法,适合于在空间狭窄或有浓烟的环境下清醒或昏迷的伤者。(5) 手抱法,适合于年幼体轻、伤势较轻的伤者。对脊柱损伤者禁用此法。

十四、现场双人徒手搬运伤员方法

(1) 轿杠式:适用于搬运无脊柱、骨盆及大腿骨折,能用双手或一只手抓紧救护者的伤病员。(2) 椅托式:适用于搬运无脊柱、骨盆及大腿骨折,清醒但体弱的伤病员。(3) 拉车式:(前后扶持法)适用于在狭窄地方搬运无上肢、脊柱、骨盆及下肢骨折的伤病员,或用于将伤病员移上椅子、担架。(4) 平托式:四人或三人可用此法将脊柱骨折伤员移上担架或进行短距离搬运。

十五、现场常用器材担架搬运伤员方法

(1) 折叠铲式担架:担架可双侧打开,将伤病员铲入担架,常用于脊柱损伤、骨折伤病员的现场搬运。(2) 脊柱板:常用于脊柱损伤、骨折伤病员的现场搬运。(3) 帆布担架:适用于无脊柱损伤,无骨盆或X部骨折的伤病员。(4) 自制担架:①木板担架:可用门板等制作担架,可用于脊柱损伤和骨折伤员搬运。②毛毯担架:也可用床单、被罩、雨衣等替代,适用范围同帆布担架。

第三节　突发事件及应急处置

目前我国正处在改革开放和现代化建设的关键时期。在改革开放力度不断加大、社会主义市场经济快速发展的形势下,不可避免地因各类矛盾和问题引发不同程度的突发事件。另外,由于不可预测的自然灾害等,也会引起突发事件。如何有效地应对这些突发事件,对政府、企业、非营利组织等来说是一个紧迫的现实问题。

一、突发事件

在我们日常社会生活中,会出现各种各样的意想不到的事件,这些事件的产生可能来自自然界的不可抗力,也可能来自人为因素,还可能来自公共卫生方面的传染性疾病,以及来自各种社会和政治因素引发的集会、游行示威和抗议等事件。这些事件对社会的正常秩序和人们安宁的生活带来巨大的影响、冲击甚至危害。我国制定的《国家突发公共事件总体应急预案》中,将公共突发事件定义为突然发生,造成或者可能造成重大人员伤亡、财产损失、生态环境破坏和严重社会危害,危及公共安全的紧急事件。

一般说来,突发事件具有如下特征。

(一) 突发性

突发事件虽然存在着发生征兆和预警的可能,但由于事件发生的时间、地点具有一定的不可预见性,而且正因为出乎通常社会秩序或人们的心理运行惯性,使人们感觉非常突然。

(二) 紧迫性

不但突发事件的发生是突然的,而且突发事件的发展也非常迅速的,随着突发事件的进展，其造成的损失会越来越大。对突发事件的反应越快速，对应决策越准确，那么损失就会越小。

(三) 高度不确定性

人们很难判断突发事件是否会发生，也很难预测突发事件发生的概率，因为事件发生的时间和形态往往无法用常规性规则进行判断，而且其后衍生的影响没有先例可循，难以预测。

(四) 对社会的威胁性

严重突发事件的发生会对社会经济发展和人民生活造成意想不到的灾难，社会秩序遭受严重破坏，甚至会对国家安全构成直接威胁。

二、突发事件应对

突发事件的应对是指管理者在面临潜在突发事件或现实突发事件威胁的情境下，为了达到有效预防、及时处理和消弭等目的，通过组建管理机构、制定应急预案、预警识别、事中处理、事后恢复等采取的一系列有组织、有计划、有步骤的应对行为的动态管理过程。

(一) 突发事件包含五个要素

1. 目的要素

指所有的突发事件应对都是为了一个共同的目的，那就是做到有效预防、及时处理和消弭，尽量避免和减轻突发事件造成的影响和损害。

2. 主体要素

指突发事件的应对由应对管理机构来负责和实施。

3. 客体要素

指存在威胁的潜在事件或现实事件。

4. 方法要素

指在突发事件应对时采取的有组织、有计划、有步骤的行动，以及对应对过程实施的动态监测和管理。

5. 过程要素

指在应对突发事件时一般都会经历一个包括组建突发事件应急管理机构、制定应急预案、进行预警识别和事中处理、事后恢复管理等系列过程。

突发事件应对一般可以分为事前、事中、事后三个阶段,每一个阶段都有自己的特点。管理者基于各种外部因素的干扰和自身心理、智力条件的限制,在应对过程中往往会顾此失彼。为了有效地预防、管理和控制突发事件的蔓延,管理者必须从突发事件的基本特点入手,总结出一些突发事件应对的基本规律和原则,作为突发事件应对的战略性和策略性指导。

(二) 应对突发事件坚持的原则

1. "以人为本"原则

突发事件的处理、预案的制定都必须从维护受害者的切身利益角度出发,"以人为本"的理念要渗透到突发事件应对的每一个环节。

2. "生命第一、安全第一"原则

在突发事件应对过程中,始终要坚持把人的生命安全放在首位,同时也包括最大限度地保护参与处置突发事件的应急人员的生命安全。

3. 时间性原则

突发事件通常都具有突发性、紧迫性的特征,来势凶猛,发展变化迅速。因此,突发事件一旦发生,时间因素就最为关键。管理者必须及时、准确地在第一时间赶赴事发现场并采取有效的紧急处置手段。

4. 协同性原则

重大突发事件发生时,由于参与突发事件应对的人员和力量来自各个方面,处理过程中协同一致特别重要。不同职能管理部门之间要实现协同运作,明晰职能,优化整合各种资源,发挥整体功效,最大可能地减少损失。

第七章

支教志愿者的管理

第一节　支教志愿者培训管理

培训是一种有组织的知识传递、技能传递、标准传递、信息传递、信念传递、管理训诫行为。目前国内培训以技能传递为主，培训时间侧重在上岗前进行。支教志愿者培训通常也会在招聘结束后，出发前进行，而支教志愿者培训的管理则包含了培训方式、培训过程、培训内容等。

一、学生支教志愿者培训制度的建设

支教志愿者培训是一项重要的工作，培训是强化志愿者队伍素质的关键，为了确保活动有序地进行，为了更加地规范管理，也是尽最大程度预防事故的发生，如教学安全事故、人身和财产安全事故等。而支教志愿者培训制度的建设又是如何的？

学生支教志愿者培训制度的建立，在内容上强调安全至上，在形式上主要通过动员会开展培训，在具体措施上采用集体培训、学生自发练习等。

二、学生支教志愿者培训方式及过程

学生支教志愿者培训方式从培训主办方和组织者来看，有相关部门或组织开展专门培训、学生干部或学生个人举行培训、招聘单位负责培训等；从培训时间来看，有几天的短期培训或更短时间的教育培训；从培训过程来看，主要有支教出发前集中培训、到达目的地后集中培训等。

（一）学生支教志愿者培训方式

学生支教志愿者培训方式是指对支教志愿者开展的培训内容、培训时间、培训地点等方面的具体安排,培训方式过少、过于简单,往往会影响培训的效果,反之,形式过多,则为华而不实,形式可以多样,但要适合培训的本身。

从培训的主办方来看,有组织、有牵头地开展培训工作,使工作更有序,而培训的时期不在长,而在精,且对支教志愿者有用。

(二) 学生支教志愿者培训过程

支教志愿者培训过程贯穿于支教的整个过程,概括为离校前的集中培训和离校后的分散培训,离校前的集中培训一般是在前往支教点,出发前各支队进行集中培训,而离校后的分散培训则由各队伍在到达支教服务点后进行二次培训和教育。

在培训过程上,倾向于支教出发前集中培训,这也是大部分院校的一种常规性做法,当然,到达目的地后开展培训或教育也是正确的,毕竟学生对当地的地理环境、物理环境等均不熟悉。

对支教志愿者在出发前进行培训是必要的,到达目的地的集中培训也是需要的。等他们安顿下来后,熟悉了环境,根据环境对他们进行培训,强调安全问题,这样针对性会更强。

三、学生支教志愿者培训内容

培训内容是学生支教志愿者培训的灵魂,从访谈中得知,培训的内容主要有支教的教学管理、支教的安全管理、支教的内容及分工、支教的政策培训、支教的考核管理五大模块。

(一) 支教的教学管理培训

支教的教学管理培训是指对志愿者开展课堂常规管理、课堂教学意外事件进行处理等方面的培训,该培训的优点在于保证教学常规的稳定有序,缺点在于毕竟支教点的环境、学生情况及水平等不尽相同,有可能会造成所培训的内容在支教点不一定适用,教学管理培训就是通过教师向支教志愿者进行讲授的形式进行。支教主要是通过第二课堂教学或专业课辅导为主要内容,而教学管理与现行学校的教学管理有相同点,也有不同点。相同之处表现为从课前、课中到课后均需要严格执行教学管理制度,不同之处表现为支教毕竟为短期且未纳入服务点教学计划内的,因此,在执行上可根据学生的特点灵活处理。

在教学管理方面的培训主要表现在教学常规和课堂常规管理,教学常规则做好课前备课和试教,课中认真讲课,课后小结;课堂常规则要严格遵守上下课时间,不得随意提前下课或更改上课时间,不能与学生发生冲突。这些培训内容是对一位教师或准教师提出的基本要求,也是确保教学和课堂正常运行的保证。具体的培训内容可参考以下关键点:(1)强调支教的第一堂课,用来熟悉学生,通过学生的自我介绍,记住每一个人的名字,增强自身在上课时的自信心。(2)对学生一定严格要求课堂纪律,按时上下课,上课铃声响以前就走进教室,最好上课前在门口迎候学生,制止他们喧哗嬉闹。(3)合理安排课堂教学,讲课时力求思路清晰、明了,突出教学重点,强调学生理解教师意图。(4)熟悉讲课内容,切勿要求学生掌握所传授的全部内容,要善于研究如何根据学生需要和水平进行课堂教学。一定要做到有问必答,即使当时答不出也要直接告诉学生以后再回答他,但是要记得尽快找到答案告诉学生。(5)做到步调一致,一视同仁,对同一错误行为,采取今天从严、明天应付的态度会导致学生无所适从,厌恶反感。(6)应保持精神抖擞,教师的举止会影响学生。

(二)支教的安全管理培训

支教的安全管理培训是指对志愿者人身安全、财务安全、环境安全等方面的培训,该培训的优点在于强化了学生的安全意识,安全培训就是通过教师向支教志愿者进行讲授的形式进行。安全第一,安全至上,有了安全才有一切。学生离开学校远赴边远山区开展支教活动,存在的安全隐患较多,如路途遥远、山路崎岖的交通安全;又如山区学校地处较偏,学生对地形和当地习俗的不熟悉,涉及人身和财产安全;又如教学各环节的通畅与质量的保证、与学生保持良好的人际关系、涉及的教学质量安全,等等。

对学生支教志愿者进行的培训,安全第一,注重安全的教育和培训是对的。从内容上来看,这些培训内容是不可少的,培训者可以按专题的形式有针对性地进行培训。在培训的内容中,必须强调以下几点:第一,各位队员要严格服从团队纪律,出发之前须签订志愿者安全责任书,并将支教行程通知家长,在出发之前,队员须详细阅读调研报告及团队策划,全面深入了解支教活动的每一个细节;第二,在支教队伍参加校外培训活动以及前往支教途中,全体队员必须听从统一指挥,不得擅自离开队伍;第三,支教期间,队员不能随身携带的贵重物品需集中放置,队员的通信工具(如手机等)须随时打开以便随时联系,队员在活动中应注意安全,不在危险的地区(如江边、湖边)逗留;第四,支教地区社会治安状况复杂,教师不得私自离开学校,夜间队员不得外出,必要时须向安全员和队长报告,由队长和安全员商量组织集体外出;第五,为保障支教队伍的安全,教师不得与社会闲杂人员私自接触,支教队伍尽量避免与乡民发生冲突,不得冲动;第六,请前来参加支教活动的学生签署学生安全责任书,并记录每位学生的家庭联系方式,班主任每日做好本班学生的签到记录,如有缺席,联络学生家长了解情况;第七,支教队根据教学需要做校外集体活动,须指定专人带队,有针对性地对学生进行安全教育,采取必要的安全措施,做好安全应急预案,为了安全,在开展家访时,必须提前把相关信息报到教学组长处,教学组长同意后方可成行,实地了解学生情况的活动时,必须按时返回学校,并在其过程中时刻保持和负责人的联系;第八,举行大型集体活动,应事先与学生主管领导和相关负责人共同研究并落实安全措施,防止意外事故的发生。

(三) 支教的内容及分工培训

支教的内容及分工培训是指明确整个支教活动中,会涉及哪些方面的内容,然后对每个志愿者的工作内容进行明确,哪些是自己负责的,哪些是他人负责的,如何做好分工,有些工作可能是需要一起做的,其优点在于明确各自工作内容,做到既分工又合作,保证支教的有序进行,缺点在于面临着临时新增加的任务时,可能会打乱原有的计划和分工。每个人在支教工作中承担的工作是不同的,支教内容与分工的培训即是针对性培训,根据每个人的工作任务和角色,从职业道德、工作要求等方面开展。

支教培训除安全教育、教学管理培训外,仍会开展针对性的教育培训,主要针对学生自身的任务和具体分工来进行。在支教开设的课程中,应包括多主题的主题班会(如安全教育、环保教育、名人故事等)、兴趣课程(体育类、文艺类等)。而在兴趣课程中,体育类又涵盖了羽毛球、五步拳、乒乓球、太极等,文艺类又涵盖了舞蹈、音乐、朗诵、美术、书法等。由于课程的内容很广,因此在分工中,必须根据志愿者自身的专业、特长来进行。

(四) 支教的政策培训

"三支一扶"中支教的政策培训主要内容为党和国家关于基层工作特别是农业、农村、农民等方面的方针政策,而短期的支教活动政策则包括国家层面和学校层面的,当然也对"三支一扶"中支教的政策进行对比培训。

对政策解读的准确无误,有助于学生掌握了解政策对自身的作用,上述可知,对政策的解读是不够的,仍有待于加强此方面的培训,以进一步提高学生对政策的了解。

(五) 支教的考核管理培训

考核是活动结束后一个重要环节,考核是为了总结现阶段工作进展,取得哪些成效,存在哪些不足,如何改进。在工作开展之前,对学生进行支教考核管理的培训,可稳定队伍的管理及调动学生的积极性,那么,支教的考核管理培训的现状又是如何的呢?

相对而言,支教的考核管理培训是较为系统的,从内容上看,学生清楚考核的要求和标准;从程序上看,严格执行"三公"即公平、公正、公开的原则,充分体现了调动学生的积极性以及规范整个队伍的管理痕迹。

四、学生支教志愿者培训的问题与原因

(一) 学生支教志愿者培训存在的主要问题

支教志愿者培训着重安全教育和教学管理教育,但仍存在一些问题,主要表现在两个方面。

1. 培训内容参差不齐

培训内容均强调安全第一,这一点是值得肯定的,培训内容较齐全的,包括了支教的教学管理、支教的安全管理、支教的内容及分工、支教的政策培训、支教的考核管理。各校除安全教育和培训这一内容外,其余的培训内容则较不统一,体现了各校在培训内容建设上是存在差距的,这主要与学校的制度建设及学校对支教志愿者工作的重视程度有一定的关系。

2. 培训方式和过程单一

培训的方式较为单一,访谈中可知,培训的过程多则两次,一次在出发前,一次在到达服务点后,整个过程持续时间短,培训方式和过程没有结合支教志愿者的实际进行,且培训方式和过程都太简单,学生志愿者并不能充分地把握到活动的精髓。

尽管培训的次数少问题不大,但总体而言,在整个培训过程中,存在过于简单、不切实际的问题。培训过程要根据不同的支教点和学生支教内容进行培训,有针对性地简化程序,对于重点需要培训和讲解的内容则要细化。同时在培训的过程中,突出专任教师的作用,从基本礼仪、教学方法、课堂应注意的基本事项(活跃气氛、带动学生学习的积极性、突发事件的应急处理)等方面对志愿者进行指导,在教学指导中,对每位同学的备课、讲课、判作业、辅导、教研、反思等各个环节,给予具体指导,尤其要听他们讲课,进行认真点评,并保证足够的次数。教师不仅要指出学生在学习上的不足之处,还要给其以具体详尽的思路和方法指导以及原因说明。

(二) 学生支教志愿者培训存在问题的原因分析

支教志愿者培训存在的问题主要包括:培训内容参差不齐、培训方式和过程单一等。

培训内容与每所学校的实际有关,从调查中得知的培训内容来看,并非这些内容是每所学校的通用内容。而培训方式和过程过于简单、不切实际可能与放权给学生自行组织有一定的关系。毕竟学生自身对支教活动本身并不清楚了解,自身不具备上课的能力,而且保障制度也无法给予,存在能省就省的想法。

第二节　支教志愿者的支教活动管理

支教活动主要是指学生离开学校,已安顿在支教点所开展的一切,包括课堂教学、第二课堂活动、乡村送文化活动等。围绕学生支教志愿者的支教活动管理,访谈者针对支教活动及管理进行了访谈,并且对学生支教志愿者支教活动的管理模式、管理的长效机制、管理存在的不足等方面进行了调查与分析。

一、学生支教志愿者的支教活动管理制度的建设

支教活动管理是学生志愿者支教过程中核心的部分,包括教学的过程要求、师德体现等。学生支教志愿者从事服务工作一般在校外,这与学生在校内采用辅导员直接面对面的管理有较大的区别,活动的管理难度相当大。

在支教活动的管理上,学校不太明确管理的内容,大部分的要求也只跟其他的社会实践活动共用一套体系,并没有专一的管理方法,也没有统一的管理模式。

二、学生支教志愿者的支教活动管理模式

有效的支教活动管理模式能使管理者更好地了解支教活动的具体情况,及时发现问题并解决,使支教活动能顺利进行。但支教活动管理模式不是固定不变的,不同的培训点、不同的管理者、不同的制度决定了方式的不一样。

随着现代信息化技术的发展,在学生志愿者支教活动的管理上,充分发挥了此媒介的作用,有46%的志愿者通过现代信息化定期向系部或辅导员汇报支教情况;次之则是组长或学生自行管理,占34%;各高校一直强调的"学生自主管理"模式也充分运用到支教活动中,而以学校、系部、带队教师驻点管理的模式则慢慢淡出。但这并非表示院系就可以不管支教活动,而是结合时代的发展,通过更新的媒

介了解最新的情况,并及时处理,保证支教活动的顺利进行。可采用多种模式相结合的方式,对于成本高的降低管理的成本,比如路途较远的支教点,可选派一些主要学生干部参与其中,而现代化信息管理的手段,不管在哪个支教点均可以辅助使用。

(一) 学校或系部巡查统一管理模式

学校或系部巡查统一管理模式是指学生在外参加支教活动期间,学校或系部领导组队为领导考察小组或慰问小组,以走访的形式,亲临支教服务点对支教的学生进行考察、慰问、管理的模式。其优点在于领导亲临第一线,大大增加志愿者的士气,存在的不足主要是路途远。

学校或系部巡查已有相当详细的制度,且在经费上给予了巡查队伍一定的保障。同时也说明学校对学生支教这一活动是相当的重视。

(二) 带队教师驻点管理模式

带队教师驻点管理模式是指由组织单位派出教师,跟随参加支教活动的学生驻队于服务点,对学生的支教活动进行指导和管理,解决支教学生的各类问题,协调与支教点的各类事宜,一般一支队伍派驻一名教师。这种模式的优点在于教师与志愿者同吃住,能确保学生安全,教学、支教活动中出现的问题能及时得到处理,存在的不足主要有每个点均派教师驻点,一是成本高,二是不能很好发挥学生自我管理的权利。

这种管理模式是能确保支教质量、能促进支教队伍稳定的方式之一。因为绝大多数志愿者没有农村生活经历,也没有吃过苦,缺乏独立生活能力。到农村支教对他们是一种考验与磨练,不少人刚到支教点很不适应,有畏惧情绪。这时带队教师便可以发挥其作用,在思想上要进行耐心引导;在生活上要具体关心,力所能及帮助他们克服遇到的困难;更要多走访少遥控,多体验少空谈,深入到学生中,了解他们的生活,解决实际中存在的问题,让他们能安心、放心、尽心地支教。同时,带队教师能根据志愿者的情况,帮助志愿者很好地应对从学生到教师的角色转换过程。而且,带队教师的存在,有利于搞好人际关系,建立和谐支教。作为一名带队教师,通过与支教生、学校、受援学校管理人员、教师及与其他带队教师和学院支教队等不同部门、不同层次、不同身份的人打交道,及时发现支教存在的问题,并及时解决,确保支教活动顺利进行。

(三) 组长或学生自行管理模式

组长或学生自行管理模式是指支教队伍的管理、指导、沟通、协调由本队的组长或其他组员来开展的管理与自我管理的方式。此模式的优点在于组长或学生均为志愿者的其中一员,这样的管理容易拉近学生之间的距离,不足主要表现为学生一旦自我管理不够时,容易使管理处于无序状态。

组长或学生自行管理模式与教师驻队教师管理环节较为相似。

(四) 通过现代信息化定期汇报模式

通过现代信息化定期汇报模式是指支教队伍充分利用现代信息手段,如建立QQ群、微信群等定期向教师或组织进行汇报的方式,可采用每天一汇报,每半天一汇报,具体汇报的时间和次数由各队伍决定。这种模式的优点在于低成本,快速,实时,也是支教管理中不可或缺的方式之一,存在的缺点主要是可能会对整队伍的信息了解不够全面。

通过现代信息化定期汇报模式效率高,省时间、省成本,是目前支教活动乃至整个管理工作中一个重要管理辅导工具。

三、学生支教志愿者的支教活动管理过程

参与支教活动的学生志愿者可能来自不同的学院、系、专业,且学生参与支教活动的真正宗旨可能也不尽一样,因此,制定一套支教活动管理长效机制是很重要的,它是支教活动中各种行为的规范,学生志愿者通过这套机制,能更快、更好地掌握支教活动的主旨,并让自己的行为有规可循。

(一) 学生支教志愿者的支教活动前期管理过程

支教活动前期管理是指支教队伍在出发前以及到达目的地后的管理。这个环节做得好,会让中后期的管理产生事半功倍的效果,前期管理到位,后期管理则省事。

学生支教志愿者的支教活动前期管理的环节,环环相扣,好的开头对活动的开

展起关键作用。在此期间,通常要求对于前期所有活动及会议,每位队员必须准时参加,如有特殊情况不能按时参加者,须提前联系并说明情况;同时对于团队分配的任务,每位队员须保质保量完成,如有特殊情况不能按时完成者,须及时联系并说明情况,无故拖延或不能完成者自动退出团队。

(二)学生支教志愿者的支教活动中期管理过程

支教活动中期管理是指队伍稳定下来后,开始进行支教活动及支教结束前这段时间的管理。中期的管理在于发现前期出现的问题,预防后期问题的出现,因此这个过渡环节在管理中发挥着重要作用。

支教志愿者的支教活动中期管理的环节与队伍的归属管理有关,各环节与日常常规管理一致。强调班级点名制度、请假制度、巡视制度、听课制度、日结制度。点名制度即第一节上课前和放学后进行点名;请假制度即学生离校或有事不来上课一定要和班主任说明原因;巡视制度即学生在校期间,教学负责人和安全负责人负责巡视,保证课堂秩序和学生安全;听课制度即每位任课教师每天至少旁听一节课;日结制度即针对当天的情况,通过晚上的小会进行总结分析,合理安排第二天的工作。

(三)学生支教志愿者的支教活动后期管理过程

支教活动后期管理是指支教活动即将结束到结束后的总结这段时间的管理。后期的管理为圆满完成支教活动提供一定的保障,后期的管理还包括考核和评价的管理。

学生支教志愿者的支教活动后期管理工作是对前期和中期工作的总结,主要以小结、考核、评优为主。在总结的过程中,可以是志愿者自己提交心得体会,也可以是经验交流分享会,通过多种形式对支教活动进行宣传,也是支教活动后期管理中一个重要的环节。

四、学生支教志愿者的支教活动管理的问题与原因

(一)学生支教志愿者的支教活动管理存在的主要问题

调查的民办高职院校在支教活动的管理方面普遍存在多方面的不足,从制度

的完善程度、管理到位程度、执行情况、学校和教师对支教者关心程度、学生自我管理的经验、信息化管理等方面都有一定的不足,说明学校在支教活动管理的过程中,并没有很好地将学校的制度、教师的指导、学生的需求三者有机地结合起来,而只是单纯地站在自己的角度去看问题,导致支教活动管理出现多种不同的问题。这说明,学校或教师要加大对支教志愿者的关心和监控,制度的执行力度方面仍需进一步加强。

1. 管理不到位

对于支教点,如省外或偏远山区,可能是学校或辅导员对他们的管理不到位,再者,领导日常事务多,往往没有巡查的环节,一味依靠学生自我的管理,学校和教师对支教者关心不够。

2. 学生在自我管理方面经验不足

学生毕竟多数是第一次参加支教活动,对支教的各环节管理、问题出现的预计、如何处理问题等环节,显得经验不够。

3. 信息化管理提供的信息不全面

通过网络了解信息,毕竟没有与学生面对面进行接触了解深入,其存在信息不全面,信息失真,甚至误解误读信息的情况也可能会出现。

(二) 学生支教志愿者的支教活动管理存在问题的原因分析

支教志愿者的支教活动管理存在问题产生的原因,有客观的,也有主观的。客观存在的较为容易改变,只要加大管理的力度,多投入时间和精神即会有所改善,但对于学生主观方面造成的原因,则需要学生成长的过程中不断加强自身修养。再者,学生的信息化管理及心理反应也是值得思考的问题。

第八章
在教育见习中感受支教教师的职业道德魅力

第一节　支教的教师职业道德

加强教师职业道德修养，提高教师职业道德素质，既是教师自我完善的重要途径，也是完成教师职责和历史使命的必然要求，又是时代进步和教育发展的客观趋势。在教师职业道德修养的实践活动中，教师必须遵循一定的原则，调整实践过程中的各种关系，使自己的行为有所遵循，以维系整个实践过程的正常进行，从而实现自我道德修养的目的。要解决的核心问题：提高教师职业道德修养水平，不仅要了解其根本途径，还必须掌握其科学方法。没有科学的方法，提高教师职业道德修养就无从下手。

一、教师职业道德修养的含义及意义

（一）教师职业道德修养的含义

"修养"一词是一个含义广泛的概念，在中国历史典籍中，"修"是指整治、提高，"养"是指培养、养成。从广义上讲，"修养"通常包含两个方面的意义：一是指人们在政治思想、道德品质和知识技艺等方面经过锻炼和学习所达到的一定水平；二是指为达到上述目的所进行的自我锻炼、自我改造、自我陶冶、自我教育的活动过程。我们这里所讲的教师职业道德修养，是指教师根据社会主义教师职业道德原则和规范所进行的改造自己、教育自己、锤炼自己的职业道德品质，提高自己职业道德境界的实践活动以及所达到的程度或水平，是教师为培养自己的社会主义职业道德品质，以马克思主义世界观为指导，以共产主义理想为目标，以教育事业发展的客观规律为依据，以恰当处理好自己在教育过程中应尽的义务为原则的一种自我教育和自我改造的过程。

教师职业道德教育同教师职业道德修养，是既有区别又有联系的两个方面。

一般地说，教师职业道德教育是指对教师进行教育，对教师个人来说主要是组织的教育、群众的帮助；而教师职业道德修养则是指教师为培养良好的职业道德品质所进行的自我锻炼、自我陶冶、自我教育、自我改造的过程。没有教师职业道德教育，要使教师形成社会主义的职业道德品质是不可能的；没有教师职业道德修养，教师就不可能将社会主义教师职业道德要求转化为内心信念，教师职业道德教育也就不能取得相应的效果。教师职业道德修养和教师职业道德教育相辅相成，其目的都是为了提高教师的职业道德觉悟和教师职业道德水平。加强教师的职业道德修养，对于教师素质的提高具有重要的作用，尤其是在市场经济快速发展的今天，其意义更加突出、更加重大。

(二) 教师职业道德修养的意义

具体而言，加强教师职业道德修养的意义体现在以下方面：

1. 加强教师职业道德修养是教师人格不断发展完善的需要

教师良好的道德人格不是与生俱来的，也不可能是自发形成的，而是在后天的社会实践中形成的。教师只有在教育实践中，通过努力学习，认识到社会发展的规律和特点，了解了社会主义教师道德的内容和意义，并通过自身的修养将认识内化为自身的道德情感、意志和信念，进而外化为自己的道德行为和习惯，才能形成一定的道德品质。同时由于社会生活中的每个人，在道德品质上都有善有恶，从来就没有尽善尽美的"完人"，而社会又总是不断向前发展的，对教师道德水平的要求、教师道德人格的要求也会越来越高，所以这就必然要求教师坚持不懈地提高道德品质修养，以便更好地培养出适应我国经济建设和教育发展需要的品格，从而更出色地承担起培养下一代的责任。

总之，教师职业道德修养，对于教师来说，在其自身道德品质的形成和发展中具有决定意义。它是教师按照社会主义教师道德的要求，通过积极的自我教育，不断提高自身的道德认识和选择能力，不断克服自身一切非社会主义道德意识的影响，从而形成适应我国经济和社会发展需要的道德品质，并不断提高自己的精神境界。

2. 加强教师职业道德修养是完成教师崇高职责和历史使命的需要

教书育人是教师的崇高职责，也是教师对社会应尽的道德义务。教书育人是指教师在教学过程中，有目的、有计划地使学生在获得知识能力的同时，树立正确的世界观、人生观、价值观和道德观。

我们是社会主义国家,我们所要培养的是有理想、有道德、有文化、有纪律的"四有"新人,是掌握现代科学文化知识、身体健康、能符合社会主义现代化建设需要的各类专门人才。教师在人才培养中的作用是毋庸置疑的。

教师能否自觉地做到教书育人,是衡量教师道德水平高低的重要标志。不难想象,如果教师对本职工作三心二意,那么教书育人也就成了一句空话。为了完成时代赋予的历史使命,教师必须忠诚于社会主义教育事业,具有崇高的教师职业道德责任感、热爱教育、献身教育。为此,教师必须努力加强职业道德修养。

3. 加强教师职业道德修养是教育迎接新挑战的需要

当今的世界正在发生深刻变化。经济全球化,国际竞争空前激烈,新技术革命席卷全球,人口、资源等全球性的问题愈趋突出,可持续发展已成为各国必须认真对待的问题。在这种形势下,教育也不可避免地遭遇更多、更大的挑战。一是信息化社会将导致新的教育技术革命;二是国际化社会使各国间文化教育往来日益频繁,教育将在目标、内容、方法、手段等各方面适应国际化要求;三是学习型社会将构筑终身教育的新体系,学习将贯穿于人的一生;四是科技化社会呼唤"学会关心"的主题教育,教育学生学会关心,超越自我的世界,关心人类的生存与发展,道德教育和环境教育课程将普遍开设并得到强化,以培养学生的人文精神、道德精神和国际精神。这些挑战对我国教育发展和教师素质提出了更高的要求。努力加强教师职业道德修养,是不断提高教师整体素质、适应新世纪挑战的必然要求。

4. 加强教师职业道德修养是实现从应试教育向素质教育转变的需要

大力推进素质教育,对我国经济、社会和人的全面发展都具有深远的意义。进行素质教育,归根到底要依靠教师。因此,教师应具有正确的教育思想,高尚的道德品质,渊博的专业知识和科学的教育方法;教师在传播知识的同时,还应对学生进行思想道德、意志品格等方面的教育。在教育过程中,教师的一言一行、一举一动,自然会对学生的思想感情、意志品质、道德情感等方面产生潜移默化的影响。可见,教师职业道德既是教育学生的重要手段和教师素质的重要内容,又是促进教师其他素质提高的重要动力,因此努力提高教师道德修养是十分迫切和重要的。

5. 加强教师职业道德修养是做好教育工作的需要

一位合格的教师,不仅应掌握一定的专业知识、懂得教育的规律、具有教学和教育的各种能力,而且必须有较高的职业道德修养,这样才能在职业活动中不断提高对教师道德的认识,规范自身的道德行为,培养出崇高的思想情操和良好的道德品质,才能充分调动和发挥教师自身的积极性和创造性,在社会主义现代化建设中有所作为、有所前进,完成时代赋予教师的教育任务。

苏霍姆林斯基曾经说过:"理想、原则、信念、兴致、趣味、好恶、伦理、道德等方面的准则在教师的言行上取得和谐一致,这就是吸引青少年心灵的火花。"这说明教师的良好品德情操对学生思想品德的发展作用极大,这种巨大作用与教师的道德修养是分不开的。在教育过程中,教师良好的道德作用于学生的心灵,塑造学生的灵魂,对学生的性格、爱好、品质等有很强的感召力,不仅影响一个人的学生时代,而且可能影响他的一生。

二、教师职业道德修养的基本原则

在教师职业道德修养的实践活动中,教师必须遵循一定的原则,以调整实践过程中的各种关系,使自己的行为有所遵循,以维系整个实践过程的正常进行,从而实现自我道德修养的目的。

(一) 坚持知和行统一的原则

知行统一就是要把学习职业道德理论、提高道德认识同自己的实践行动统一起来,使理论与实践相结合,避免道德修养变成只停留在理论上、书本上的镜花水月。

(二) 坚持动机和效果统一的原则

坚持动机和效果的统一就是教师要不断进行道德理论和知识的学习,加深对教师职业道德修养意义和作用的理解,不断增强修养的动力;同时要善于通过各种方式把良好的道德动机转化为客观的、外在的、现实的行动。

(三) 坚持自律与他律相结合的原则

自律和他律的关系,实质上就是内因和外因的关系。在教师职业道德修养中,教师自身的内因是起决定作用的因素。自律是教师职业道德修养的内在基础,是其他力量不能代替的。同时,教师职业道德修养中还要有效地运用外部力量的他律形式,强化教师的道德意识,督促其坚持道德行为也是必不可少的。

(四) 坚持个人和社会结合的原则

在教师职业道德的修养中,个人与社会同样是相互作用的。教师职业道德修养首先是一种自觉意志的行为过程,是教师个体清楚意识到各种利益关系,遵循一定的道德准则,凭借自觉意志控制感情、处理行为的结果,是教师个人自觉意志的凝结,同时教师职业道德修养的每一步又都离不开社会,离不开社会舆论的评价和监督。因此,在教师职业道德修养过程中要把个人与社会结合起来,把自我价值与社会价值结合起来。

(五) 坚持继承和创新结合的原则

教师职业道德修养中坚持继承和创新结合,这是由师德的特点决定的。教师职业道德作为社会道德的一个组成部分,同属于社会意识形态,具有历史继承性。而中外师德传统中固然有许多精华值得我们借鉴吸收,但当代师德建设更需要时代精神。因此,继承前代教师道德的优秀成果并为自身服务,这是教师职业道德修养的一个必不可少的条件。

三、教师职业道德修养的途径和方法

(一) 教师职业道德修养的基本途径

1. 强化意识,发掘修养动力

教师意识,是指教师对自己身份的认识、对自己在社会生活中的地位和作用的认识以及对自己的言行举止在学生中所产生的影响的认识。不断强化教师意识,有助于发掘修养动力和进行有效的自我监督。强化教师意识,首先要强化"我是人民教师"的意识,教师是负有神圣职责的崇高职业,时刻不忘自己是一名人民教师,是基于对教师职责的深刻理解而迸发出来的强烈的自豪感和责任感,它会不断激励和鞭策教师忠于党的教育事业,履行教师职责。其次,要意识到自己的言行举止对学生的影响,苏联教育家加里宁说过:"教师的世界,他的品行、他的生活、他对每一现象的态度都这样或那样地影响着全体学生。但还不仅如此,可以大胆地说,如果教师很有威信,那么这个教师的影响就在某些学生身上永远留下痕迹。"因此,教师要严格要求自己,在学生中树立良好的形象,提高教育威信。最后,教师要努力提高职业道德修养的自觉性。在日常生活中,人们不难看出,在同样的环境和相近的条件下,有的教师在道德修养方面成为模范,而有的教师则起不到应有的表率作用,个别教师的行为甚至有辱人民教师的光荣称号。造成这种差异的根本原因,是由于不同教师个体在道德修养过程中,发挥其主观能动性的程度不同。教师只有自觉地严格要求自己,发挥道德修养的主观能动性,才能使自己不断战胜错误的道德观念,成为道德品质高尚的人类灵魂工程师。

2. 学习理论,明确修养方向

教师职业道德修养离不开参加社会实践,特别是离不开参加教育教学的实践。然而,要提高实践的自觉性,避免盲目性,又必须认真学习理论,以科学理论作指导。如果离开学习和掌握科学理论,不以科学理论为指导,教师职业道德修养就会迷失方向。教师要不断加强自身学习,提高自己对社会主义教师职业道德的认识水平,加强对自觉遵守教师职业道德原则、规范的必要性的理解。

3. 注重实践,提高修养水平

辩证唯物论的认识论认为,人的认识离不开实践。实践是人们道德品质形成的基础。教师的职业道德正是在长期的教育实践中形成和发展起来的,反映了客观教育活动对教师提出的行为要求,并通过社会舆论和自我修养,支持和制约着教师在教育活动中的行为。因此,只有通过实践,才能使教师的道德认识转化为道德行为,形成道德品质,实现师德修养的目的。教师进行师德修养应投身于实践活动。

首先,师德修养必须具有时代感,反映时代要求,体现时代精神,与社会的发展融为一体,并在广泛的社会实践中得到考验和检验。投身到时代中去,是师德修养的必由之路。

其次,要积极投入教育实践中。教书育人是教师的基本实践,是教师的本职工作。师德修养中的各种矛盾都存在于教书育人的实践过程中。例如,社会主义师德要求和个人道德素质之间的矛盾。社会主义师德要求是党和国家对教育工作者提出的特殊的、高尚的职业道德要求,在客观上体现着国家和人民的根本利益,代表着教育工作者努力的方向。教师个人的道德品质则是教师个体的道德状况和选择能力,需要与社会主义师德要求相一致、相适应。然而两者的差异会存在于每个教师的身上，每个教师要把师德要求转化为自身内在的道德品质，需要付出艰苦的努力或牺牲一定的个人利益，如为班集体多做一些工作，可能会减少个人的部分休息时间；刻苦钻研教学，业务上精益求精，可能要放弃相对安逸的生活；对工作认真负责，往往会带来对家庭照顾的不周；服从国家需要，可能会在十分艰苦的岗位上工作等。教师能否战胜自我，自觉自愿地依据社会主义师德要求，适应社会主义教育事业的需要，这些只有在教育教学实践中才能做出回答。因为只有投身到教育教学的实践中，才能切身体会到教育工作的重要和对教师道德素质的更高要求，从而热爱教育事业、献身教育事业，自觉地进行师德修养；才能从学生身上发现思想闪光点，汲取营养，完善自我，增强师德情感、磨练师德意志、坚定师德信念、养成师德行为和习惯。

(二) 教师职业道德修养的方法

提高教师职业道德修养水平，不仅要了解其根本途径，还必须掌握科学的方法。没有科学的方法，教师职业道德修养就无从下手，教师职业道德修养水平就不能提高。优秀教师经常采用的师德修养方法，主要有以下几种。

1. 致知

《大学》中提出了道德教育与个体道德修养的历程，即"八条目"，"致知"即为"八条目"之一。"致"就是到达；"知"就是认识各种伦理道德规范。苏格拉底认为，美德出于有知，知识是一切德行之母。教师要对所学的各种职业道德知识和人生哲理予以思考、反省，力求真正弄清职业道德的本质，透彻地理解职业道德准则和规范的合理性，准确地确立自己在教育劳动中的合理位置，在自己的心灵深处培养趋善避恶的道德意向及情感，从而选择适当的职业道德行为。

2. 内省

"内省"是对自己内心的省视，就是让人经常反省自己的思想和行为，辨察自我意识和言行中的善恶是非，严于解剖自己，及时改正自己的过错。孔子早就提出了"克己""自省"的思想。他的弟子曾参更提出"吾日三省吾身"，反复地反省自己的思想和行为是否遵循了道德原则。古人所提的"内省"就是我们通常所说的自我批评。

鲁迅先生说过："我的确时时解剖别人，然而更多的是解剖我自己。"毛泽东把自我批评形象地比喻为"洗脸""扫地"，倡导我们经常进行并养成习惯。他说："房子是应该经常打扫的,不打扫就会积满了灰尘;脸是应该经常洗的,不洗就会灰尘满面。我们同志的思想,我们党的工作,也会沾染灰尘,也应该打扫和洗涤。"认真而经常的自我批评、自我解剖,是道德修养的重要方法。

要开展自我批评,首先要学会认识自己。人贵有自知之明。俗语说:"知人者智,自知者明。"聪明的人不仅能够正确认识别人,还能够正确地认识自己。认识别人不易,认识自己则更难。从师德修养上看,如果教师不能正确地批评自己,摆正自己的位置,就根本谈不上进行以自我教育为特征的师德修养。其次,要善于发现自己身上的缺点和不足。根据社会主义的师德原则和规范,要经常反省和检查自己思想和行为上的问题,明确前进的方向,增强修养动力。再次,要用高标准严格要求自己。认识自己,发现问题,还不是师德修养的目的,只有在这之后,为自己提出新的修养目标,努力改变现状,才能使师德水平得到真正提高。离开对自己的高标准和严要求,认识和解剖自己是毫无意义的,师德修养也只能是走过场而已。最后,要善于控制自己和战胜自我。在道德修养过程中,要以坚强的意志和毅力,克服自己身上的缺点、弱点、不良习惯等。

在开展自我批评,严于解剖自己方面,许多教育家和优秀教师都为我们树立了榜样。

自我批评,严于解剖自己的重要形式是"自省""自讼"和"自律"。"自省",是检查自己言行是否符合师德规范,是在师德方面进行自我认识、自我评判的一种形式。"自讼",是自己同自己"打官司",在内心深处积极开展思想斗争。在这场"官司"中,"原告"是自己已经理解的社会主义的师德原则和规范,"被告"是自己身上存在的不合乎社会主义师德的各种言行,"法官"是自己具有的道德责任感。在这里,"原告""被告""法官"都是同一个人,是自己"审理"自己,自己"判决"自己,自己对自己"执法"。"自律",是教师按照社会主义的师德原则和规范来约束自己的行为,为自己立法,限制错误行为,向着更高的道德目标迈进。"自省、自讼、自律"在本质上是相同的,都要求教师在自觉的基础上和科学理论的指导下开展思想斗争,正确认识自己,积极改造自己,去除一切不道德的东西,完善自己的人格,培养良好的师德品质。

3. 慎独

古今中外的思想家都十分重视和提倡道德修养上的"慎独",并把它看作是道德修养所要达到的崇高境界。

所谓慎独，是指个人在独处无人监督时，仍能谨慎遵守道德原则。"慎独"一词出于孔子的《礼记·中庸》，他说："君子戒慎乎其所不睹，恐惧乎其所不闻。莫见乎隐，莫显乎微。故君子慎其独也。"意思是说，一个有道德行为的人，在无人看见、无人听到、孤身独处的情况下，更要小心谨慎，力求使自己的行为符合道德规范，如果人们都能按照道德规范和要求去行事，就能做到时刻保持高尚的道德情操和良好的道德品行。

"慎独"是在道德修养中的道德情感、道德意志和道德信念所形成的一种高度自觉的道德境界，因此"慎独"的根本特点是内在的约束力和高度的自觉性。坚定的道德信念是"慎独"的前提。一个人在外界的监督下不做不道德的事比较容易，但在个人独处时也不做不道德的事就需要道德信念和自我约束力发挥作用。一个师德高尚的教师之所以能够自觉地按照教师的道德原则和道德规范去行动，就是因为他已经树立起道德信念，并把这种信念转化为心灵上的自然所求。可以这样说，师德修养水准的高低，完全取决于教师的内心信念和道德意志是否达到"慎独"的境界。若能保持"慎独"，这位教师就能在没有社会监督、永远不被人知道的情况下，做到自尊、自重、自爱，用社会主义道德要求进行自我约束。若不能用"慎独"的标准要求自己，在内心深处有不可告人的"隐含"，久而久之就会滋长蔓延，导致害人害己的结果。

"慎独"的修养方法对于教师来说特别重要，因为教师工作的职业特点决定了教师单独活动和单独开展工作的机会较多，无论是备课、上课，还是辅导学生，教师的工作都具有相对独立性和劳动个体性的特点，其所耗费的精力和心血是难以计算的，伸缩性很大，别人是不易察觉的，只有教师自己最清楚。另外，一些偏僻的边远山区，有时一位教师独自在一所学校生活和工作，在这种情况下教师道德修养达到"慎独"的境界，就更具有特殊的现实意义了。正是从这个意义上说，一位教师离开了"慎独"，就无所谓"良心"，也谈不上什么师德修养。可见，"慎独"是教师道德和师德修养的试金石，也是反映教师人格的一面镜子。

"慎独"要求教师时刻把着眼点放在灵魂深处，去寻找隐蔽的不良意识和思想动机，所以要做到"慎独"，教师必须在"隐""微""恒"上下功夫。"隐"，是从隐处着眼，使教师时时处处都言行一致、表里如一，杜绝人前人后两面派的作风，做到一个人独处时，如"十目所视、十手所指"，保持良好的道德情操。"微"，是从微处着手，从小事上做起，小事上能体现一个人的道德品质。"勿以恶小而为之，勿以善小而不为"。不放过一个有损于教师形象的缺点,做到既防微杜渐,又积善成德。"恒",要在"恒"字上着力,一个人做点好事并不难,难的是一辈子做好事,不做坏事。"慎独"不可能一劳永逸,更不能寄希望于一时的热情,而是长期修养的结果,要生命不息、修养不止,经过长期的锻炼,逐步达到完善的境界。

在实践中学习先进人物的优良品质,是教师职业道德修养的重要方法。革命前辈、英雄模范和优秀教师都具有崇高的革命理想、忘我的献身精神。他们不图名利地位,全心全意地为国家、民族和人民谋利益,甚至为了追求真理而不惜牺牲自己的生命;他们在工作中忠于职守,高标准、严要求,不怕艰难险阻,善于战胜困难,敢于攀登高峰。所有这些可贵的思想品德和高尚的道德境界,都是每位教师进行师德修养的榜样,值得认真学习。因为这可以陶冶教师的情操、净化教师的心灵、鼓舞教师的斗志,激励教师们向着更高的目标前进。爱因斯坦说:"只有伟大而纯洁的人物榜样,才能引导我们具有高尚的思想和行为。"

老一辈无产阶级革命家和英雄模范人物身上表现出来的崇高道德品质,为我们在道德修养方面树立了光辉榜样。伟大的马克思主义者周恩来一生高风亮节,光明磊落,为中国人民的解放事业和社会主义事业鞠躬尽瘁,受到中国人民和世界人民的衷心爱戴和敬仰。周恩来十分重视道德修养,他在读书时就为中华崛起、腾飞世界严于律己,要求自己在读书、交友、学业、习师、光阴等方面"不虚度"。在成为党的杰出领导人之后,还为自己订立了7条自我修养的准则,始终坚持"活到老,学到老,改造到老"的立场。在中国革命的艰苦岁月中,无数先烈为革命慷慨捐躯;在社会主义建设中,无数英雄模范人物谱写了一曲曲动人的乐章。刘胡兰、董存瑞、黄继光、邱少云、雷锋、向秀丽、罗健夫、张华、朱伯儒、孔繁森等,都是我们学习的榜样。他们崇高的思想品德和先进的事迹,都是在党的教育下长期坚持自我修养的结果。

在学校生活中,教师与学生的关系非常密切,教师的一言一行、一举一动都在学生的注视之下,学生常常把教师平时的言行与教师在课堂上讲的道理进行对照、比较,并对教师的言行是否一致、表里是否如一、行为是否符合社会主义的道德规范等做出反应和评价,教师应善于从学生的各种反馈信息中检查自己、审视自己,寻找自己在思想、工作和行为上的不足,并努力加以改进。同时,在学生身上有许多可贵的品德,也值得教师学习。学生年龄虽小,在道德理论和文化知识方面远不如教师,但他们朴实、善良,有一颗纯洁的童心,与他们接触会发现许多道德品行上的闪光点,如关心集体、助人为乐、热爱劳动、见义勇为等。教师可以从中汲取营养,对加强自身的道德修养大有益处。

从教育对象中汲取营养,首先教师对学生要有正确的态度,要诚恳、主动、虚心地向学生学习,善于发现每个学生的优点,注意听取学生的批评、建议,做到有则改之,无则加勉;其次,教师要主动到学生中去,利用课余时间同他们一起活动、一起娱乐、一起谈心,做到多听、多看、多观察,从各种渠道中了解学生的心声和对自己品德行为的评判,以便及时总结经验教训,反省和检查自身,进一步提高道德修养的自觉性。

荀子说:"不闻不若闻之,闻之不若见之,见之不若知之,知之不若行之。学至于行之而止矣。"朱熹认为:"学之之博,未若知之之要;知之之要,未若行之之实。"要使道德修养达到目标,"功夫全在行上"。王阳明认为:"知是行的主意,行是知的功夫,知是行之始,行是知之成。"马克思主义伦理学认为,理论与实践相结合是根本的道德修养方法。只有在改造客观世界的实践活动中才能改造主观世界;只有在现实的与他人相处的道德关系中,才能改造自己的道德品质。人们只有在社会实践中,在各种现实的人际关系中,才能认识到自己的哪些行为是道德的,哪些行为是不道德的,这样人们的道德行为或不道德的行为,只有在现实的人际关系中才能表现出来。如果脱离了人和人之间的关系,脱离了社会实践活动,就无法进行道德修养。离开了人们的道德实践,就无法判明善与恶、正与邪、是与非、荣与辱。

教育活动不仅是教师教育学生的手段和过程,也是教师完善自我的手段和过程。教师个体只有在职业道德实践中才能达到职业道德修养的较高境界。只有在实践中,才能提高认知能力,丰富情感,磨练意志。实践也是检验教师职业道德修养的标准。它检验教师个体的职业道德修养是否符合一定的职业道德规范,检验教师是否真正具备一定的职业道德品质,仅仅在口头上能背诵娓娓动听的道德箴言或仅仅在思想上能确立崇高的教师职业道德修养志向却不付诸实践,那只能是一种华而不实,甚至是一种虚伪。实践是推动教师个体的职业道德水平不断提高的动力。教师职业道德修养是一个复杂而长期的人性向善追求的历程,不可能一蹴而就。这样一个不断修养的过程,正是由道德生活实践来推动的。教师个体只有在教育实践中才能获得源源不断的精神能源,进行自我教育、自我改造。只有身体力行教师职业道德准则,学以致用,才能真正地健全自己的职业道德人格,提高自己的职业道德境界。

第二节　教育见习与师德养成教育

教师职业道德是教师在履行职责过程中所表现出的思想觉悟、认知水平和德性修养等行为准则和规范，也是教师职业影响力的决定性因素。师范生通过教育见习活动，观摩中小学教师教育教学开展情况，感受师德所包含的职业魅力，不仅有利于加强对工作岗位的认知，提升对教师职业的认同感，而且对于提升自己的师德修养水平也有着积极意义。

教育见习，是高师院校人才培养方案的重要组成部分，是师范生走向教育实践的必备环节，对其职业发展有着直接影响。因此，把师范生教育见习活动跟师德培养有机结合起来，使得师范教育的改革创新具有一定的时代意义。

一、教育见习与学校教育

（一）教育见习是师范教育的必备环节

见习制度虽然是学校职业教育的一种常见安排，但是将师范专业学生派往中小学见习则是师范教育独有的一种制度性规定。在教育实践中，许多师范院校在人才培养方案中，将统一安排的教育见习这一规定，细化为具体的指标要求，通常不低于实践学时 10%。一方面，通过设置专门的见习学时，由担任学科教学论的教师组织、带领师范生观摩中小学对应课程的教学活动，近距离接触班主任的班级管理工作，了解和感受见习学校的校园文化建设情况；另一方面，要求各门课程教师和辅导员，结合学科特点和中小学教师专业发展需要，以布置作业和开展课后活动的形式引导师范专业学生自行组织教育教学见习，确保人才培养方案贯穿于教育教学的全过程。

师范院校之所以如此重视教育教学见习，是因为一个合格教师的成长都需要经历对职业的初步了解、由所学知识技能向运用转化、再总结反思不断提升发展这样一个过程。没有职前教育阶段包括见习在内的实践环节，或者这一环节的安排时数不够、质量不高，师范生不仅对于所选择的职业特性了解不够、难以巩固专业思想，而且也会影响师范教育应有的特色。正因为如此，《教育部关于加强师范生教育实践的意见》中明确要求把"构建包括师德体验、教学实践、班级管理实践、教研实践等全方位的教育实践内容体系，切实落实师范生教育实践累计不少于1个学期制度"纳入师范生人才培养方案设计之中。在"培养适应中小学教育教学需要、高素质专业化的'四有'好教师的目标要求"上，高等师范院校担负着特别重大的责任。

(二) 教育见习奠定了师范生职业认知基础

职业认知是教师职业化教育的起点。无论是养成爱岗敬业态度，还是切实履行教书育人之责，首先需要了解、认识教师职业内涵和工作特点及其要求。

通过观摩课堂教学，不仅初步了解传授知识和品德教育有关环节、程序方面的要求，而且从师生互动所营造的课堂学习氛围中亲身感受学校教育的专业化和高效率特点。特别是在教师的精心组织、引导之下，学生积极学习、主动探索所形成的生动局面，更是有利于引发师范生对于职业的认同。通过对班主任工作情况的观察，一方面可以知悉班级管理的主要事项、工作流程和基本要求，另一方面通过班主任忙碌、繁杂甚至有些琐碎的工作可以看到所蕴含的意义——一切为了学生，所以，平凡但不平庸；通过了解和掌握学生学习状态和精神面貌，既可以看到教育的巨大力量，同时也可以激起教师的责任意识；通过对见习学校校园文化的切身感知，懂得教书育人不仅仅局限在课堂内、教师和领导的口中，而是要落实在校园文化建设之中。不管是美丽、精致的花草树木，铺陈装饰合理的室内外空间，还是井然有序而充满生气的校园活动，或者是文明、优雅、和谐的校园人际关系，都会化作"无言之教"对师范生产生重要的影响。

教育见习对于提高师范生职业认知的意义不止于此。以更宽广的视野看，它还有利于加深对教育在整个国家战略布局中意义的认识和理解。在一所条件比较好的学校，面对所取得的一项又一项办学成果和社会荣誉，自然会从中感受到科教兴国战略促进教育事业发展所带来的喜悦；而对于那些身处薄弱学校的师范生来说，或者在目睹教育活动中存在的某些问题以后，会从另一个方面体会到加快科教兴国战略实施,努力解决教育资源协调发展的重要性和紧迫性。

(三) 教育见习有利于师范生职业能力转化

教师职业特性决定了投身教育行业,无论是知识方面,还是能力方面,或者是素质方面不能做一个满足现状的人。教育见习正是由认识到能力培养的重要一步。

推动学习能力提高。教师职业的专业性首先体现在知识的拥有方面。对于长期处在"被动学习"地位的师范生来说,在这一点上虽有一定程度的认识,但是很难有切身体会。不仅是优秀学生容易产生"没有问题"的自满情绪,甚至是一些用功不够的学生身上也会滋生"问题不大"的侥幸心理。然而,当在一群朝气勃勃、对未来幸福生活充满向往的青少年簇拥之中,学生强烈求知的追问,使得课堂俨然成为教师的"考场",没有足够的知识很难让课堂成为一个令人向往的学习殿堂。特别是在将自己放置于主讲教师位子之后,可能出现"更糟糕"的情况。为此,通过教育见习以推动师范生反思自身在知识方面存在的不足,利用在校学习的有利条件,积极掌握教育理论知识、专业知识,努力拓展知识面,完善知识结构,提高学习能力,是必要可行的。

促进教育能力转化。教师职业的专门化体现在教书育人的能力上。要把外在的知识、能力、品德等要求转变成为学生愿意接受和主动掌握、践行的内在东西,教师自身必须具备所需要的方法、技巧等主观条件。没有这一条件,或者条件尚未完全具备的人,是很难胜任教师职业的。师范生虽然通过较长时间的学习培养,具有一定的教育学、心理学、学科教学和专业理论知识,但是,运用所学知识解决问题的时候并不多。即使在大学校园内有过一些讲课、备课、板书、谈话等的训练,也基本上属于模拟形式,复杂而有规律的教育教学过程情况很难确切反映。因此,当其置于教学或者班主任工作实际场景中,很容易引发自我反思,针对存在的不足进行多方面的努力:通过充分准备,解决登台讲课和与学生谈话自信不足的问题;通过勤学苦练,掌握标准的普通话和规范的板书要求、现代教学技术手段,解决教学过程中吸引力不够的问题;通过得体的衣着打扮和文明举止,解决出现在学生面前形象不佳的问题;等等。教育见习,为师范生提高教师职业能力创造了有利条件。

强化素质能力养成。一个人的素质虽然常常以一种静态方式来表现,但就其形成过程来看却是动态的,而且与一个人能力强弱有着直接关系。在培养师范生职业素质的多种路径中，教育见习为师范生检验自身素质构成情况、强化自身素质能力提供了切实可行的一条路径。一是知识结构上，由知识运用方面成功与失败的经验教训的总结转化成一种积极的认识和行动，除了把学科专业知识与教育教学理论应用知识紧密结合起来，还力求掌握更多相关专业文化知识和背景知识，以此规划自己的大学学习生涯，确保作为一名教师应该具备的知识结构的宽度与深度；二是行为能力上，具备教学实践、教学应急以及知识创新、人际交往等能力是教师必需的，尽管这需要一个长期努力过程，但是大学阶段着力培养、打下基础同样重要；三是精神境界上，通过对校园内外那些含有情感冲突的事例的深入分析、思考，明白把握思想政治素质、职业意识、职业道德、法律意识、身心素质等德性的养成对于充满挑战的教师职业所具有的重要意义。也可以说，当上述方面能够内化成为师范生一种比较稳定心理品质及其素养、修养、能力并发挥一定作用的时候，教育见习即实现了自己的目的。

二、教育见习的一般原则

教育见习，是师范专业学生第一次从教师的角度去看待教育教学工作，比较全面、系统地观察中小学人才培养活动，为随后开展的教育实习打下扎实的基础。因此，为了做好这一工作，帮助师范专业学生认识教育见习的重要性，自觉按照有关原则开展见习活动，就显得十分必要了。

(一) 加强计划性

教育见习是高校师范专业人才培养的重要环节。为保证见习活动顺利进行，必须加强教育见习活动的计划性。首先，在充分认识学科专业特点基础上，对于师范专业人才培养方案进行科学论证，明确学分要求，将见习活动纳入整个教学计划之中，保证理论教学内容与实际应用的一致性。其次，见习需要前往教育实习基地进行，这就要求提前同接受见习学生的中小学等教育机构进行前期联系、协调，包括了解和掌握学校基本情况、指导教师个人情况、课程进度以及班级管理情况。此外，对于可能影响见习安全的因素也要认真分析、掌握并采取有关防范措施，保证每一位见习师范生的人身安全。最后，开好见习动员会，认真学习见习计划有关内容和师德规范方面的具体要求，完成人员分组并落实带队教师和见习小组学生负责人等工作,确保教育见习顺利推进。同时,对于见习结束回校总结交流作出具体安排。总之,加强教育见习活动的计划性是人才培养的科学本质属性的必然要求。

(二) 注重专业性

教育见习对于师范生培养的重要意义在于通过学校这一专门的教育环境,由熟悉教育教学过程的专门人才进行指导,以了解、认识中小学教育教学基本情况,为教师职业意识的形成创造有利条件。因此,教育见习必须具有相应的专业性要求。通常而言,这一要求主要反映在以下三个方面。第一,见习活动安排应符合学科专业人才培养指向要求。为了适应中小学教学工作的需要,师范生分属于不同的学科专业。这种情形,一方面反映了社会分工对于教师专业发展的重要影响,另一方面也体现出各个学科只有在针对性强的专业人才培养方案约束下,才能推动学科自身的不断发展,以及在科学化、理论化基础上实现知识的继承与创新。从所属专业的角度去观察中小学对应学科的教学活动,有利于增强师范生的职业角色意识,运用所学知识发现问题、解决问题能力的培养,同时对于师范院校有关专业的人才培养的改革也会产生积极促进作用。第二,见习活动过程要在专业教师指导下进行。教育见习不是师范生个人的"自由活动",需要有"懂行"的人给予指导和组织。这是因为人才培养是一项精细化的创造性工作,既需要经验的积累,更需要相关的学科理论知识武装。所以,师范院校派出的带队教师,一般都由学科教学法(教学论)的专业教师以及进行相关培训的其他课程专业教师担当,而接受见习师范生的中小学则安排教学经验丰富、师德修养好的教师作为指导教师,确保师范生在见习过程中遇到困难或问题时,能够得到及时、有效帮助。第三,见习活动效果评定要有规范的统一标准。这样既可以保证分散见习、集中见习不同组织形式之间情况差异不至于影响评定尺度的把握,也有利于师范生注意从观看、听讲、记录到思考、总结等规范自己的见习行为,更好地服务于专业能力提升这一培养目标。

(三) 着眼体验性

教育见习作为师范院校人才培养中的一个教学环节,相较于教育实习来说,虽然时间较短但却可以多次安排,主要为观察体验式教学的一种形式。首先,对师范专业学生而言,通过观察来近距离了解中小学课程教学和班级管理情况,由其中的问题引发自身思考,寻找解决这些问题的办法,从而加深对教育教学一般规律、原则内涵的理解和把握。除此之外,在"看"的过程中,还有利于师范生检验大学知识学习、能力培养、德性修炼情况。通过对"能与不能""行与不行"以及"好与不好"等职业要求的内心叩问、纠缠,巩固课堂学习成果,在明确自己在大学期间的学习需要努力改进的方向的基础上,强化立志做教师、做好教师的职业愿望。所以,不管是指导教师还是带队教师,认真考虑为师范生创造个人体验机会或者引导其不断产生"为什么""是这样""明白了"思考过程,不仅是履行指导职责的具体表现,也是帮助师范生达成教育见习目标较为有效的途径。

(四) 回归成长性

一方面,师范生教育见习尽管主要是在中小学,在有经验和堪为师表的教师指导下进行,但这并不意味着参加见习的人是处于被动学习状态。恰恰相反,这种见习是给师范生提供了由看到思、由思到问、由问到做这样一个完整学习过程。每一个师范专业学生都可以在这个过程中,充分发挥自身的主动性,从观察指导教师或者授课教师的教学过程、教学方式、教学方法、教学逻辑等方面,到思考、探究他们这样做的原因,汲取教学经验,并为提高自身的教育能力打下基础。另一方面,教育见习时间虽然短暂,但是,由于能够结合有关专业课程的学习,不仅多次安排,而且返回学校之后,还可以由团学组织以班级、院系乃至全校为单位,结合专业学习和校内各种活动长期、经常安排。在深化、拓展教育见习有关的主题教育过程中,推动了师范生对于教育者身份的认同,有利于职业意识的成长。教育见习,既是解决大学专业学习与中小学教育缺少必要联系问题的有效举措,同时也促进了师范生对教师职业的进一步认识,有利于个人思想、素质和能力的提高以及做好职业生涯的科学规划,这对于师范生的成长是弥足珍贵的。

三、师德规范与教育见习

(一) 教育见习理应包括师德规范内容

从教育过程看,学校工作虽然有岗位的不同,然而,无论是担任教学,还是从事管理或者提供服务都会对学生的教育产生直接的、间接的影响。在学生的眼里,学校教职员工皆是"老师",用教师的德性标准来衡量他们的言行举止、工作态度、工作效果是极其自然的事情。教师的职业形象能否有助于教育效果的最大化,既由其所拥有的学问水平、教学能力来决定,也由其师德修养的精神境界来定位。教育实践中的正反事例已经证明,能为学生津津乐道和念念不忘的好教师一定是德性高尚之人。

教育见习尽管时间短暂,但是师范生置身于真实的学校教育情境之中,进入眼帘的不仅是课堂教学方面的情况、班级教育活动开展方面的情况,而且不可避免地会由教师的工作状态、学生的学习面貌以及学校管理水平引发对见习学校的师德之风情况的感知。因此,在教育见习过程中,观师德修养之风气与观教师之教、学生之学成为基本的三大任务。

(二) 教育见习需要师德规范的指导

在复杂的情境中顺利开展教育见习,认识和掌握师德规范有关要求对于师范生来说显得十分必要。坚定地站在"爱国守法"政治立场上,对于见习过程中大是大非问题勇于表明态度,严格遵守国家法规及学校见习纪律;立足于"爱岗敬业"这一基本要求,认真完成教育见习的每一项工作;坚持"关爱学生"这一神圣职责,把相对短暂的见习观摩学习变成展示师德修养的教育机会;恪守"教书育人"的职业宗旨,以此作为见习观课、评课内容把握的基本指向;以"为人师表"的职业意识,规范教育见习过程中的言行举止、穿着打扮,以彰显教师高雅形象;把"终身学习"的人生理念贯穿于教育见习全过程,通过由学到看、由看到思、由思到行、由行到学这一循环提升,从而形成推动自身进步所必需的动力机制。

(三) 教育见习有利于师范生师德成长

教育见习之所以能够促进师范生的职业道德生成、发展与提高,是因为见习过程中和结束之后都必须按照确定的评价要求进行认真总结,以此帮助师范生在认识、了解教育教学过程的同时,通过对职业道德成长情况的回顾、反思,找出需要改进的问题,为教育实习顺利开展打下良好基础。

一方面,从教育教学成功的事例中,充分汲取师德成长所需的正能量。课堂是学校教育的基本形式,从一堂很受学生欢迎的课中,见习者既要看到所采用的教学手段、语言、动作,所营造的气氛,更应该请教是如何备课的,了解课前准备的主要环节和注意事项;记录课堂上教师组织教学,收放自如的精彩片段,从中体会教师的教育智慧与爱岗敬业师德修养的内在高度一致性;注意发现教师在传授知识过程中,有机结合或者巧妙发掘所蕴含的思想意义,为学生健康成长增添精神食粮的有益做法,加深自己对教书育人落脚点的进一步认识。组织学生开展各种教育活动,既是学校教育的常规工作,也是班主任以及所有任课教师履行职责的具体表现。如何指导、组织学生开展共青团、少先队或者班会活动,以及各学科的活动课,除了熟悉这些教育活动组织的一般原则、程序要求以外,与课堂教学一样,更需要精心准备、科学计划、认真组织实施才能收到预想的教育效果。从成功的事例中获取经验和信心,不仅是青少年成长进步有效的途径,同时也是师德教育的主要渠道。

另一方面,还可以从不完善的教育事例之中找到师德修养的不足之处,使自己终身受益。教育是世间较为复杂的社会活动之一,其本身就包含有因各种挑战所带来的问题和风险。因此,通过对教育活动中一些失败的案例或者不够完善的事例进行积极反思和认真分析,不仅是教育科学本质的必然要求,而且还是加强师德教育的一条重要方法,体现出了唯物主义认识论的辩证法原理。比如,同一教学内容有的教师课堂效果并不太好,甚至没有达到教案设定的教学目标,教师应该从自身方面去找原因:对学生情况是否真正了解,教学目标是否脱离实际。同样是对学生违反纪律的批评教育,有的学生并没有接受或者没有从心底里认识到错误之所在;对有特殊困难的学生给予热情关心、帮助,有的学生并不领情,甚至会产生抵触情绪。教师需要思考的是:作为教师,在师生观方面做得怎么样,是否以简单、粗暴的指责方式取代耐心沟通、充分说理和必要的等待。此类问题的追问和反思,在引导师范生提高教育见习总结质量的同时,也为他们理解教育规律中一般性与特殊性,以及有关教育原则的科学内涵创造了必要条件,更有利于师德教育目标的达成。

第三节　教育见习中的师德教育主题

师范生在教育见习中接受的师德教育,是不同于理论讲述的课堂学习教育形式。不仅应该让他们在看、听的过程中,感受教师职业幸福的内涵,而且有必要在质疑、纠错的反思基础上,为他们认识教师职业特点和本质特征创造条件,从而奠定职业成长的第一块基石。

一、幸福的人民教师

(一) 幸福教师的职业形象

在讨论"教育幸福"这一话题时,檀传宝先生指出:"幸福就是人的目的实现时的那种主体状态,或者人的本质实现时的那种状态。"而不是那种仅仅以"欢悦"状态而表现出的"快乐"或"快感"。也就是说,"幸福的真谛"在于超越生命而体现出的生活意义,即"所谓'幸福'只不过是这种有意义确证的生命状态而已"。一方面,幸福是每位教师都需要或者希望得到的一种生活方式;另一方面,享受教育幸福则需要以争做幸福教师作为前提,因而教师专业伦理建设"德福一致"原则成为幸福教师职业道德的核心要求。

由此看来,幸福教师的职业形象,概括起来主要表现在以下几个方面:第一,对生活意义的真谛有正确认识。人与动物的主要区别之一,就在于他有德性要求,而幸福教师总是能够从纷繁复杂而且多变的生活现象之中把握住生活的本质,解决或者回答"为何选择教师职业""如此付出值不值"等一类问题,从而为自己坚持在培养学生成长成才道路上实现人生价值、收获幸福奠定重要的思想认识基础。他们不为一时的快乐而停步,坚定地沿着幸福生活的真谛所指明的方向前进以提升自己的人生境界。第二,对生活之美能够具体感受。幸福与否不仅仅是一种认识,从主体上去看它更是一种个人的实际感受。也就是说,幸福不能由他人来决定,只能根据自己的生活体验来回答。幸福教师中除了少数甚至个别人拥有各种荣誉,或者晋升发展之路顺畅之外,更多的是不被外界和行业广为知晓的普通之人,他们不仅默默无闻,而且在生活和工作中还有可能面对许多困难,但是,他们依然拥有比较强的幸福感,这就在于他一方面能够从生理、心理和精神三个层面的合理需要去理解幸福内涵,另一方面则相信"德福一致"这一社会伦理规律的作用,避免了陷入长久的心理失落乃至失败、无望等内心冲突中,自然就拥有了从平凡之中体验生活之美的能力,幸福也就随即而至。第三,能够创造有质量的生活。"幸福是一种能力",其理应包括创造幸福的能力。如果说,人的创造性把人和动物真正划分开来,那么,创造幸福的生活这种能力则是社会赋予人的德性中崇高、伟大之处。

幸福教师首先是不甘平庸的人,既不放弃、也不容许别人剥夺自己追求和拥有幸福生活的权利,同时又把这种幸福落实在教书育人所追求的价值实践中。所以,他们能够创造幸福的课堂生活,让学生在接受新知识、新方法、新思想过程中感受到学习的快乐,为成为一个幸福的人打下基础;能够平等公正地对待学生、同事、家长乃至社会,营造幸福工作所需要的良好人际关系和环境条件。总之,幸福教师已经没有苦行僧一般的刻板印象,而是受人敬重的对象,这才是当今时代背景下,无论教师个人还是群体应有的职业形象。

(二) 幸福教师的职业指向

幸福生活是每个人的追求,教师也不例外。不过,真正能够成为幸福教师的,总是那些践行师德规范要求,以自己教书育人的成绩赢得了学生喜爱、同事认可和学校肯定的优秀教育者。他们将自己的个人幸福观自觉建立在坚实的劳动贡献基础之上,从而跟那些以为选择了教师职业或者处于教育岗位就有幸福生活降临的一类划清了界限。因此,可以说"幸福教师"不仅仅反映出了教师职业社会地位正在提高这一事实,而且还从职业道德上揭示了作为教育者应该努力的方向。

第一,具有大爱情怀。教师贵为人师,首先要有爱。如果不愿去爱人、不能去爱人,自然也不会得到别人的爱和社会的爱,也就没有幸福可谈。因为教师是一种特殊的职业,所以,要求其在面对学生乃至家长时,要有孔子的"有教无类"的博爱情怀,不能根据学生智力发育水平、个性相貌、家境状况而用异样的眼光对待,更不能以个人好恶、亲疏关系把学生区分成三六九等。即使在教育教学过程中开导学生或批评学生时，也要始终抱有关爱的态度，从有利于学生成长的角度出发去教育学生，避免不分青红皂白地采用发泄或者侮辱形式的惩罚教育方式，只有这样才能达到优化的教育效果。拥有大爱情怀的教师，由于爱他的所有学生以及身边的同事，使得其幸福的形象充满了人性的温暖。每一位师范生在教育见习过程中，都可以"旁观者"的身份去观察他人言语、神情和肢体动作等所包含的爱意，在体验教师职业道德核心要素——人性温暖之光的同时，触发"我会怎么做""我会做得怎样"的内心思考，为按照幸福教师职业形象塑造自己打下比较好的认识基础。

第二，拥有良好学识。一名优秀教师要拥有扎实的专业知识和深厚的文化底蕴。因为只有具备了深厚的文化底蕴才能提升自我的学识修养和精神气质，才能教授学生更多的知识，和学生分享知识产生的力量和带来的快乐。同时，具备深厚的文化底蕴的教师，可以使其内心变得更为丰富，对教学内容和课程拥有更强的驾驭、创造能力，从而营造出生动、贴切、真诚和丰富的课堂环境，促使学生自觉、积极地汲取知识，获得学习的乐趣。师范生见习的时间虽然较短，但是在这一过程中，却可以看到教师在课堂内外，以旁征博引、深入浅出等多种方式，引导学生自由驰骋于广阔的知识海洋，不仅从学生对知识由未知到了解、再到意犹未尽的渴望眼神中，体会到教师职业的巨大价值意义，而且也增强了以丰富的学识不断优化知识结构的动力。

第三，善于进行教育。教师是培养人才的人，善于教书育人不仅是职业要求，而且也是教师收获个人幸福的必由之路。从教育实践看，拥有较强幸福感的教师，总是把课堂作为展现教师职业风采的舞台，营造出充满活力和愉悦的教育环境，和学生一起分享学习知识带来的乐趣，体会能力培养过程中的满心喜悦。不管是在课下与学生讨论交流之时，还是面对不同个性和禀赋、能力、爱好的学生，善于教书育人的教师能深入浅出地讲解清楚书本内外的知识，帮助他们提高学习兴趣、开阔眼界、增长见识、改善思维方式、激发创新的思想萌芽，努力为每个学生坚定"小有小成，大有大成，各有所成"教育理念创造条件。除此之外，这样的教师还会非常注意记录真实的教学案例，并和其他教师分享所积累的教学经验，通过集体的教育智慧提升教研能力，以收获教书育人幸福的成果。师范生充分利用教育见习这一机会，观察指导教师、参与见习活动的其他同学，根据不同教育境况运用不同教育之法，采取应对之策，表达育人之道。

第四，身心健康协调。根据世界卫生组织有关"健康"一词的解释，健康不仅指没有疾病或者不虚弱,而且还包含有身体的、心理的、社会适应以及道德修养的一种完美状态。首先,幸福教师对于身体健康有着正确的认识,懂得如何科学维护其身体器官、组织结构完整和运行功能正常,为拥有胜任教书育人工作所需要的比较好的体质、体能、体力创造条件。为此,他会努力远离不良嗜好、重视体育锻炼、注意生活安排、善于发现危险,以增强自己抵抗疾病和保护人身安全的基本能力。其次,在心理健康方面,幸福教师有着比较健全的人格,不仅表现在自我感觉及自控能力良好、克服困难所需要的意志品质、情绪稳定等方面,而且在所处的环境中能够保持稳定而密切的人际交往,拥有正常而和谐的人际关系,能够根据不同场合、不同对象恰当地表达自己的感情,自尊、自重、自信、自爱。除此之外,对未来生活有明确目标,能不断进取,与时俱进,有理想和事业上的追求。其三,在社会适应方面,幸福教师除了对于履行本职工作所需要的学科知识、教育教学方法有充分的把握以外,还能与时俱进,积极地从快速发展变化的社会中汲取有益的东西,丰富自己的精神世界,提高教书育人的实际工作能力。其突出表现是:观念不保守,无论是师生之间还是同事之间,相互交流、沟通没有不可逾越的鸿沟;保有对新事物的较高关注度,善于运用别人的经验和科技新成果对现成的生活样式、工作习惯进行改革或优化。幸福教师社会适应的健康表现用一句话来概括,就是他在学校围墙之内却没有脱离现实社会,仍然拥有一个好奇、开放、阳光的学习心态和比较强的适应能力。其四,在道德修养方面,幸福教师总是以较高的道德价值追求来引导自己职业发展层次和生活方式,因而常常表现出愉悦、快乐的正面情感特征。比如,对待个人健康,不是等出现了问题才有所觉悟,而是着眼于事业有成和较高的生活质量的根本需要,通过培养良好的生活、工作习惯,提前采取行动。在追求个人利益和幸福过程中,不仅努力工作、尽职尽责,而且也能用较高的道德尺度和政治觉悟,正确处理个人与他人、集体、国家之间的关系,必要时可以坦然面对和化解个人利益不能实现所带来的心理打击。也就是说,幸福教师在日常工作和生活中,不以牺牲别人的利益来满足自己的需要,有辨别真伪、善恶、荣辱、美丑等是非观念的能力,能根据社会认同的准则来约束、规范自己的言行,既能对自己的健康负责,也能对他人、群体、社会承担相应责任,为人类的幸福事业做贡献。由此看来,认识幸福教师,其道德层面的健康表现是很好的观察角度,也是很有意义的。

二、仁善的人民教师

仁善的人民教师不仅是社会所要求的,而且也是学生乃至同事所喜欢的,无论是有言之教,还是无言之教都会产生不可忽视的教育影响力。

(一) 仁善教师的职业形象

仁善是一种可贵的美德,更是一种德性原则。具有仁善这一道德品质的人民教师,其职业群体形象可以表述如下:在工作过程中,为学生、同事顺利成长而高兴,因学生和同事遭受挫折而难过;在对待他们的失败、失误、过失等时能够展现出理解、关心、包容心和责任心;在待人接物方面,没有高低贵贱之分,言语亲切、态度平和、脸色自然。努力做仁善的教师不仅可以增进他人幸福,也有益于自己追求理想,真切感受人的生命和生活的意义。

(二) 仁善教师的职业意义

俗话说,师高弟子强。这"高"除了指师傅的学问、本事造诣高之外,也包括师傅心胸大、眼界修养程度高。一位仁善的好老师,不仅仅在平常相处之中对学生多了鼓励、少了苛责,让天性单纯、富于幻想的青少年尽可能保持学习的快乐,而且以高度负责的态度去精心备课、授课,为学生的长远发展打下比较好的基础。

第一,有利于培养学生个性。

中国古代因材施教思想常常用"小以小成,大以大成"来具体表述。以今天教育心理学科理论审视之,人的差异化是由人的个体存在的差异性导致的,因而唯有注意个性培养才能为个体发展的差异化创造基本前提。纵观现代科学技术史,凡是那些影响世界的创造、创新都离不开发明者、主导者善于学习、敢于质疑、勇于实践、贵于坚持的特殊个性品质和能力。学校是培养学生良好个性品质的重要阵地,教师只有从学生个体存在的差异性出发,努力将教育内容的科学性与教育方法多样化结合,才能真正帮助受教育者实现"各有所成"的差异化发展目标。

在完成这一任务过程中,与一般教师不同的是,仁善的教师更容易了解到学生的真实情况,针对学生的不足展开有针对性的教育,在学习能力、思想觉悟、道德修养等方面给予切实关心和帮助。因为他知道,作为教师,如果没有一颗仁善之心,面对学生就会缺少耐心和鼓励,容不得学生犯错误,听不得学生表达反对意见,甚至将学生青少年时期的叛逆、犯错以及学习上的退步情形视为与自己作对而多以批评和斥责。然而,当教师能够展现出仁善的胸怀时,学生便不会担心自己因犯错误或者有缺点遭受到老师的苛责而大胆表达自己的真实想法,不会"装在套子里",为了得到所谓"标准答案"而扭曲自己的天性。优秀教师总是善于抓住"错误"之中的教育机会,为培养学生诚实、正直的道德品质和精心呵护创造创新的思想幼芽而努力。

第二,有利于促进学生身心协调发展。

正处于成长期的青少年学生,其不成熟之特点,一方面表现在身体骨骼、肌肉、大脑、神经等物质器官负重、耐力等不同于成年人;另一方面由于物质生活不断改善,独生子女以及信息发达等社会因素影响,在认知、情感、价值观等精神心理素质方面的成熟度与物质器官的成长速度不相匹配。虽然人们在一定情形下有可能无法从外貌长相判断这些人所处的实际学龄段——是小学生、中学生还是大学生,但是其自我意识、抗挫折和是非观念等心理、思想素质仍处在较低阶段,这已经为现代心理学、社会学的研究成果所证明。

仁善的教师懂得尊重生命成长的价值意义,知道处在成长时期的青少年学生的一些基本心理需求如不能被满足,长期处于压抑状态,不但会有害身心健康,更为严重的可能会导致自我封闭以至走上人生的另一条道路。对此,心理学家弗罗姆一针见血地指出:"生命有其自己的内在动力,它总要使自己发展、表现、生存下去。假如这种倾向受挫,那么以发展生命为主要目的的能量,便会走上分解的道路,并转变为一种以破坏为主要目的的能量。"具有仁善之心的教师,正是将保护身心健康的必要常识融入科学文化知识讲授之中,将帮助学生掌握排遣精神苦闷的心理调适能力贯穿于学生完成学业所需要的一般能力的培养之中,实践着为社会建设输送人才这一光荣而艰巨的使命。

第三,有利于培养学生仁善的品质。

好老师不仅要具备"有理想信念、有道德情操、有扎实知识"的职业形象,而且还应该表现出富有"仁爱之心"这一人性的优秀品质。具有仁爱之心的教师一定是仁善的教师,他们在和学生交往过程中,一方面通过精心备课,设置有关问题或者情境,充分利用课堂、个体谈话等"有言之教"条件,激发学生积极思考,在讨论和争辩中分清对错、辨别是非,促进个性品质的提升、优化。另一方面则是通过处理与他人相互关系时所表现出的态度、神情、言语所产生的潜移默化影响,让学生学会如何仁善地对待他人,并效仿这种美德,逐步地发展出自己仁善的德性。孔子云:"其身正,不令而行;其身不正,虽令不从。"这正是肯定了教师这类"无言之教"的影响力。这种教育方式要优于简单化的批评、责骂与训斥等粗暴教育方法,尤其在培养学生非智力因素方面具有长久的影响。

比如,同学间有了不同看法,不是采取自我为中心的态度,把自己的意见强加于对方,而是通过倾听、讨论、分析和换位思考等方式达成共识、取得一致。即使有了误解、矛盾,也是主张以沟通、理解、批评与自我批评等文明方式化解分歧,尽力避免诉诸暴力解决问题。在自身遭遇挫折而出现心理危机的时候,当事者也能以一种包容的心态看待当下,通过唤起珍惜生命和亲情友情的觉悟而防止情绪极端化,此时,身边的同学们会以同情、关爱、理解的眼光,采用恰当的方式方法施以援手,在相互帮助之中渡过难关。因此,教师在教育实践的过程中,努力展示自己的仁善之心,既是受教育者对合格教师的真心期盼,也是党和国家从时代发展需要出发,对教师提出的新要求。

三、美丽的人民教师

在履行教书育人职责过程中,教师不仅仅用语言、行动,而且用思想、情感不断地播撒着真诚的爱,叩开学生的心扉,收获着学生的信任等。

(一) 美丽教师的职业形象

教师之美源于外在美与内在美的统一、协调发展,其中又以美的德性所展现的精神影响力具有决定意义。也就是说,美丽教师在通过知识传授、能力培养和德性教育,为学生的成长成才送上一把开启人生之旅的金钥匙的同时,也以自己得体的穿着打扮、适度的身材保养和文明的言行举止给学生提供追求美的生活的一种有意义的参考指南。从教师职业道德规范要求上讲,美丽教师的职业形象,具体表现在以下几个方面:具有爱国守法的政治意识,将自己的工作与党和国家、人民的利益结合起来;拥有爱岗敬业的精神品质,把自己平凡的工作作为一生追求;心怀关爱学生的人本情结,将学生的成长和安危放在教育教学过程中重要的位置;信守教书育人的工作态度,不因为个人原因而放弃帮助学生健康全面成长的职责;坚持为人师表的人格修炼,以自己良好的外在美与内在美的和谐统一感染引领学生前进;恪守终身学习的进步理念,为提高教育教学技艺和促进专业发展奠定坚实基础。

(二)美丽教师的职业影响

美丽教师在教学过程中所传递的知识信息、表达的政治觉悟和思想情感,以及教学艺术与个人形象之美,对学生具有很大的吸引力和感召力,使得多少有些单调、枯燥的学校生活变得丰富多彩起来,对学生成才进步起着重要的促进作用。

1. 为教育有效性创造良好条件

教育有效性是衡量教育任务是否完成、教育目的是否实现的标准。与一般教师相比,美丽教师由于内在美与外在美的和谐统一,具有独特的人格魅力,对学生学习欲望、学习动力等方面有显著影响。

从主体性看,教育的有效性应该由受教育者是否愿学、善学、乐学这些具体表现来反映。美丽教师是知识改变命运的榜样人物,无论是学习知识的经历,修炼品德的过程,还是增强本领的付出等,对于富有理想、充满幻想的青少年学生来说都具有很强的吸引力。"愿学"这种动机越强烈,教育的有效性越高。美丽教师是学生善于学习的引路人。面对存在差异性的学生群体,以及有些枯燥的书本知识,美丽教师不是因循守旧地"教",而是通过读懂学生、读懂课标、读懂教材和读懂社会来掌握人才培养规律,既能够做到因材施教,又能够实现所确定的班级教育教学目标;不仅能够将课标、教材中的知识和能力要求以及社会生活中的新变化、新问题结合起来进行思考,又能够把这些要求转化成为学生乐于接受的有用的知识与能力。美丽教师是学生"乐学"的助力者。一方面,美丽教师根据教学计划,认真思考教学过程中可能出现的问题,课前作充分准备,课后再结合教学情况进行总结、反思,以新的认识体会修改原有的教育方案,为课堂教学质量不断提高奠定坚实的基础;另一方面,美丽教师在对教材知识体系的全面把握、重点难点深入浅出的讲解、知识视野的拓宽、条分缕析的归纳总结等方面,为学生传达学习之道的同时,也展现出了美丽教师终身学习的典范形象,成为鼓舞学生以学为乐的精神榜样。

2. 为学生奠定成人的重要基础

成人与成才对于个人和社会而言,都有着十分重要的意义,它们之间并不存在着替代性,而且往往要求后者必须以前者为基础。衡量一个人"成人"与否,不仅要看其自然属性中的年龄、形体、体质等生理发育情况,更为重要的是要由社会属性所赋予"人内在的一种以道德为核心,具有卓越特征和生命力量的精神品质"即德性来决定。美丽教师在学生认知、情感、行为、意志等各个方面有着十分重要的影响。

在认知方面,人的德性需要知识涵养。美丽教师会通过课堂教学、课下交流等渠道,把社会要求以及蕴含在知识之中的具体德性认识传授给学生,为他们形成一定的概念、知觉、判断和想象等以获取必要的,乃至更多的知识创造条件。一旦学生对于仁、义、礼、智、信以及忠诚、温和、幸福、快乐、节制、勤劳、负责等词语所具有的内涵有了正确的理解和把握,他们在前行的人生道路上,也就不会那么容易迷失方向。

在情感方面,能否把喜欢、愤怒、悲伤、恐惧、爱慕、厌恶等心理反应活动置于一种符合社会道德、伦理规范约束之下,以恰当方式表达出来,是衡量一个人是否成人的重要标志。美丽教师立足于既教书又育人这一职业特点,非常注重学生的心理变化。在教育教学过程中,坚持通过正向的知识传授、道理讲解帮助学生收获成功的喜悦,同时又不放弃生活、学习当中那些具有矛盾、冲突性质的知识、场景等,组织和引导学生通过对反面的,或者两难问题的分析,体会到德性修养中人性高尚、低下和卑劣境界的区分。

在行为方面,人表现出的所有行为都受到自己思想的支配。成人的行为表现更是如此。美丽教师不仅在工作中展现出爱国守法、爱岗敬业、关爱学生、教书育人、为人师表、终身学习等优秀职业品质,而且十分注意通过自己的工作业绩和精神面貌影响学生的德性成长。尤其是当学生学业遇到困难、情感面临危机、思想有了矛盾、心理陷入冲突时,教师能够及时出现,或言语相劝,分析说理;或解囊相助,施以援手;或挺身而出,共同面对。美丽教师的这些行为表现都有利于引导学生在做人做事、待人接物过程中将人性修养具体化,提高个人的德性修养层次。

在意志方面,人为了实现所确定的目标可以持续努力,这种"不达目的誓不罢休"所反映出的心理活动,不仅把人与动物划分开来,同时也是确定一个人是否"成人"或者"长大"的一个衡量标准。美丽教师全心全意投身于教书育人工作,除了全力支持那些优秀学生以外,对于更多处于中等程度的学生群体,特别是存在各种学习困难的学生个体所表现出的耐心、坚定性和教育智慧,往往成为学生事业有成、德性升华的一盏导航明灯。

3. 为学生成才提供有力支撑

拥有才能是学生走向成才的重要条件。从教育实践看,美丽教师不是单一地讲授书本知识,也不是把学生局限在教室内进行培养,而是让学生动起来,在学习、探讨、思考之中获得学习方法,这是真正的"授人以渔"的教育实践。美丽教师从学生长远角度去审视已经熟悉的教育教学内容,把培养学生适应成才的能力作为自己的中心工作。从知识、德性、行为培养的各个方面入手,引导学生由浅入深、由繁到简、由书本到生活、由现象到本质进行系统学习和能力培养,从而形成判断、发明创造所需要的智慧和能力,为完善德性奠定坚实基础。除此之外,美丽教师认为才能、才智是人才的基础。因此,美丽教师不仅致力于培养更多有才能、才智的青少年学生,同时还希望培养出能够从其思想、言行中散发出勇于创新的魄力和具有吸引他人的个性气质的"特殊学生",以深化人才内涵、提升人才品位。为此,一是从认识上引导学生提高追求科学知识的热情,把追求新知识作为才气涵养的根基;二是从人格修养上帮助学生将知识、见识转化为学问、学识,形成才气需要的人格要素,比如,敏锐的观察能力、准确的判断能力以及透彻的分析能力等;三是从表现上指导学生掌握提问、分析、表达的恰当方式,为有效参加相关交流活动,展示自己的才华提供必要帮助。在这一具有崭新意义的人才培养实践中,美丽教师的特质和形象得到了进一步丰富和展现。

第九章

在教育实习中实践支教志愿者教师职业道德要求

教育实习是师范专业学生在教师指导之下在实习学校进行的教育实践活动。师范专业学生在教育实习过程中,除了运用所学的理论知识,进一步了解和认识基础教育工作,提高从事教育教学工作的能力,还能够养成良好的职业道德和行为,形成为教育事业服务、奉献的思想。因此,教育实习不仅是中小学教师培养不可或缺的重要环节,而且对师范生职业道德方面的培养有着不可低估的作用。

第一节　教育实习活动与师德养成教育

教育实习作为师范生专业学习的一门必修课和重要的教育实践活动，无论是在教育教学技能的培养与检验方面，还是在教师职业道德的践行与升华方面，都有着十分重要的作用。

一、师范生教育实习与学校教育

教育实习是师范生毕业前必须完成的，由师范院校和有关中小学共同承担的一项教育活动。要高质量地完成教育实习，不仅需要学校方面的协调，更需要师范生对教育实习有充分的思想认识。

（一）师范生培养是一种专门的教育活动

教育是培养人的一种专门的社会活动，师范教育则是培养能够担负起这一职责的特殊人才的一种专门的活动。"中国师范教育是伴随着中国现代化和教育现代化的进程而产生发展起来的，并成为其组成之一。"作为现代教育一个重要组成部分的师范教育，在其发展过程中，不仅推动了教育的发展，使之成为今天不可缺少的一门学问、事业和社会职业，而且覆盖了小学、中学、幼教和特教等教育领域，培养的师资也出现了由最初的中专、专科向本科、研究生发展的新趋势。

师范教育之所以具有如此长久的生命力，是因为它打破了数千年来以个人研修为基础的一种经验主义的限制，第一次将教育建立在科学理论基础上。由此，"培养教师"的师范教育成为决定教育事业发展程度重要的因素。师范教育不仅有了不同于其他教育类别的人才培养方案、学制安排、课程教材、师资队伍、学科研究方向，而且在学生素质、实践能力培养方面也有许多自己的特殊要求。正是由于有了师范教育所创设的专门环境，按照教育规律和统一的标准进行培养，在确保师范生达到从教基本资质要求的同时,加快了这类特殊人才的培养,极大地适应了现代经济、科技、社会、文化发展对于劳动者素质提升和创新人才涌现的需要。换句话说,自进入现代社会以来,教师职业的专业化特征日益突出,如果人们没有经过专门培养,在很大程度上就会失去成为教师的基本条件。

(二) 教育实习有利于师范生顺利成长

《教育部关于加强师范生教育实践的意见》要求:"在师范生培养方案中设置足量的教育实践课程""构建包括师德体验、教学实践、班级管理实践、教研实践等全方位的教育实践内容体系,切实落实师范生教育实践累计不少于1个学期制度"。在办学实践中,许多师范院校更是加大了师范生教育实习安排力度,从而形成了"3+0.5+0.5""2+1+1"等多种模式,其中教育实习时间占了总学时的1/4以上,这足以反映教育实习在师范生培养中的重要性。

在师范生教育实习方面,师范院校一般采取以下模式:在前三年,学生基本完成基础课、公共课、专业课等课程的学习以及进行相应的教育见习安排,在大学四年级期间,再到中小学进行教育实习。实习包括了课堂教学、班主任工作以及专题研究等各个方面,这些对于师范生成长为一名合格教师无疑起到了基础性职业道德养成、教育理论与实践的保障作用。特别是这种教育培养内容以及这一环境是按照教育的科学规律来确立的,排除了没有组织的、单枪匹马式的其他纷繁复杂的社会教育中不利因素的干扰,其所具有的职能专一、内容系统、形式稳定、手段综合等优势,使得中小学成为师范院校进行人才培养过程中发挥重要作用的基地,师范生更是可以利用这一机会,对自己在校学习情况进行检验,弥补对中小学实际情况认识的不足,解决专业知识欠缺、教育教学能力薄弱和缺乏教师职业情感体验等问题。由此可见,师范院校要强化教育实习这一环节。

(三) 教育实习成为教育改革创新的动力

无论是中小学教育,还是师范教育,虽然由于各自面对的教育对象不同而在知识传授、品德培养要求、教法乃至科研方向等方面有层次或者关注点的差异,但是需要师范教育培养出"入职快、教得好、留得住"的优秀师范生则是共同的要求。按照马克思主义的观点,改革发展的动力来自社会实践而不是某个人闭门于书斋的臆想,只有密切关注教育实践中的新问题、新要求并且努力同教育理论的最新成果结合起来,才能促进师范教育与基础教育在有效对接基础上实现共同发展的目标。

首先,师范院校人才培养的动力除了来自教育科学规律的一般理论研究以外,重要的是中小学教育教学提出的实际问题。从教育兼具理论性与应用性双重特性来看,师范生在教育实习过程中所表现出的优秀品质无疑是师范教育卓有成效的反映,而同时所暴露出的问题又为人才培养改革指明了方向,正是这样一种良好的互动,推动了师范院校在教育观念更新、知识能力完善、课程学时调整等方面不断深入。

其次,由于人才培养的需要,通过教育实习活动的促进,师范院校同中小学自然结成了一种教育合作关系。一方面,师范生和高校指导教师到中小学进行教育实践;另一方面,中小学也可以依照计划派出教师到高校短期进修、访学、研修,从而为一线教师带来交流学习机会,通过学习,可以掌握教育教学和学科专业领域最新理论动态、了解观念理念的新突破等。这些对于长期处于基础教育领域的教师开拓创新、形成自己的学术研究成果是极有帮助的。同时,师范生和高校教师参与到基础教育有关课题研究之中,对于提升中小学教师队伍的整体学术水平是大有裨益的。

二、师范生教育实习的一般原则

师范生教育实习不仅需要师范院校和有关中小学相互间的协调、配合,而且面对中小学特殊教育对象和新的工作生活环境,需要明确教育教学工作应该遵循的基本原则。

(一)科学理论性原则

理论是系统化的知识,具备理论修养的人在行动中更有目的性、方向性,而科学是反映人们对于事物本质或者规律的认识,具备科学素养的人在行动中能够找到解决问题的正确办法,两者结合为人们达成目标创造有利的条件。

教育实习是一个系统性的实践活动,必须按照科学理论性原则进行。这就要求师范生无论是在实习前的准备阶段,还是在教育实习过程中都要把握教育教学的内在规律,以之指导实习目标与任务的确定和具体实习计划的安排。例如,备课是把课程标准和教材内容转变为课堂教学活动的重要前提,需要从知识体系角度去把握章节及其知识点构成之间的关系;班主任担负着班级管理中主要的工作,应该从有利于学生成长成才这一基点上去思考师生关系建构的重点和难点等问题;跟随优秀教师开展专题研究,从其选题论证、研究实施过程中,了解科学思维和探究能力是教师专业发展不可或缺的组成要素等。总之,遵循和掌握教育科学以及相关学科系统知识和内在规律,真正懂得科学理论性在教育实习中的指导意义,避免"莽撞""蛮干"是保证教育实习成功的前提。

(二) 主体主导性原则

主体与主导不仅是教育研究的一般问题,也是开展教育实习需要明确的一个重要问题,只有在实习过程中把高校带队教师和中小学指导教师与师范生放在恰当位置,形成清晰的主辅关系,才能有利于实现人才培养方案所确定的教育实习目标。

师范生必须树立"我在实习"这样一种主体意识,充分发挥主观能动性,认真对待每一项工作任务,即使面临困难也要想办法努力完成,从而确保自己通过实习这一环节,对于教书育人内涵有更加深入的了解。而指导(带队)教师则要很好地把握职责履行的分寸,既不能包办代替也不能放任不管,在维护、发挥实习学生主体能动性的同时,要看到他们毕竟是"初为人师",对于所实习的事项没有经验,也没有多少切身体会,只有依靠指导教师的作用才能收到事半功倍的效果。主体主导性原则在教育实习活动中具体表现为:实习学生除了多参与教育教学活动,奠定实习工作顺利进行的基础以外,还必须勤于思考,把有关情况与学习掌握的知识相结合,形成开展教育教学活动的具体方案,提高完成实习工作的自信性;要勇于承担教育教学任务,无论是上课,还是课外活动组织、学生谈心、家访等,在亲身实践中发现问题、总结经验,为形成职业能力创造有利条件。指导(带队)教师则应该"事前过问",帮助实习学生释疑解惑,制订出可行的工作方案;"事中观察",掌握学生实习过程中的表现情况,以利于及时给予鼓励或者纠偏;"事后启发",在学生实习阶段性任务或者具体工作完成之后的总结中,针对其所思所想予以点拨,使之对教育教学规律有更多的了解。因此,校内外有关教师切忌包办师范生的教育实习或对师范生的实习情况不闻不问,应强化指导、引导,尊重师范生的主体性,鼓励师范生在教育实习过程中发挥主观能动性,承担教育实习责任,鼓励师范生在教育教学过程中的选择与创新。

(三) 合法规范性原则

人的教育培养是世间非常复杂的一项工作。除了外界的影响之外,无论是受教育者,还是教育者,其身心活动都处于变化之中。因此,掌握教育规律不仅是事业发展的客观需要,而且通过明确教育教学过程必须遵循的原则要求以及有关规定,从教育者层面解决"难以把握的人"这一难题可能带来的不利影响,可为顺利完成培养人的任务创造必要的条件。

合法规范性原则,是指参加实习的师范生一定要树立依法律、按规定执教的思想意识,防止触犯师德规范底线的事情及教学事故发生。由于中小学生和幼儿属于天真、单纯而活泼、好动的特殊人群,再加之人数多而个体差异大,以及复杂的社会影响等,学生违反校规校纪情况时有发生,师范生必须以耐心和积极负责的工作态度处理这类问题,做到合法规范,防止因个人意气而发生出格行为。教育实习过程中对"意外情况"的应对,也是检验每一位实习学生师德修养状况的一把"尺子"。

(四) 实践反思性原则

实践是人的社会性集中的体现,而反思则是人性中较鲜明的特质。人要成长成才,由稚嫩到成熟,都离不开工作实践的锻炼和对这一过程中经验与教训的总结、所表现出的优势与短处的认真分析。教育既是一项科学工作,又是一门艺术创造,所以,教师更需要实践反思。

实践反思性原则,是指师范生按照教育教学要求,对自己在教育实习活动中的表现,主动地、不断地进行总结、思考,增强学习和教育教学工作的计划性与安排的科学性,提高实习质量。首先,在课堂教学方面,需要通过对从备课到上课等环节的总结反思,以获得将课标、教材的知识转化为教学内容的基本能力与方法,增强育德寓于知识传授过程中的教育意识;在班主任工作方面,针对课堂管理、活动组织、个别谈话等进行成效分析,以提高实际工作能力。比如,"自己的工作如何开展才能让家长放心?""教育教学采取何种评价方式才有利于学生全面发展?""面对上次课堂上的事件,该怎样处理才既能化解尴尬又能让学生受到教育?"等。其次,需要引发对生命关怀、教育意义、学习价值、教学艺术这些带有哲理性问题的深入思考,为突破思维认识的局限性,由注重一般的应用提升至注重理论修养高度,为将职业道德内化成为优秀教师必备品质打下基础。

三、师德规范与师范生教育实习

在教育实习过程中,无论是从外在表现还是从内在素养来看,践行教师职业道德规范无疑是基本要求之一。

(一) 教育实习应以师德规范精神做统帅

"提高教育质量,关键在教师。没有高水平的教师队伍,就没有高质量的教育。建设人力资源强国,提高教育质量和水平,对教师队伍师德和业务素质提出了新的更高要求。师德是教师重要的素质,更是教育改革发展的内在需要。"

以师德规范所体现出的培养"人民满意的教师"思想精髓来统帅教育实习活动,就必然要求师范生不能把在中小学的教育实习活动看成"拿取学分,顺利毕业"的一般要求,双方学校及其指导、带队教师不能以"见惯不惊"或者"见怪不怪"的态度对待教育实习安排以及教育教学过程中出现的问题,而应该认识到师德对于人民教师培养的重要性。对待教育实习,学校指导教师、师范生应当总结经验、发现问题,通过及时纠错、长善救失等有效途径,为具备良好职业素质的优秀师范生脱颖而出创造条件,确保所有学生的教育实习任务能够顺利完成。

(二) 实习过程应贯彻师德规范所有要求

在教师职业道德规范的基本内容中,"爱"和"责任"是其核心和灵魂。爱国守法是教师职业的基本要求,它要求教师热爱祖国、遵纪守法;爱岗敬业是教师职业的本质要求,它要求教师对教育事业具有强烈的责任感和深厚的感情;关爱学生是师德的灵魂,它要求教师有热爱学生、诲人不倦的情感和爱心;教书育人是教师的天职,它要求教师以育人为根本任务;为人师表是教师职业的内在要求,它要求教师言传身教,以身立教;终身学习是教师专业发展不竭的动力,它要求教师做终身学习的表率。这六个方面的基本内容体现了教师职业特点,师德的本质要求和时代特征,共同构成了衡量教师职业道德修养水平的重要尺度。

对于师范生来说,教育实习需要实现从书本学习到实际应用、从了解不多到直面问题这样一个角色转换。提高自己对师德规范内容的认识并努力按照规范的要求去做,则成为决定能否顺利完成教育实习的关键。在教学实习和班级管理中,从备课、讲课到批改作业,从主题班会到个别谈话,从课堂到课后,以用心、专心、精心的工作态度,去开发学生的智力、丰富学生的情感、培养学生的"正能量",既为学生实现个人的理想追求给予应有的帮助,同时又为培养社会主义建设者和接班人担负自己作为教师的责任和使命。教育实习虽然短暂,但在教书育人的实际工作中却能比较好地反映出师范生对于"爱国守法""爱岗敬业""关爱学生""教书育人""为人师表""终身学习"等师德规范有关内容学习、理解、掌握和践行的具体情况。

(三)实习成效须有师德规范来衡量

教育实习不仅纳入师范专业学生人才培养方案,有专门的实习要求,而且还有相应的考核评价标准。如果站在培养高素质、专业化教师这一高度来对待教育实习工作,那么,教育实习的学习、实践、评价还应该引入"师德养成"这一新的要素,使教育实习评价体系具有更好的适应性和成长性,为衡量师范生培养水平提供一个全面的、综合的考核尺度。

"爱国守法""爱岗敬业""关爱学生""教书育人""为人师表""终身学习"这六条规范内容,可以表现为一种道德认知与道德觉悟,也可以转化为一种道德行动与道德追求。这种相互影响、促进的辩证转换关系正体现出"师范生师德养成"的综合性、相关性、生成性特点。比如,在班级管理过程中,对待学生态度情况;在教学过程中,对待一些重点、难点问题钻研思考情况,等等,这些一方面反映师范生对待本职工作的情况,另一方面也是对师范生践行职业道德修养能力的很好检视。

第二节 教育实习中的师德教育主题

教育实习不仅仅是完成知识、经验的学习和积累,也是对教师职业认识的深化过程。从班级管理、课堂教学、观课评课等方面了解和掌握开展德育工作的具体途径、方法,理应成为师范生在校学习和师德能力培养的一部分。

一、班级管理中的德育工作

每一个教师都承担着育人工作,然而,班主任是学校常规教育的组织者和班级教育活动的灵魂人物,肩负的育人责任也就更重大,要求自然也就更高。可以说,要成为一位合格的班主任,除了要掌握管理与教育的一般原则和了解班主任工作主要事项以外,还应该熟悉组织开展班级活动的路径、方法等,这些不仅是教师技能培养的要求,同时也是师范院校师德教育的重要内容。

(一) 管理与教育的一般原则

1. 立足学生成长

立足学生成长,要求教师应当在遵循教育规律的基础上,尊重学生成长的主体地位,注意增强学生知识学习、能力发展、德性锻炼的主动性、自觉性。

2. 坚持关爱学生

陶行知先生曾说:"没有爱就没有教育",爱是教育的基础与起点。在班级管理中要把关心学生、爱护学生作为班主任重要的工作要求。老师用心用爱去管理与教育,学生才会更加爱老师。班主任的关爱的难能可贵之处,既在于对学生一时之需的真心付出,也在于对学生成长过程中遇到的困难全力以赴的帮助,还包括面对那些个性特别、学习习惯差、家境条件不好的学生,不能熟视无睹、不闻不问,更不能心生厌恶、放任自流,甚至违反师德规范要求进行所谓的"教育"。

3. 注意批评方法

在班级管理过程中,批评也是一种需要的教育形式。尽管批评意味着教师对学生某些言行的否定、排斥或拒绝,但是,这并不是对学生一种简单而粗暴的指责,而是通过批评帮助学生明辨是非,认识到自身的错误言行,进而改正错误,健康成长。在实际生活中,由于批评是对当事人言行的否定,由此带来一定程度的难堪,往往不容易被人接受,尤其是教师在面对有强烈自尊心、处于青春叛逆期的特殊的学生群体时,不恰当的批评方法,往往达不到预想的教学效果,反而让学生产生逆反心理。因此,为了使教育卓有成效,让批评达到目的,班主任就必须注意弄清事情的原委、批评对象的个性差异和当时所处的环境等,讲究批评的方法与艺术。

(二) 班级管理的主要事项

1. 建立班级组织

班级是学校开展教学活动、进行教育与管理的基层单位。在班级中建立学生自己管理自己的组织是班主任以及学校进行教育和管理的一种方式。根据培养需要,还可以建立一些跟教学活动密切相关的兴趣小组、实践团队等学生组织。班级学生组织的建立首先是选拔学生干部,然后才是开展活动。不同的组织由于地位、作用不同,不仅在干部标准方面,而且在程序方面也都有各自要求。所以,建立班级学生组织,既要立足于学生的成长、进步和开展教育活动的需要,还应该考虑生源构成情况、学生特长及其个性特征等因素,以利于调动学生维护班级荣誉与尊严、开展自我教育的积极性,实现学校人才培养的目标要求。

2. 维持教学秩序

教学秩序是社会秩序的一种反映,不仅仅表现在课堂教学上,也表现在学校其他教育环境中,培养学生遵守学校教学秩序的意识和习惯,是对公民进行遵守社会公共秩序乃至国家法律法规教育的一项基础性工作。班主任不仅要掌握所在班级每一个学生的身心特点、学习情况,负责维持课堂和学校教育的正常秩序,而且要积极组织、动员班委会、少先队、共青团、兴趣小组等一起开展工作,保证各项活动有序展开,为在规定时间内完成有关教育培养任务创造基本条件。因此,深入班级课堂了解情况,督促引导学生养成认真听讲、举手回答问题的习惯,不做与课堂学习无关的事情也就成为班主任班级管理教育的日常性工作。

3. 开展教育活动

根据学生需求和社会要求,协调各科任课教师,创造性地积极组织、指导学生以主人翁的态度开展自我教育的各类活动,成为班主任一项重要任务。大致说来,既要有主题班会这种集体教育形式,也要有个别交流谈心这种教育安排;不仅要有常规的安全教育活动,还应有心理健康教育活动;除了掌握科学技术知识的实践教育活动,还需要通过少先队、共青团等组织活动加强思想道德觉悟教育培养等。

二、课堂教学中的德育渗透

在不同学科的课程教学中渗透德育,不仅有利于学校形成综合育人的动力机制,而且可以促使全体教师参与到学校德育工作体系的完善工作中。因此,弄懂课堂教学需要注意的主要原则以及德育影响的有关环节,是教师职业修养的基本要求。

(一) 课堂教学的主要原则

1. 充分准备

"凡事预则立,不预则废。"课堂不仅仅是传授知识的地方,也是进行品德培养的适合场所,只有经过充分准备的课堂教学才能实现其较大教育效益。因此,立足从全局把握教学内容的主题和思想内涵,是教师登上讲台之前所做准备工作的一项基本要求。讲授内容的充分熟悉、补充资料的精心选取、教学过程的巧妙构思,都为高效的课堂教学提供了基本保证。

2. 精要简明

教师课堂教学主要任务是发展学生的智力和道德认知,即帮助学生学习知识、掌握方法、改善思维、形成能力、优化品德等。由于时数有限、任务重、学生多的课堂教学特点,要做到精辟、简单、明了,切忌啰嗦、冗长。

3. 恰当结合

确保课堂教学在规定的时间内完成相应的知识讲解、传授、培养等任务,虽然是教师的第一职责,而在教学过程中,根据学生实际情况,从有利于培养学生道德认知、强化道德情感出发,教师需要对教材内容进行"改造加工",包括引用事例、引入资料、播放视频、使用教具等方式,将"教本"转变为"学本"也是具有同等意义的事情。所以,教师不仅在备课中要努力做到心中有数,以保证持之有据,言之有理,而且在课堂教学时也要尽力避免拓展不当、随意而为给正常教学活动带来的干扰。

4. 灵活运用

教学是培养学生知、情、意、行协同发展的过程。然而,中小学生因为学龄阶段不同,个体发展存在着显著差异,而这种差异性正是同一学生个体在课堂氛围中有不同表现的重要原因。只有注意到这些情况,教师才能在课堂上对于"备课本上的"教学资源即时取舍、灵活调整,在促进学生全面发展过程中取得预期的教育效果。如果照搬课前设计的内容、方式方法,或者套用老办法、凭感觉,很有可能会导致课堂教学混乱。

(二) 教学过程中的德育影响

人是一定社会关系的产物,对其情感态度与价值观培养,不仅影响着个人的发展,而且还关乎社会道德风尚建设。由于青年学生所表现出的喜欢与厌恶、积极与消极、是与非、选择与放弃等不仅有一个主流与非主流、公序良俗与私欲陋习的区别,而且都需要经历一个不断优化提升的培养教育过程。显然,这对于我国社会所确立的"文化兴国"战略、加强文化"软实力"建设有着重大意义。因此,推行优秀的中国传统文化和各国的先进文化、丰富情感态度与价值观中的道德教育内容,成为我国面向21世纪推出的义务教育阶段和高中阶段各科课程标准中的一条重要思想主线。

三、观课评课中的德育评价

观课、评课是教师工作的一部分,也是促进教育教学研究的一种常用形式。教师们在相互观课、评课交流过程中既肯定优点、指出问题,同时也给出改进的有益建议,从而达到提高教学能力、教育质量的共同目的。由于观课、评课是对教学中知识传授、能力培养和德育情况的一种综合观察、分析与评价,所以,师范生参加这一活动,不仅应该对于观课、评课的一般要求、德育内容的认识把握有所了解,而且通过开展有针对性的训练,为教育实习活动顺利进行提供必要保证。

(一) 观课评课的一般要求

1. 教育目标明确

认识和把握教育目标是保证教师完成本职工作的重要前提。课堂教学不是无目的的"师生聚会",它必须根据教材内容与课程标准的思想指向确定应该达到的教育要求。由于各章节教学内容分量之间的差异性,教师在备课过程中需要将这一教育目标细化为每一节课的具体要求。一般说来,这些具体要求不仅包括了智育和德育两个主要方面,而且因课程不同,所要达到的教育目标的表述也各有特点。尽管教学过程受到多种因素的影响制约,比如,教师的教学能力,学生的学习能力,教学互动中的师生关系等,但是,清楚地表述本节课所要达到的教育目标并努力通过教学过程去实现它,无疑成为评价教师课堂教学德育情况的第一要素。

2. 教学内容正确

课堂是学校教育的主要载体,进行课堂教学是教师履行工作职责之所在。观察课堂教学情况,既是考评教师职业能力的一种必要方式,也是了解学校办学质量的一种有效途径。因此,要保证课堂教学内容的正确性。根据课程设置标准和教材内容编写要求,课堂教学的正确性主要反映在以下三个要点:首先,在知识与能力的讲解方面,不管是传授教材内容,还是引入其他教学资料,以及使用现代教育技术手段,都应该有利于学生正确理解和掌握不同学科知识概念及其内涵、运用要求,以形成分析、解决问题所需要的基本能力。其次,教师在过程与方法的指导、训练上,不管是以室内学习方式进行,还是以室外活动形式呈现,都应该为增强学生自主研究、独立思考等优秀学习品质创造有利条件。最后,在情感态度与价值观的教育、引导方面,不管是直接性的思想认识引导,还是间接性的道德情感培养,不仅要注意学生个体发展的不同需要,而且还要积极以社会主义核心价值观和主流道德思想去引领他们成长,提高其面对低俗、庸俗、媚俗不良习气和错误思想侵蚀的抵御能力和识别能力。简而言之,教学内容的正确性是顺利开展听课评课活动的关键。

3. 教学步骤清晰

学校教育的高效率主要依靠组织有效的课堂教学活动。教师在课堂上,包括在为学生开展思想道德教育的整个教学过程,先讲什么,后讲什么,讲什么问题,讲到什么程度以及由谁来讲,不仅应该立足于课标、教材规定的教学内容和当时情形需要,而且在运用的方式方法规划中也要有轻、重、缓、急的明确安排。努力避免教学活动中的"前言不搭后语"的随意、混乱情况,保证课堂教学德育环节步骤清晰。

(二) 观课评课中德育内容的把握

1. 课题意义的认识深度

课堂教学必须按照学科知识的结构体系和教育培养目标进行,而根据学科知识体系和培养目标编写的教科书则是很重要和基本的教学资源。因此,教材中的章、节标题以及内容要点的题目不仅是学习、掌握有关知识、培养能力的一把钥匙,而且成为了解、认识课堂德育的一个主要窗口。

在教学实践中,教师对于课题意义深度的把握需要注意两点。

一是结构体系中所处不同层次的题目,其教育含义各有不同。一门课程教学内容通常由若干相关部分共同构成,其中"章目"可以形成一个相对独立单元,并且由相关内容各"节目"来组成,各节内容正是通过一个又一个小的"题目"的具体内容进行阐释和说明。这种由大到小的统帅作用,与由小到大的论证作用相辅相成,以严谨的逻辑力量传授科学知识、讲明育人道理的基本内涵。

以人教版义务教育《思想品德》八年级上册第一单元第二课"两代人的对话"为例。课文的主旨是要帮助学生了解和认识人际关系中基础的家庭关系,学会与父母正确相处的基本方法,营造个人成长所必需的幸福、和睦家庭生活环境。"两代人的对话"这一课文题目即标明了课文内容所反映出的是一种平等的新型家庭关系。而这种新型家庭关系的建立,从子女"我"的认识角度看,不仅需要拉近与父母的感情距离,而且还要解决相处过程中培养感情的有关方法。由此,这一节课的教学活动既要将"架起沟通的桥梁"落实在"亲近父母、化解矛盾""与父母沟通的程序""与父母沟通的基本要领"这些知识点的讲解之中,还要通过"赞赏父母""认真聆听""帮助父母""不必太计较"等具体内容的学习,懂得"交往讲话艺术"所包含的处世之道。正是通过对上述"课题"逐层分析,才能把握"两代人的对话"这篇课文对于影响学生"走近父母,亲近父母,努力化解矛盾,与父母携手同行"题意所产生的教育意义。

二是从简略平凡语句中发现教育的深意。题目作为学科知识体系提纲挈领性质的语言符号,它必须简明扼要,这样就使得许多教育意义浓缩其中,只有通过熟读深思、细细体味才能感受到它的含义之所在或者它反映的教育思想之指向。如果舍弃对题目的透彻分析、理解,而采取直接讲授课文内容的做法,虽然没有什么大错,但是对于培养学生通过审题来了解知识的逻辑体系和课文的思想内涵,形成分析问题和解决问题能力却有着不可忽视的不利影响。以初中一年级道德与法治第三课为例,虽然第一部分题目"认识自己"(人教版义务教育《道德与法治》七年级上册第一单元)只有 4 个字,不仅蕴含着哲学思想的深意,而且还表明只有讲清楚这一内容才能完成"发现自己"课文题目所规定的教育任务这一逻辑关系;而其下"人贵自知""多把尺子量自己"两个题目,语言尽管通俗却回答了人们关心的"为何要自知"以及"如何做到自知"这些问题。除此之外,课文开头语中还有"我们走在寻找自己、发现自己的路上",这一句话可以说是审视人生的经典语言;在课文"多把尺子量自己"部分有关"方法与技能"介绍中,以"用心聆听、勇于面对、平静拒绝"三句话予以概括,不仅规整简洁容易记住,而且每句前面的两个字所包含的积极意义对于后面的行动有很好的指导作用。

2. 讲述内容的思想表现

教育的意义莫过于对人的思想认识产生影响。正因为如此,在现代社会探寻教育事业发展及其人才培养规律,把教育作为一门科学进行研究成为一种普遍现象。对于学校教育来说,根据社会发展需要和追求的价值理想,以课堂教学为主要形式对青少年一代进行有计划、有组织的教育培养活动,不仅需要通过建立在科学基础上的课程设置标准和编写教材加以具体落实,而且必须由教师结合学生课堂学习情况讲出教学内容的思想意义,予以最终完成。课堂教学内容所包含的思想意义对于学生健康成长之所以如此重要,是因为人们的思想在其形成过程中,时常受正确与错误、理性与偏执、面对与逃避、积极与消极等多重因素的影响,尽可能给青少年学生形成正确的世界观、人生观、价值观提供有利条件,加强思想中的"正能量"因素培育,越来越成为学校教师从备课到讲课必须考虑的基本问题。

由于教材和课标是教育教学、学科知识方面的专家,按照教育规律,遵循一定的教育理念、教育目标,依据知识体系结构研制而成的基本教学指南,具有很强的科学性、教育性和专业性,通过细读、深读,不仅有利于发现可以用于教育的关键词语、语句,而且还可以帮助教师深入理解教材、课标所包含的丰富内容,使之具有深入浅出的教育教学能力。同时,这种能力的形成,还有利于教师深入了解和掌握学生的思想活动情况,将课堂上传授的知识、能力培养和方法的讲解等与对学生群体及其个体教育需要紧密结合起来,防止以个人兴趣偏好的"散打形式"背离教育目标要求、消解教材结构内容。

3. 教学材料的合适有效

课堂教学中所引入的材料无论是来源于教材,还是教师或者学生收集的材料,其所具有的思想内涵对于教育质量都会产生直接影响。为了确保课堂应有的教育质量,教师需要特别注意以下三点。首先,用于课堂教学的材料,表达方式要符合课程教育目的要求。尽管中小学开设的课程都是服务于学生成长这一目的,但是,不同课程有着各自特定的育人功能,由此确定教学目的要求也有差异。比如,语文课需要把学生比较熟练地掌握运用祖国语言文字表达自己的情感和思想认识,以及了解、分析和掌握祖国历史文化语言交流这一工具性要求放在重要的位置。无论是讲字、词的含义,还是讲句、篇的内容,无论是训练读,还是训练写,所引入课堂教学的材料都要满足培养学生语言文字表达能力这一要求。物理、化学、生物课程是培养学生科学素质的基础性课程,不管是讲自然事物、社会生活中的物理现象及其有关规律的认识,还是讲各自学科的基本原理及其发展历程,所引入的课堂教学材料都应该有助于激发学生探索自然奥秘的科学兴趣,为学生形成科学的世界观和科学的价值观打下基础。其次,用于课堂教学的材料要符合学生思想道德发展现状以及成长需要,要能突出重点、突破难点、符合确定的课堂教学目标要求。课程的整体教育目标需要通过每一堂课所确定的具体教学目标去实现。在课堂教学过程中,引入的教学材料绝不是随意的,除了要考虑本节课堂教学内容以外,重要的是立足学生此时、此地所表现出的道德认知状况,包括知识与能力方面、过程与方法方面以及情感态度价值观方面的具体表现,既不作拔苗之举,也不放马后炮,当用则用,以加强思想道德教育的针对性。最后,要符合本堂课的教学进度安排需要。课堂教学是师生的双边互动过程,影响教学进程的因素不仅有来自学生方面的,也跟教师课堂上引入材料不当、重复啰嗦而延误时间有较大关系。一位成熟的教师在对学生学习及其思想情况有比较充分把握的基础上,根据本节课教育目的,不仅在备课阶段科学合理地安排课堂教学进度,即使面对课堂的一些"意外情形"也能通过对引入材料的删减、省略而确保教学进度整体安排不受影响,完成规定的教育任务。总之,认真对待课堂教学的每一个环节,避免花里胡哨的做法,以保持课堂教学的高效率和专业性质,这既是对讲课教师的一种要求,也是教师通过听课评课提高自身专业素养的一种有效途径。

4. 学生发言的回应反馈

现代教育理论认为,课堂教学绝不是教师的"独角戏",而是学生知识、能力、品德、思想、习惯等学习、生成、发展、创新的一个过程。现代师生观认为教师是学生学习的引导者,学生才是学习的主体。"一切为了学生""为了一切学生""为了学生的一切"已经成为时代的呼声。因此,教师需要积极创设教育情境,引导学生主动参与到课堂教学之中。课堂上学生回答问题、参与讨论时的认识感悟、情感体验情况既可以反映学生主体培养程度,也可以检验教师课堂教学的德育效果。

从学生学习反馈发言中了解、评价课堂德育效果,观课者通常需要把握如下要点。第一,能够抓住教师讲授中或者找出教材中有教育意义的重要词汇、句子,说明学生重视教材内容和课堂学习,这对于人生阅历不够、知识能力尚浅的青少年学生来说,有着十分重要的意义。因为,教材和课堂是学生获取知识和品德培养的基本途径,教师能够将学生的学习注意力集中于此,这也反映出教师有着比较高的教育教学能力。第二,能够结合教师讲授的有关教育内容进行一定程度的生发、拓展,表明学生对于课堂上的德育内容有了迁移应用的意识和初步能力,这是课堂教育效果显现的重要标志,也是具有正确教育观的教师摆正了自身位置:学生是课堂的主人,在教师组织、协调、指导之下,激发、调动、鼓励学生以主体性姿态参与教育教学活动全过程,以促进学生自我成长这一目标的实现。第三,能够根据课堂教育内容的指向,有条理地陈述自己的感受、认识,不仅说明学生通过主动学习具有了一定的分析、概括、比较等逻辑思维能力,而且反映出学生在知识与能力、学习方法和思想道德教育方面,由外而内具备了初步动力,为进一步的学习和健康成长创造了有利条件。这种情形是课堂德育效果显现的高境界,也正是优秀教师打造"优质课"的理想目标。

参考文献

[1]余展霞,王尔康.支教志愿者服务对学生核心素养提升的积极影响[J].现代职业教育,2018(33):37.

[2]韩静,张美玉,贺佳佳,等."互联网+"视域下大学生支教志愿者网络培训课程设计[J].计算机产品与流通,2020(10):76.

[3]王沁怡.志愿者服务队:倾听民意提高素养锻炼实务[J].上海人大月刊,2019(9):19.

[4]吴宏.浅谈文化志愿者队伍建设[J].文艺生活(下旬刊),2019(8).

[5]莫圆圆.文化志愿者的工作机制探究[J].神州(上旬刊),2019(6):250-251.

[6]周碧蕾,张璐璐.志愿者视阈下的高校就业心理辅导[J].北京城市学院学报,2016(4):81-86.

[7]魏作雨.志愿者在行动:扬志愿精神·圆中国梦想[M].北京:人民日报出版社,2013.

[8]李芹,刘伟.中国志愿者组织社会动员[M].济南:山东大学出版社,2018.

[9]董伟.我是志愿者[M].杭州:浙江教育出版社,2014.

[10]姜涛.大学生志愿者研究[M].西安:陕西科学技术出版社,2019.

[11]陈新亮.中国大学生志愿者行动研究[M].长沙:湖南人民出版社,2015.

[12]王睿喆.高校志愿者活动与大学生思想政治教育协同机制研究[M].北京:中国原子能出版社,2016.

[13]张开文,马纳.大学生禁毒防艾宣传教育志愿者培训教程[M].昆明:云南

科技出版社,2017.

[14]李晓波.教师专业伦理精神与道德修养[M].上海:上海三联书店,2017.

[15]李聪睿,陈彩玲.教师素养新修炼[M].天津:天津教育出版社,2012.

[16]任翔.教师素养读本:教育的智慧[M].济南:济南出版社,2016.

[17]任翔.教师素养读本:文化的印记[M].济南:济南出版社,2016.

[18]赵新法.现代教师素养导论[M].天津:天津教育出版社,2017.

[19]程慧.教师的互联网素养[M].福州:福建教育出版社,2016.

[20]黄宁生.教师培训管理者的素养[M].长春:东北师范大学出版社,2016.

[21]谭勇.核心素养时代的合格教师丛书 教师的正面管教[M].天津:天津教育出版社,2018.

[22]魏书生.学生核心素养教育教师指导读本[M].天津:天津教育出版社,2018.

[23]韩晓强,刘铁玲,舒晓红.教师文化素养与师资队伍建设[M].成都:电子科技大学出版社,2017.

[24]胡凌云.学生责任担当素养培养的探索:以"小志愿者服务"为例[J].宁波教育学院学报,2020,22(1):92-93.

[25]郭学道,朱龙.大学生旅游志愿者服务礼仪素养的现状及其教学有效性的思考[J].国际公关,2019(4):57.

[26]聂子嫣,李琼.大学生短期支教研究综述[J].才智,2019(8):107.

[27]朱梦娇.大学生公益素养培育初探:以宁波大红鹰学院"蓝丝带微公益心理志愿者服务团队"为例[J].科技经济导刊,2018,26(15):161.

[28]谢娅婷,刘唐宇.社区志愿者基本素养及其提升路径探究[J].高等继续教育学报,2017,30(3):41-44.

[29]鲁丽梅,郑建辉.用社会主义核心价值观助推大型体育赛事中大学生志愿者群体素养提升[J].教育教学论坛,2018(19):26-27.

[30]张建强.新时期团组织发挥青年志愿者作用的途径探析[J].求实,2014(S1):188-189.